山东省技能型特色名校建设工程成果系列教材

U0882197

公路工程施工

主　编　董春晖　邓小军

副主编　张振平　都秋源

编　委　董春晖　邓小军　张振平　都秋源

张　刚　张晓燕　程文静　王　静

郭聚坤

主　审　李　平

山东大学出版社

图书在版编目(CIP)数据

公路工程施工/董春晖,邓小军主编.—济南:山东大学出版社,2015.8

山东省技能型特色名校建设工程成果系列教材

ISBN 978-7-5607-5344-7

Ⅰ.①公… Ⅱ.①董… ②邓… Ⅲ.①道路工程—工程施工—教材 Ⅳ.①U415

中国版本图书馆 CIP 数据核字(2015)第 197790 号

责任策划:刘 彤
责任编辑:李 港
封面设计:牛 钧

出版发行:山东大学出版社
社 址 山东省济南市山大南路 20 号
邮 编 250100
电 话 市场部(0531)88364466
经 销:山东省新华书店
印 刷:山东泰安金彩印务有限公司
规 格:787 毫米×1092 毫米 1/16
18 印张 412 千字
版 次:2015 年 8 月第 1 版
印 次:2015 年 8 月第 1 次印刷
定 价:39.00 元

总 序

为加强对山东省内高等学校的分类指导，强化内涵和特色发展，提高人才培养质量，发挥名校带动作用，增强高等教育服务我省经济社会发展的能力，2011 年，山东省教育厅、财政厅联合组织实施了山东省高等教育名校建设工程。山东交通职业学院是山东省技能型特色名校首批立项建设单位之一，共有汽车运用技术、道路桥梁工程技术、物流管理、机械设计与制造、工程机械运用与维护、轮机工程技术 6 个专业成为省财政重点支持建设专业和工程造价、公路运输与管理、机电一体化、航海技术 4 个专业列入非省财政重点支持建设专业。

项目建设初期，学院牵头成立了山东省交通运输职业教育专业建设指导委员会，邀请省内外教育专家和行业企业的技术骨干，对名校工程 10 个专业的建设方案及任务书进行了充分论证。我院项目建设期间，各专业主动适应行业企业加快经济发展方式转变、产业结构调整和优化升级的需要，主动服务山东半岛蓝色经济区和黄河三角洲高效生态经济区两个国家战略的实施，以提高质量为核心，不断创新校企合作体制机制，大力推进人才培养模式转型，优化课程体系构建，全面提升了学校的专业建设水平和人才培养质量。

经过三年建设，10 个专业积累形成了一批紧密结合生产实际、独具行业企业特色的专业教材，成为"山东省高等教育名校建设工程"建设项目的重要成果之一，也是"课程体系构建与核心课程建设"内容的重要载体。为了该系列教材的出版，各专业多次召开教材编写会议，组织各课程负责人及参编人员认真学习领会"山东省高等教育名校建设工程"建设精神，深入行业企业进行专业调研和分析，以培养适应区域经济社会发展的高素质技能型人才和我省行业企业急需的高级技能型人才。根据各专业实际需求，重新架构、设计教材体系，以力求做到理论知识学习和职业技能训练的合二为一。

衷心希望名校工程的建设成果，能为我省交通运输主干专业建设和人才培养起到积极的推动和引导作用。

陈留彬

2014 年 7 月

前 言

本教材着眼于公路工程建设及项目管理岗位所需的专业能力和职业素养要求，以行业施工规范及工程质量检验评定标准为引领，以路基工程质量控制、路面工程质量控制为主要内容。既可作为高职院校道路桥梁工程技术及相关专业授课教材，也可作为公路建设管理部门、建设单位、施工单位专业人员的学习辅导资料或职工培训教材。

本教材共分为路基施工和路面施工两大学习领域，其中路基施工分为公路工程认知、路基构造认知、路基施工准备、土质路基施工、石质路基施工、软土地基施工、路基防护与加固工程施工、路基排水工程施工、路基整修与交工验收九个项目，路面施工分为路面构造认知、路面基层（底基层）施工、沥青路面施工、水泥混凝土路面施工四个项目。

本教材有以下特点：

1. 紧紧围绕高等职业教育的人才培养目标，依据岗位能力要求，完善项目驱动式内容体系。正确处理知识、能力、素质的辩证统一的关系，理论学习深入浅出，突出实践应用，强调素质养成。

2. 根据职业能力要求及本课程教学目标，做到理论和实践紧密结合，通过紧跟行业施工规范及工程质量检验评定标准，切实增强学生的职场岗位的适应能力。

3. 教材内容突出实用性。体现以职业能力为本位，以应用为核心，以实用、实效为原则，紧密贴近公路施工一线，及时反映当前公路行业对道路桥梁工程技术专业人才的需要，采用最新的技术标准、规范和规程，内容的选取充分考虑当前工作岗位群实际所需，加强教学针对性，与相应的职业资格标准相互衔接。

本教材由山东交通职业学院董春晖、邓小军担任主编，山东交通职业学院张振平、潍坊市路桥工程建设一处都秋源高工担任副主编，山东鑫泰公路工程有限公司张刚高工以及山东交通职业学院张晓燕、程文静、王静、郭聚坤参加相关内容的编写。项目一、项目二、项目十由程文静、都秋源编写，项目三由张晓燕编写，项目四、项目十一由董春晖、张刚编写，项目五由王晓平编写，项目六、项目十三由张振平编写，项目七、项目九由郭聚坤编写，项目八由王静编写，项目十二由邓小军编写。

本教材由中交第四公路工程局李平高工担任主审，其在繁忙的工作之余对本教材进行了认真审核，并提出了宝贵的意见和建议，在此表示感谢。在编写过程中，编者参阅了国内外一些专家和学者的研究成果及相关文献，在此一并表示感谢！本教材的出版得到了各兄弟院校同行、行业企业专家的大力支持，特致谢意。

由于编者水平有限，书中如有不足之处，敬请使用本书的读者批评指正。

编　者

2015 年 6 月

目　录

学习领域一　路基施工

学习领域二　路面施工

学习领域一 路基施工

项目一 公路工程认知

知识目标

(1)熟悉公路发展历程。

(2)掌握公路分级及技术标准。

(3)掌握公路的组成。

能力目标

(1)能正确描述公路各组成部分。

(2)能对公路进行分级并选择合适的技术标准。

内容概要

本项目主要包括公路发展简史、我国公路发展规划、公路行政分级与技术分级、公路技术标准及公路基本组成部分等内容。

任务一 公路发展历程

任务描述

本任务是使学生认知公路发展史及公路发展规划,能够熟悉我国公路发展的基本情况,掌握国家公路的发展规划思路,为更好地学习公路施工打下基础。

知识准备

一、公路发展史

中国公路的发展大体经历了三个阶段。

(一)古代道路(公元前 21 世纪～1911 年)

早在公元前 2000 年,我国就出现了可行驶牛、马车的道路。秦朝时期,强调“车同轨、书同文”。公元前2世纪，我国通往中亚、西亚和欧洲的丝绸之路开始发展起来。唐代是我国古代道路发展的鼎盛时期，初步形成了以城市为中心的四通八达的道路网。清代道路网系统分为三等，即“官马大路”“大路”“小路”。“官马大路”分东北路、东路、西路和中路四大干线，总长在2000km以上。

（二）近代道路（1912～1949年）

我国第一条公路是1908年在广西南部边防兴建的龙州至那甚公路，全长30km。截至1927年，全国公路通车里程约为29000km。抗日战争时期（1937～1945年），由于战争的影响和破坏，公路发展缓慢。截至1946年12月，全国公路总里程只有130307km。截至新中国成立前夕，全国通车里程只有75000km。

（三）现代公路（1949年以后）

新中国成立后，全国从上到下建立了公路管理机构，并成立了设计、施工和养护的专业队伍。国家还颁布了一系列有关公路建设的重要法规，进行了全国公路普查，恢复并改善了原有公路。截至1976年年底，公路里程达823000km，有路面里程达579000km，桥梁达11.7万座、293万延米。公路绿化里程达254000km。1978～1985年，这一阶段国民经济恢复较快，交通紧张问题凸现，交通运输系统内结构不合理问题逐渐暴露，国家开始着力调整国民经济结构，加强以铁路为中心的运输基础设施的建设，对公路建设也给予了相应重视。国家计委、经委、交通部联合颁布了国道网规划，确定首都放射线12条、北南纵线28条、东西横线30条共70条国道，并采取措施加快发展公路建设，如允许省、市、自治区调整养路费收费费率，以用于公路的改造。此阶段末期，国家开始利用国际金融组织贷款修建国际标准高速公路，制定允许利用贷款、集资修路收取车辆通行费偿还贷款等政策。“八五”初期，根据国民经济发展对交通运输的总体要求，以及社会主义市场经济建设的特点，在总结以往公路建设经验后，提出公路建设的方针是“普及与提高相结合，以提高为主”，使公路建设事业能够更好地适应经济结构转变以及人民生活水平提高对公路运输质量的要求。为突出重点，在国道网规划基础上研究形成了“五纵七横”12条国道主干线规划，设想用二三十年时间，逐步建成以二级以上汽车专用公路为主组成的国道主干线网。截至1996年年底，全国公路通车总里程已达1186000km，其中高速公路3422km。在一些大经济区域内，已经形成或正在形成以高速公路为主的高等级干线公路网，如沈阳、大连、北京、天津、德州、青岛等环渤海湾地区，武汉、合肥、南京、上海、杭州、宁波等长江中下游地区以及广州、深圳、珠海珠江三角洲地区。2001～2010年，重点建设“五纵七横”国道主干线中余下的“两纵五横”主要路段；加快建设国道主干线系统以外交通特别繁忙的其他高等级公路，改善和提高边境口岸公路标准，完成川藏、青藏等国防公路的整治和改造；积极扶持未通车的行政村公路建设，实现行政村基本通公路。截至2008年年底，中国公路通车总里程达到3730200km，比新中国成立初期增长了45倍。到2015年，公路总里程达到450000km，国家高速公路网基本建成，高速公路总里程达到108000km，覆盖90%以上的20万以上城镇人口城市，二级及以上公路里程达到650000km，国、省道总体技术状况达到良等水平，农村公路总里程达到3900000km。

二、公路发展规划

2013 年 6 月 20 日，交通运输部发布了《国家公路网规划（2013 年～2030 年）》。这是我国继 1981 年的《国家干线公路网（试行方案）》、1992 年的《国道主干线系统规划》、2004 年的《国家高速公路网规划》之后，第四个国家级干线公路网规划。

国家公路网规划总规模达 401000km，由普通国道和国家高速公路两个路网层次构成。

（一）普通国道网

普通国道网由 12 条首都放射线、47 条北南纵线、60 条东西横线和 81 条联络线组成，总规模约 265000km。按照“主体保留，局部优化，扩大覆盖，完善网络”的思路，调整拓展普通国道网：保留原国道网的主体，优化路线走向，恢复被高速公路占用的普通国道路段；补充连接地级行政中心和县级节点、重要的交通枢纽、物流节点城市和边境口岸；增加可有效提高路网运行效率和应急保障能力的部分路线；增设沿边沿海路线，维持普通国道网相对独立。

（二）国家高速公路网

国家高速公路网由 7 条首都放射线、11 条北南纵线、18 条东西横线，以及地区环线、并行线、联络线等组成，约 118000km，另规划远期展望线约 18000km。按照“实现有效连接，提升通道能力，强化区际联系，优化路网衔接”的思路，补充完善国家高速公路网：保持原国家高速公路网规划总体框架基本不变，补充连接新增 20 万以上城镇人口城市、地级行政中心、重要港口和重要国际运输通道；在运输繁忙的通道上布设平行路线；增设区际、省际通道和重要城际通道；适当增加有效提高路网运输效率的联络线。

1. 首都放射线（7 条）

北京—哈尔滨、北京—上海、北京—台北、北京—港澳、北京—昆明、北京—拉萨、北京—乌鲁木齐。

2. 北南纵线（11 条）

鹤岗—大连、沈阳—海口、长春—深圳、济南—广州、大庆—广州、二连浩特—广州、呼和浩特—北海、包头—茂名、银川—百色、兰州—海口、银川—昆明。

3. 东西横线（18 条）

绥芬河—满洲里、珲春—乌兰浩特、丹东—锡林浩特、荣成—乌海、青岛—银川、青岛—兰州、连云港—霍尔果斯、南京—洛阳、上海—西安、上海—成都、上海—重庆、杭州—瑞丽、上海—昆明、福州—银川、泉州—南宁、厦门—成都、汕头—昆明、广州—昆明。

此外，还包括 6 条地区性环线以及若干条并行线、联络线等。

同步训练

一、填空题

(1)《国家公路网规划(2013 年～2030 年)》规划规定，国家公路网规划总规模为__________，由__________和__________两个路网层次构成。

(2)《国家公路网规划(2013 年～2030 年)》规划规定，普通国道网由__________、__________、__________及 81 条联络线组成；国家高速公路网由__________、__________、__________、6 条地区性环线以及若干并行线、联络线等组成。

二、简答题

简述中国公路发展史。

任务二　公路的分级、技术标准及组成部分

任务描述

本任务是使学生认知公路等级，掌握公路技术标准及组成部分，能正确划分公路等级，合理选择公路技术标准，正确描述公路各组成部分的作用及构造。

知识准备

一、公路分级

(一)按行政等级划分

公路按行政等级可分为国家干线公路、省干线公路、县公路和乡公路(简称为国道、省道、县道和乡道)，以及专用公路 5 个等级(见表 1-1)。一般把国道和省道称为“干线”，县道和乡道称为“支线”。

表 1-1　　公路行政等级划分

干线	国道	国道指具有全国性政治、经济意义的主要干线公路，包括重要的国际公路、国防公路，连接首都与各省、自治区、直辖市首府的公路，连接各大经济中心、港站枢纽、商品生产基地和战略要地的公路。国道中跨省的高速公路由交通部批准的专门机构负责修建、养护和管理
	省道	省道指具有全省(自治区、直辖市)政治、经济意义，并由省(自治区、直辖市)公路主管部门负责修建、养护和管理的公路干线

续表

支线	县道	县道指具有全县(县级市)政治、经济意义,连接县城和县内主要乡(镇)、主要商品生产和集散地的公路,以及不属于国道、省道的县际间公路。县道由县、市公路主管部门负责修建、养护和管理
	乡道	乡道主要指为乡(镇)村经济、文化、行政服务的公路,以及不属于县道以上公路的乡与乡之间及乡与外部联络的公路。乡道由当地人民政府负责修建、养护和管理
专用公路	专用单位负责修建、养护和管理,也可委托当地公路部门修建、养护和管理	

(二)按技术等级划分

按照《公路工程技术标准》(JTG B01—2014),将公路分为高速公路、一级公路、二级公路、三级公路及四级公路5个技术等级(见表1-2)。

表1-2 公路技术等级划分

等　级	定　义	年平均日设计交通量
高速公路	专供汽车分方向、分车道行驶,全部控制出入的多车道公路	15000辆以上
一级公路	供汽车分方向、分车道行驶,可根据需要控制出入的多车道公路	15000辆以上
二级公路	供汽车行驶的双车道公路	5000～15000辆
三级公路	供汽车、非汽车交通混合行驶的双车道公路	2000～6000辆
四级公路	供汽车、非汽车交通混合行驶的双车道或单车道公路	双车道:2000辆以下 单车道:400辆以下

1.公路等级选用应遵循下列原则

(1)公路技术等级选用应根据路网规划、公路功能,并结合交通量论证确定。

(2)主要干线公路应选用高速公路。

(3)次要干线公路应选用二级及以上公路。

(4)主要集散公路宜选用一、二级公路。

(5)次要集散公路宜选用二、三级公路。

(6)支线公路宜选用三、四级公路。

2.新建和改扩建公路项目的设计交通量预测应符合下列规定

(1)高速公路和一级公路设计交通量预测年限为20年;二、三级公路设计交通量预测年限为15年;四级公路可根据实际情况确定。

(2)设计交通量预测年限的起算年为该项目可行性研究报告中的计划通车年。

交通量换算以小客车为标准车型。各汽车代表车型及车辆折算系数确定如表1-3所示,拖拉机和非机动车等交通量换算应符合此规定。

表 1-3　各汽车代表车型及车辆折算系数

汽车代表车型	车辆折算系数	说　明
小客车	1.0	座位及以下 19 座的客车和载质量 2t 及以下的货车
中型车	1.5	座位多于 19 座的客车和载质量多于 2t 但不多于 7t 的货车
大型车	2.5	载质量多于 7t 但不多于 20t 的货车
汽车列车	4.0	载质量多于 20t 的货车

注:(1)畜力车、人力车、自行车等非机动车按路侧干扰因素计算。
(2)公路上行驶的拖拉机每辆折算为 4 辆小客车。
(3)公路通行能力分析所要求的车辆折算系数应针对路段、交叉口等形式,按不同的地形条件和交通需求,采用相应的折算系数。

二、公路工程技术标准

技术标准是根据汽车的行驶性能、数量、荷载等方面的要求,在总结公路设计、施工、养护和汽车运输经验的基础上,经过调查研究、理论分析制定出来的。它反映了我国公路建设的技术政策和要求,是公路设计和施工的基本依据和必须遵守的准则。

各级公路的具体标准是由各项技术指标体现的,如表 1-4 所示。

表 1-4　各级公路的主要技术指标汇总表

公路等级	高速公路			一级公路			二级公路		三级公路		四级公路
设计速度(km/h)	120	100	80	100	80	60	80	60	40	30	20
车道数(条)	≥4			≥4			2		2		2(1)
宽度(一般值,m)	3.75	3.75	3.75	3.75	3.75	3.50	3.75	3.50	3.50	3.25	3.00
停车视距(m)	210	160	110	160	110	75	110	75	40	30	20
圆曲线半径(最小值,超高 8%,m)	650	400	250	400	250	125	250	125	60	30	15
最大纵坡(%)	3	4	5	4	5	6	5	6	7	8	9
汽车荷载等级	公路—Ⅰ级			公路—Ⅰ级			公路—Ⅰ级		公路—Ⅱ级		公路—Ⅱ级

各级公路的技术指标是根据路线在公路网中的功能、规划交通量、交通组成、设计速度等因素确定的。其中设计速度是技术标准中最重要的指标，它对公路的几何形状、工程费用和运输效率影响最大。在考虑路线的使用功能和规划交通量的基础上，根据国家的技术政策制定设计速度。路线在公路网中具有重要经济、国防意义。交通量较大者，技术政策规定采用较高的设计速度，反之采用较低的设计速度。对于某些公路尽管交通量不是很大，但其具有重要的政治、经济、国防意义，比如通向机场、经济开发区、重点游览区或军事用途的公路，可以采用较高的设计速度。

三、公路的基本组成部分

公路的基本组成部分包括路基、路面、桥梁、涵洞、隧道、防护与加固工程、排水设施、山区特殊构造物等。此外，为保证汽车行驶的安全、畅通和舒适，还需要有各种附属工程，如公路标志、路用房屋、加油站及绿化栽植等。

路基是公路的基本结构，是支撑路面结构的基础，与路面共同承受行车荷载的作用，同时承受气候变化和各种自然灾害的侵蚀和影响。路基横断面示意图如图 1-1 所示。

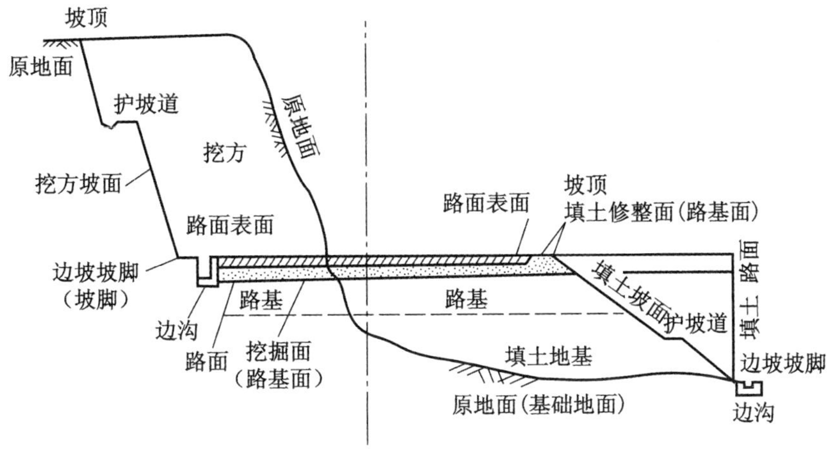

图 1-1　路基横断面示意图

路面是用各种筑路材料铺筑在公路路基上供汽车行驶的结构层，直接承受和传递车轮荷载，承受磨耗，经受自然气候和各种自然灾害的侵蚀和影响。

桥涵是指公路跨越水域、沟谷和其他障碍物时修建的构造物。

公路隧道通常是指建造在山岭、江河、海峡和城市地面下，供车辆通过的工程构造物。

为防止路基填土或山坡土体坍塌而修筑的承受土体侧压力的墙式构造物称为“挡土墙”，它是路基加固工程的一种结构形式。

为保持路基稳定和强度而修建的地表和地下排水设施称为“路基排水设施”，包括边沟、截水沟、排水沟、急流槽、渗沟、渗井等。

公路交通工程及沿线设施是保证公路功能、保障安全行驶的配套设施，是现代公路的重要标志。

同步训练

一、填空题

(1)公路按行政等级可分为________、________、________、________和专用公路5个等级。

(2)按照《公路工程技术标准》(JTG B01—2014),将公路分为________、________、________、________和________5个技术等级。

(3)高速公路为专供汽车________、________行驶,________的多车道公路。高速公路的年平均日设计交通量宜在________辆小客车以上。

(4)高速公路和一级公路设计交通量预测年限为________年;二、三级公路设计交通量预测年限为________年;四级公路可根据实际情况确定。

二、简答题

(1)简述公路等级选用的原则。

(2)简述《公路工程技术标准》(JTG B01—2014)的主要内容。

学习工作单

课程名称	公路工程施工	学习项目	公路工程认知
任务内容与目标			

知识	技能	态度
1.公路发展史及发展规划。 2.我国公路分级及技术标准。 3.公路基本组成部分。	1.能正确描述公路各组成部分。 2.能对公路进行分级并选择合适的技术标准。	1.良好的职业行为。 2.团结协作精神。 3.良好的语言表达能力。

工作任务

一、思考并回答以下问题。

1.简述我国公路的分级。

2.简述公路的基本组成部分及其作用。

续表

二、路基工程图识读并回答问题。

分小组阅读下图所示公路平面并回答问题。

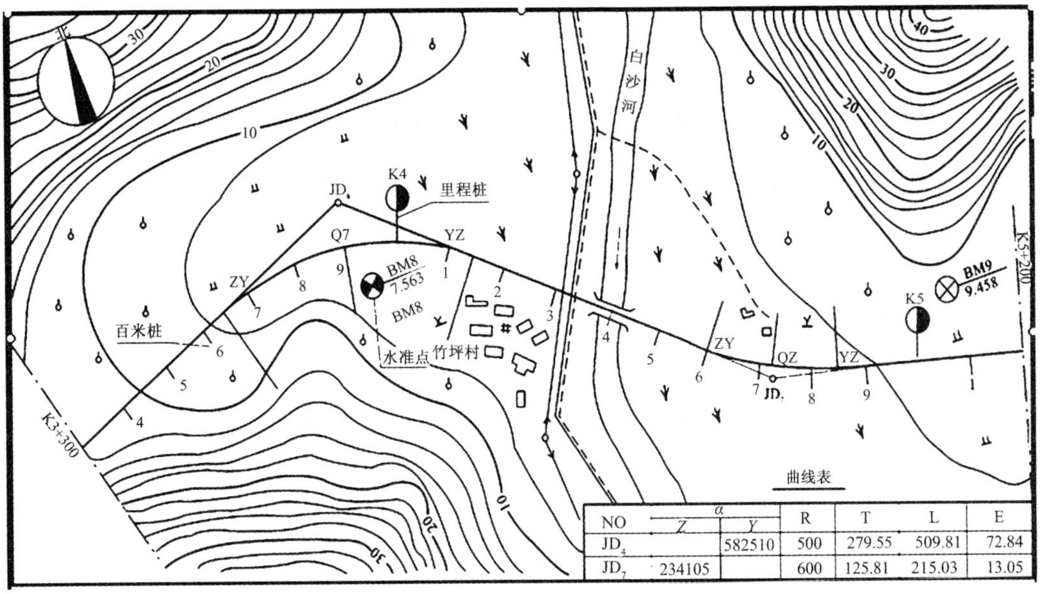

NO	α Z	α Y	R	T	L	E
JD_4		582510	500	279.55	509.81	72.84
JD_7	234105		600	125.81	215.03	13.05

1. 简述路线的走向。

2. 此图展示的路线总里程为多少？起点和终点各在哪里？

3. 识读圆曲线图，比较两者的曲线长。

项目二　路基构造认知

知识目标

(1)掌握路基类型。
(2)熟悉公路主要组成部分的构造及要求。
(3)掌握路基干湿类型的划分。

能力目标

(1)能正确描述公路路基类型及各组成部分的构造。
(2)能确定路基的干湿类型。

内容概要

本项目主要包括路基类型、路基基本组成部分的构造及要求、路基附属设施、路基的干湿类型等内容。

任务一　路基基本构造

任务描述

本任务是使学生学习路基横断面类型及组成构造,掌握路基不同断面类型特点及构造要求,并能够根据路基的具体情况合理选择断面类型。

知识准备

路基是按照路线位置和一定技术要求修筑的带状构造物,是路面的基础,承受由路面传递下来的行车荷载。它贯穿公路全线,与桥梁、隧道相连,构成公路的整体。

一、路基横断面类型

为了满足行车的要求,路线有些部分高出地面,需要填筑;有些部分低于地面,需要开挖。因此，路基横断面形状各不相同。典型的路基横断面有路堤、路堑、填挖结合及零填零挖等 4 种类型。

(一)路　堤

高于地面的填方路基称为“路堤”。路堤在结构上分为上路堤和下路堤，上路堤是指路面底面以下 0.80～1.50m 范围内的填方部分；下路堤是指上路堤以下的填方部分。按其填土高度可划分为：填土高度低于 1～1.5m 的路堤属矮路堤；填土高度在 1.5～18m（土质）或 20m（石质）范围内的路堤为一般路堤；填土高度超过 18m（土质）或 20m（石质）的路堤属于高路堤。按其所处的条件及加固类型的不同，还有沿河路堤、陡坡护脚路堤及挖渠填筑路堤等，如表 2-1 所示。

表 2-1　　路堤类型示意图

路堤名称	图　示	定义及适用范围	设计要点
(a)矮路堤	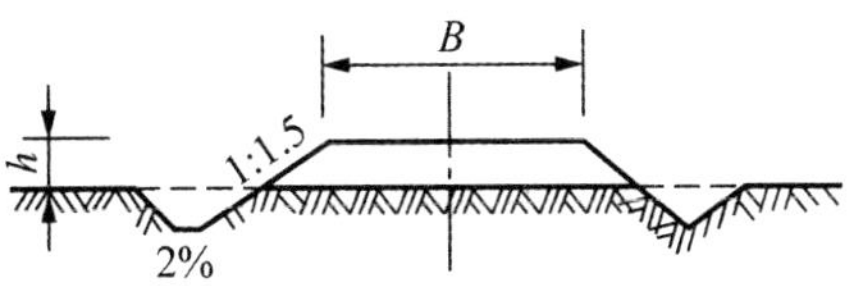	填土高度低于 1～1.5m 的路堤属矮路堤。常在平坦地区取土困难时选用	平坦地区地势低，水文条件较差，易受地面水和地下水的影响，设计时应注意满足最小填土高度的要求。力求不低于规定的临界高度，使路基处于干燥或中湿状态。路基两侧均应设边沟
(b)一般路堤	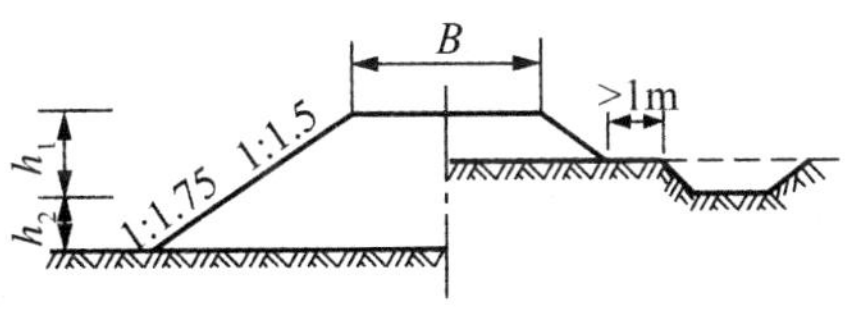	填土高度在 1.5～18m（土质）或 20m（石质）范围内的路堤为一般路堤。路基的填方高度不大，无须进行特殊处理	可以结合当地的地形、水文地质情况和当地成功的经验，根据有关设计手册规定，直接套用典型横断面团，确定路基的断面形式和有关尺寸
(c)沿河路堤	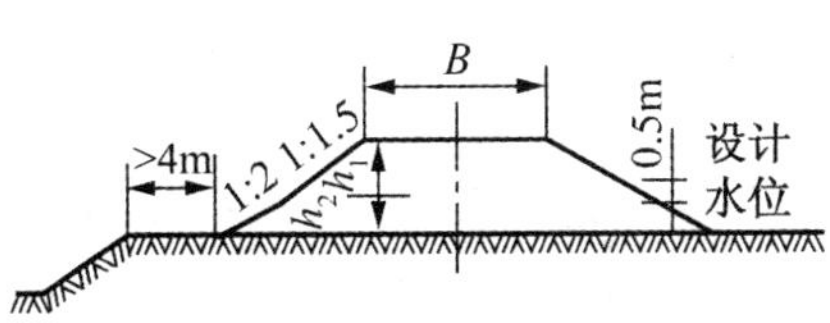	公路走向与河流基本平行，且受设计水位浸淹的路基	设计的路基边缘标高，应不低于路基设计洪水频率的水位加壅水高、波浪侵袭高，以及 0.5m 的安全高度

续表

路堤名称	图　示	定义及适用范围	设计要点
(d)陡坡护脚路堤	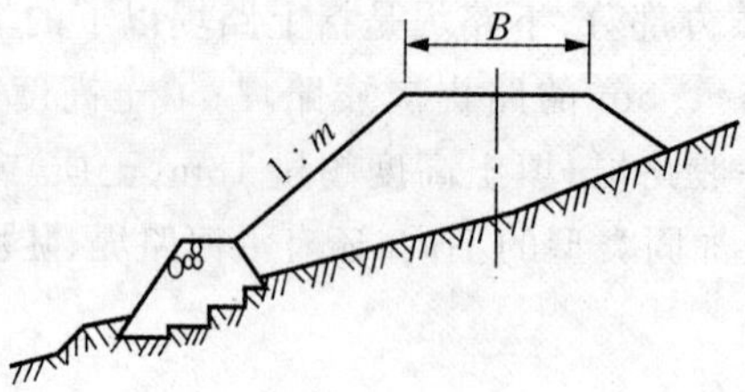	防止填方路堤沿山坡向下滑动的石砌路基	当地面横坡较陡时，为防止填方路堤沿山坡向下滑动，可将天然地面挖成台阶，或设置石砌护脚。护脚高度不宜超过5m，受水浸淹的路堤护脚应予防护或加固
(e)挖渠填筑路堤	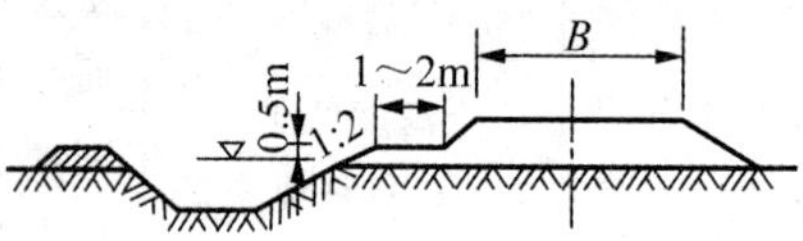	填方高度不大，h＝2～3m时，填方数量较少，全部或部分填方可以在路基横断面两侧设置取土坑，使之与排水沟渠结合	为保护填方坡脚不受流水侵害，保证边坡稳定，可在坡脚与沟渠之间预留1～2m的护坡道

（二）路　堑

低于地面的挖方路基称为“路堑”。图2-1是挖方路基横断面的基本形式。

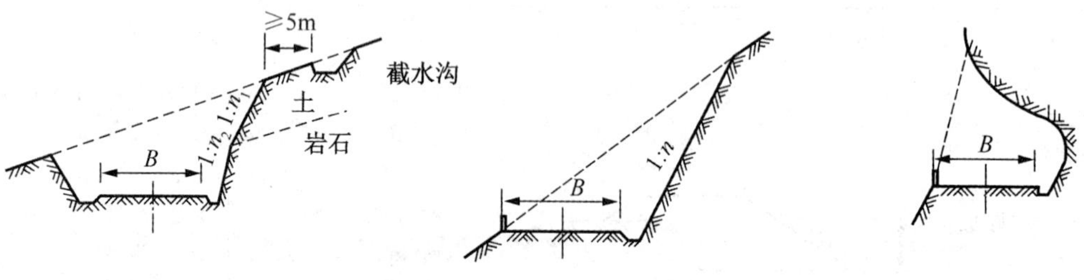

(a) 全挖路基　　(b) 台口式路基　　(c) 半山洞路基

图2-1　挖方路基横断面的基本形式

最典型的路堑为全挖断面，路基两侧均需设置边沟。在陡峭山坡上可挖成台口式路基，即在山坡上，以山体自然坡面为下边坡，其他部分全部由开挖形成。三、四级公路在整体坚硬的岩石坡面上，为减少石方工程，有时可采用半山洞路基，但要确保安全可靠，不得滥用。

路堑边坡形式及坡率应根据工程地质与水文地质条件、边坡高度、排水措施、施工方法，并结合自然稳定山坡和人工边坡的调查及力学分析综合确定，必要时可采用稳定性分析方法予以验算。

路堑开挖后，在一定范围内破坏了原地面的天然平衡状态，其边坡的稳定性主要取决于地质与水文条件，以及边坡坡度和边坡高度。一般情况下，地质条件较差（如岩层倾向边坡、岩性软弱极易风化、岩石破碎或为土夹石等）、水文状况不利（如地层含有地下水，当地暴雨量集中或地面排水不畅）时，深路堑边坡稳定性较差，路基的后遗病害较多。所以，进行深路堑的设计时，需要根据地质及水文条件，选用合适的边坡坡率，并且自下而上逐层放缓而成折线形边坡或台阶形边坡。

水文状况对路堑的影响较大，地质条件愈差，水的破坏作用愈明显。因此，路堑排水至关重要。路堑必须设置边沟，以排除边坡和路基表面的降水。为防止大量地面水流向路基，造成坡面冲刷或边沟溢流，应在路堑两侧坡面的上方规定的距离以外（不小于5m），设置一道或多道截水沟。

如挖方路基位于含水土层，因地下水文状况不利，会经常产生水分聚积现象，可能导致路面破坏。所以，路堑以下的天然土层要压实至规定的密实程度，必要时还需翻挖重新分层填筑或换土，或采取加铺隔离层、设置必要的地下排水设施等措施予以处理。

路堑由天然地层开挖而成，其构造取决于当地的自然条件，如岩土类型、地质构造、水文等。此外，路堑成巷道式，受排水、通风、日照影响，病害多于路堤，且行车视距差，行车条件和景观要求亦有所降低，施工难度大。所以设计时，应尽量少用很深的长路堑，必须时要选用合适的边坡坡率及边坡形式，以确保边坡的稳定可靠。同时加强排水，整治基底，保证基底不致产生水温情况的恶化。在确定路线走向和进行路线平、纵面设计时，要兼顾日照、积雪、通风等因素，尽可能选用大半径平竖曲线和缓和的纵、横坡度等技术指标。等级较高的公路，还必须进行平、纵面线形的组合设计，兼顾道路景观和环境协调，以改善路堑的行车条件。

（三）填挖结合路基

在一个断面内，部分为路堤、部分为路堑的路基称为“填挖结合路基”。陡坡上的填挖结合路基，可根据地形、地质条件，采用护肩、砌石或挡土墙；当山坡高陡或稳定性差，不宜多挖时，可采用桥梁或悬出路台等构造物。图2-2是填挖结合路基横断面的基本形式。这种类型的工程量最小，是路基横断面设计时应当首先考虑的一种断面形式。如若处理得当，路基稳定可靠，而且这种形式是比较经济的。但由于开挖部分路基为原状土，而填方部分为扰动土，往往这两部分密实程度不相同。另外，填方部分与山坡结合不够稳定，若处理不当，路基会在填挖交界面处出现纵向裂缝、填方沿基底滑动等病害。因此，应加强填挖交界面结合处的处理。同时，其处理技术方案还应满足《路基设计规范》的要求。

从路基稳定性需要考虑，陡坡路基一般应“宁挖勿填”或“多挖少填”。在陡峭山坡上，尤其是沿溪路线，为减少石方的开挖数量，避免大量废方阻塞溪流，有时还需要少挖多填。因此，填挖结合的路基在选定路线和线形设计时，应予以统一安排。

（四）零填零挖路基

图2-3是零填零挖路基横断面的基本形式。这种路基虽然节省土石方，但对排水非常不利，且原状土密实程度往往不能满足要求，容易发生水淹、雪埋、沉陷等病害，因此，应尽量少用或不用该类路基，只有干旱的平原区和丘陵区、山岭区的山脊线方可考虑。为保证路基的稳定性，需要检查路床顶面以下30cm范围内的密实程度，必要时翻松原状土重新分层碾压，或采用换填土层。同时路基两侧应设置边沟，以利排水。

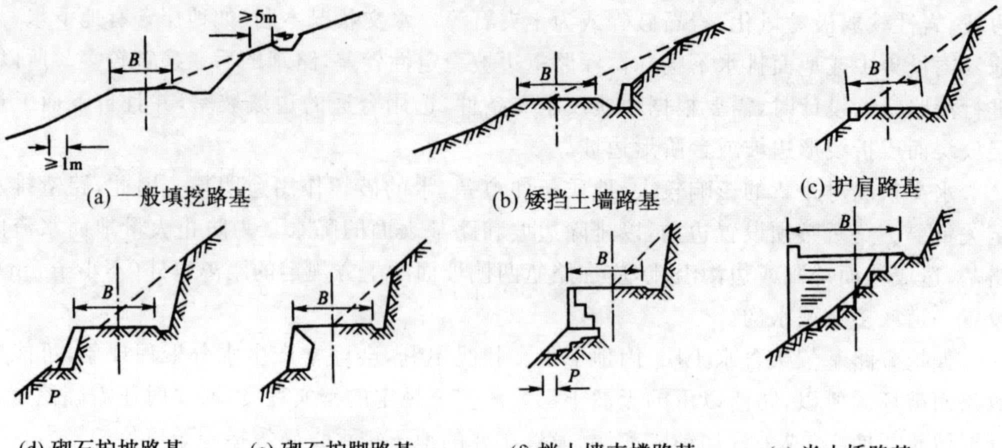

(a) 一般填挖路基　(b) 矮挡土墙路基　(c) 护肩路基

(d) 砌石护坡路基　(e) 砌石护脚路基　(f) 挡土墙支撑路基　(g) 半山桥路基

图 2-2　填挖结合路基横断面的基本形式

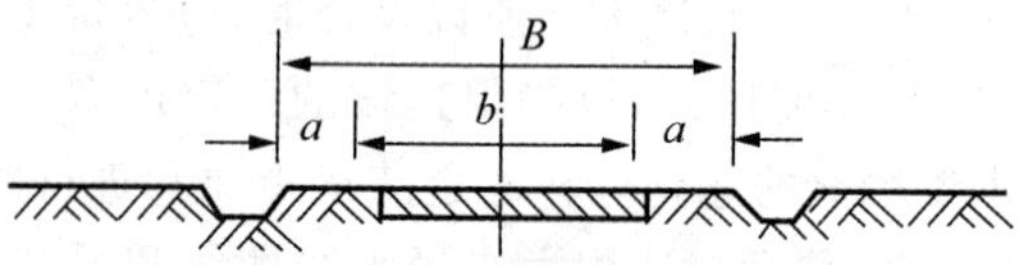

图 2-3　零填零挖路基横断面的基本形式

a—路肩宽度　*b*—路面宽度　*B*—路基宽度

二、路基断面构造

路基断面由路基宽度、路基高度和路基边坡坡度等构成。路基宽度取决于公路技术等级；路基高度取决于路线的纵坡设计及地形；路基边坡坡度取决于土质、地质构造、水文条件及边坡高度，并由边坡稳定性和横断面经济性等因素比较确定。

(一)路基宽度

路基宽度是指一个横断面上两路肩外缘之间的宽度。各级公路路基宽度为车道宽度与路肩宽度之和，当设有中间带、加(减)速车道、爬坡车道、紧急停车带、错车道等时，应计入这些部分的宽度。其相应宽度值的大小详见《公路工程技术标准》(JTG B01—2014)中路线设计部分。各级公路路基标准横断面如图 2-4 所示。

高速公路、一级公路的路基横断面分为整体式和分离式两类。整体式断面包括车道、中间带(中央分隔带及左侧路缘带)、路肩(硬路肩及土路肩)以及紧急停车带、爬坡车道、加(减)速车道等；分离式断面包括车道、路肩(硬路肩及土路肩)以及紧急停车带、爬坡车道、加(减)速车道等。

二～四级公路的路基横断面包括车道、路肩以及错车道等。二级公路位于中小城市城乡结合部、混合交通量大的连接线路段。实行快、慢车道分开行驶时，可根据当地经验设置车道或加宽右侧硬路肩。

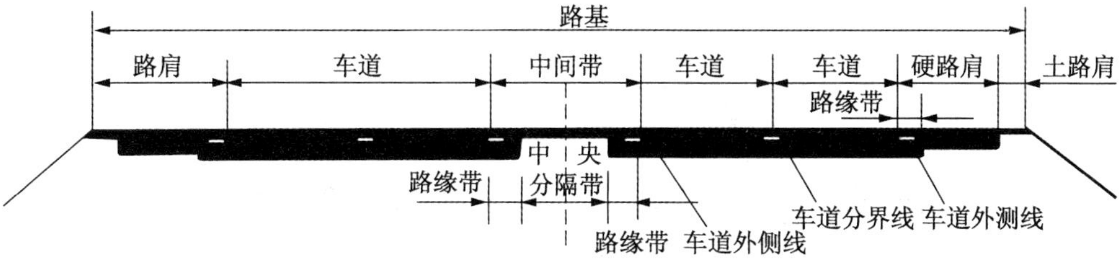

(a) 高速公路、一级公路

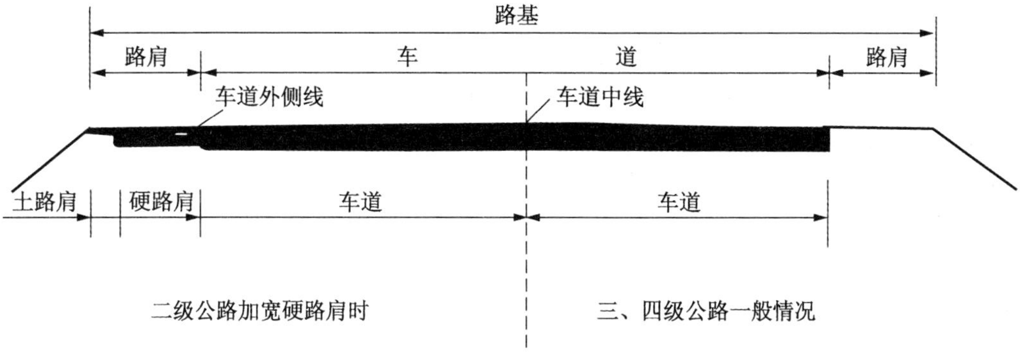

(b) 二～四级公路

图 2-4　各级公路路基标准横断面图

(二)路基高度

路基高度与路基强度和稳定性有关,也与工程量的大小密切相关。所以,它既是路线纵断面设计的重点,也是路基设计的重点。

路基高度是路基设计标高和中桩地面标高的差值。路堤为填筑高度,路堑为开挖深度。路基设计标高:一般公路指路肩外缘的设计标高;高速公路和一级公路指中央分隔带外侧边缘的设计标高。此外,由于除平原区外,路基自然横纵面多为倾斜面,所以在路基宽度范围内,两侧的高差有较大差别。而路基两侧边坡高度是指填方坡脚或挖方坡顶与路基边缘的相对高差,这一高差通常称为“边坡高度”。当地面横坡度较大时,该边坡高度将严重影响路基的稳定,所以在路基设计时应引起重视。

路基高度,是在路线纵断面设计时,综合考虑路线纵坡要求、路基稳定性和工程经济等因素后确定的。从路基的强度和稳定性要求出发,路基上部土层应处于干燥或中湿状态,并满足最小填土高度的要求。在满足上述条件的情况下,尽量满足“浅挖、低填、缓边坡”的要求。对于高路堤和深路堑,由于土石方数量大,占地多,施工困难,边坡稳定性差,行车不利,应尽量避免使用。矮路堤和浸水路堤,还要考虑排水和设计洪水频率要求。

(三)路基边坡坡度

确定路基边坡坡率,是路基设计的基本任务。为保证路基稳定,路基两侧应做成具有一定坡度的坡面。公路路基边坡坡率,可用边坡高度 H 和边坡宽度 b 的比值表示。习惯上将高度定为 1,一般写成 1∶m(路堤)或 1∶n(路堑),称为“边坡坡率”。如图 2-5 所示,分别为 1∶0.5 及 1∶1.5。

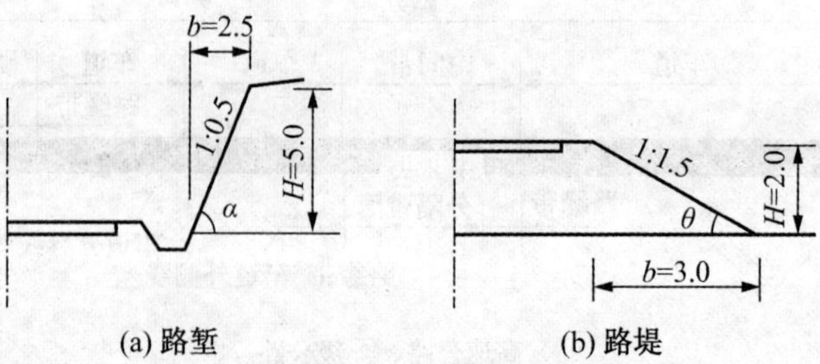

图 2-5　路基边坡坡度示意图

路基边坡坡率的大小,关系到边坡稳定和路基工程数量。边坡愈陡,稳定性愈差,若处理不当,易造成塌方等路基病害;边坡过缓,土石方数量增大,裸露面积增大,自然影响面加大,如果不能快速恢复生态,也会影响路基边坡稳定。所以在确定边坡坡率时,要根据实际情况,综合考虑路基边坡稳定、国家及地方环保政策、工程造价等因素后合理确定。

路基边坡坡率的大小,主要取决于地质、土壤与水文等自然因素。影响路基边坡稳定的因素是多方面的,除上述因素外,边坡的高度也是一个重要方面。在陡坡或填挖较大的路段,边坡稳定不仅影响到土石方工程量的大小,也涉及工程施工的难易,是路基整体稳定的关键。一般路基的边坡坡度可根据多年工程实践经验和设计规范推荐的数值推算。

1. 路堤边坡

一般路堤边坡,当地质条件良好、边坡高度不大于 20m 时,其边坡坡率不宜大于《路基设计规范》的有关规定(见表 2-2)。

表 2-2　　路堤边坡坡率

填料种类	边坡坡率	
	上部高度 ($H\leqslant8$m)	下部高度 ($H\leqslant12$m)
细粒土	1∶1.5	1∶1.75
细粒土	1∶1.5	1∶1.75
巨粒土	1∶1.3	1∶1.5

注:采用台阶式边坡时,下部边坡可采用与上部边坡一致的坡度。

沿河路堤边坡坡度,要求在设计水位以下部分视填料情况,可采用 1∶(1.75～2.0);常水位以下部分可采用 1∶(2.0～3.0)。当公路沿线有大量天然石料或路堑开挖的废石方时,可用于填筑路堤。填石路堤坡面应由不易风化的较大(大于 25cm)石块砌筑,边坡坡度可采用 1∶1。

当沿着比较陡峻的山坡填筑路堤时,填方边坡接近平行于山坡,以至填方量过大或占地太宽,甚至无法填筑。此时,可以利用当地石料,分别砌筑护肩、护脚、边坡砌石及挡土墙等。

对边坡高度超过 20m 的路堤、地面斜坡坡率陡于 1∶2.5 的路堤,以及不良地质、特殊地段的路堤,应进行个别勘察设计,对重要的路堤应进行稳定性监控。

2. 路堑边坡

路堑边坡根据路堑开挖的岩土性质可分为土质和石质两大类，其边坡形式也因高度和岩性的不同而有所区别，常见形式如图 2-6 所示。

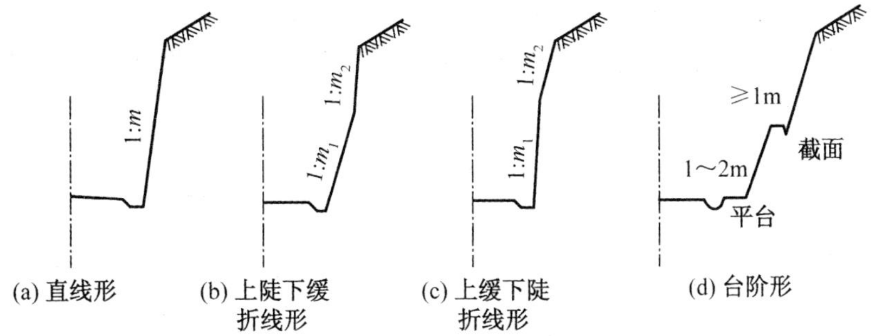

图 2-6 路堑边坡形式

在进行路堑边坡设计时，首先应从地貌和地质构造上判断其整体稳定性。遇到工程地质或水文地质条件不良的地层时，应尽量使路线绕避它；而对于稳定的地层，则应考虑开挖后，土部岩体是否会由于失去了支撑，坡面风化加剧而引起失稳的因素。

影响路堑边坡稳定的因素非常多，如路堑开挖深度、地质构造、岩性、岩石风化破碎程度、地下水和地表水的影响、土体结合的密实程度、土壤的性质、当地的自然气候、施工方法等因素都会影响路堑边坡的稳定性，所以，在进行路堑边坡设计时必须综合考虑。

凡具有一定黏性的土质路堑，边坡高度小于 20m，其挖方边坡坡率可参照表 2-3 所列数值范围，结合当地已建成公路的实践经验选择采用。

表 2-3　　土质路堑边坡坡率

土的类别		边坡坡率
黏土、粉质黏土、塑性指数大于 3 的黏土		1∶1
中密以上的中砂、粗砂、砂砾		1∶1.5
卵石土、碎石土、圆砾土、角砾土	胶结和密实	1∶0.75
	中密	1∶1

表 2-3 中的密实程度，应通过挖坑试验判别，其划分标准如表 2-4 所示。黄土、红黏土、高液限黏土、膨胀土等特殊土质的挖方边坡形式及坡率应按《路基设计规范》相关规定确定。

表 2-4　　土的密实程度划分表

分　级	试坑开挖情况
较　松	铁锹很容易铲入土中，试坑坑壁很容易坍塌
中　密	天然坡面不易陡立，试坑坑壁有掉块现象，部分需用镐开挖
密　实	试坑坑壁稳定，开挖困难，土块用手使劲才能破碎，从坑壁取出大颗粒处能保持凹面形状
胶　结	细粒土密实度很高，粗颗粒之间呈弱胶结，试坑用镐开挖很困难，天然坡面可以陡立

在确定岩石路堑边坡时，除考虑上述影响路堑边坡稳定性的因素外，由于存在地区自然差异，还要不断积累当地的实践经验，结合施工方法进行综合分析。根据长期的设计经验和部分地区的调整资料，岩石路堑边坡坡率可参照表2-5，结合当地的工程地质和水文条件，参考当地相应类型稳定的成型边坡度，加以对比选用。同时，还要根据环保设计要求修正边坡值。对于定性比较困难的地段，必要时还要进行个别设计与验算，并结合采用排水、防护与加固等技术措施。

表2-5　岩质路堑边坡坡率

边坡岩体类型	风化程度	边坡坡率	
		$H<15$m	$15\leqslant H<30$m
Ⅰ类	未风化、微风化	1∶(0.1～0.3)	1∶(0.1～0.3)
	弱风化	1∶(0.1～0.3)	1∶(0.3～0.5)
Ⅱ类	未风化、微风化	1∶(0.1～0.3)	1∶(0.3～0.5)
	弱风化	1∶(0.3～0.5)	1∶(0.5～0.75)
Ⅲ类	未风化、微风化	1∶(0.3～0.5)	
	弱风化	1∶(0.5～0.75)	
Ⅳ类	弱风化	1∶(0.5～1)	
	强风化	1∶(0.75～1)	

岩石的风化破碎是地质动力作用与长期风化作用的共同结果。表2-6为岩石风化破碎程度外观特征分级表。

表2-6　岩石风化破碎程度外观特性分级表

分级	外观特征				
	颜　色	矿物成分	结构构造	破碎程度	强　度
轻度	较新鲜	无变化	无变化	节理不多，基本上是整体，节理基本不张开	基本上不降低，用锤敲很容易回弹
中等	造岩矿物失去光泽，色变暗	基本不变	无显著变化	开裂成20～50cm的大块状，大多数节理张开较小	有降低，用锤敲声音仍较清脆
严重	显著改变	有次生矿物产生	不清晰	开裂成5～20cm的碎石状，有时节理张开较多	有显著降低，用锤敲声音低沉
极重	变化极大	大部成分已改变	只具外形，矿物间已失去结晶联系	节理极多，爆破以后多呈碎石土状，有时细粒部分已具塑性	极低，用锤敲时不易回弹

土质挖方边坡高度超过 20m、岩质挖方边坡高度超过 30m，以及不良地质、特殊岩土地段的挖方边坡，应进行个别勘察设计。

同步训练

一、填空题

(1)路基横断面形状各不相同，典型的路基横断面有__________、__________、__________及__________等 4 种类型。

(2)路基高度是__________和__________的差值。

(3)路堑边坡的基本形式有__________、__________、__________及__________等 4 种类型。

二、简答题

(1)公路主要由哪几部分组成？路基又由哪几部分组成？

(2)路基工程有哪些特点？

(3)常见的路基横断面形式有哪些？如何确定路基宽度？

(4)路堤边坡和路堑边坡坡度的影响因素有哪些？

任务二 路基干湿类型与要求

任务描述

本任务是通过学习路基干湿类型，使学生掌握路基干湿类型的划分及路基处于何种状态为最佳状态；并通过对路基基本要求的学习，使学生掌握公路施工过程中路基的各项要求，为后续路基施工学习打下基础。

知识准备

一、路基的干湿类型

路基的强度与稳定性和路基的干湿状况有密切关系，并在很大程度上影响路面结构设计。为此，在进行路基设计时应严格区分其干湿类型。

(一)路基干湿类型及湿度来源

路基按其干湿状态可分为干燥、中湿、潮湿和过湿四类。为了保证路基路面结构的稳定性，一般要求路基处于干燥或中湿状态。过湿状态的路基必须经过处理后方可铺筑路面。

路基土所处的状态是由土体的含水量或相对含水量决定的，含水量取决于湿度的来源及作用的延续时间。导致路基湿度变化的水源来源如图 2-7 所示。

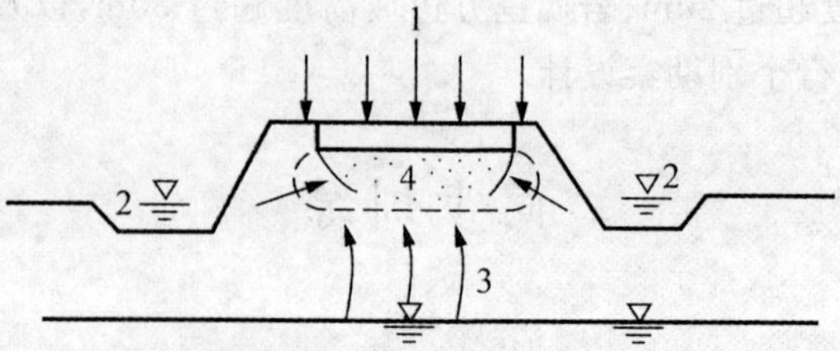

图 2-7　导致路基湿度变化的水源来源示意图

1—大气降水　2—地面水　3—地下水　4—凝结水

大气降水：大气降水通过路面、路肩和边坡渗入路基。

地面水：边沟水及排水不良时的地表积水，以毛细水的形式渗入。

地下水：靠近地面的地下水，通过毛细管作用上升到路基内部。

凝结水：在土颗粒空隙中流动水蒸气，遇冷凝结为水。

（二）路基干湿类型划分

1. 根据平均稠度划分

我国现行《公路沥青路面设计规范》（JTG D50—2006）中规定，路基干湿类型可以实测不同季节路床顶面以下 800mm 深度内土的稠度 w_C，再按路基干湿状态的稠度建议值确定。干燥、中湿、潮湿和过湿四类干湿类型以分界稠度 w_{C1}、w_{C2} 和 w_{C3} 来划分。土的稠度 w_C 定义为土的液限 w_L 与含水量 w 之差和土的液限 w_L 与塑限 w_P 之差的比值，即：

$$w_C = \frac{w_L - w}{w_L - w_P} \tag{2-1}$$

式中：w_C ——土的稠度；

w_L ——土的液限（%）；

w ——土的含水量（%）；

w_P ——土的塑限（%）。

土的稠度较准确地表示了土的各种形态与湿度的关系。稠度指标综合了土的塑性特性，包含了液限与塑限，全面直观地反映了土的硬软程度，物理概念明确。

（1）$G = 1.0$，即 $w =$ 石灰：土 $= \frac{P_2}{\gamma_2} : \frac{P_1}{\gamma_1}$，为半固体与硬塑状的分界值。

（2）$P_1 = 0, P_2 = 0$，即 $P_1 = \gamma_2 = \frac{天然松方密度}{1 + W_2}$，为流塑与流动状的分界值。

（3）$1.0 > \gamma_2 = \frac{天然松方密度}{1 + W_2} > 0$，即 $\gamma_1 = \frac{天然松方密度}{1 + W_1} > \gamma_1 = \frac{天然松方密度}{1 + W_1} > h_1 = \frac{\gamma_0 h_0 \frac{P_1}{P_1 + P_2}}{\gamma_1}$，土处于可塑状态。

以稠度作为路基干湿类型的划分标准是合理的，路面设计应根据路基土的分界稠度确定路基的干湿类型。

在新建公路勘测设计中，确定路基的干湿类型需要在现场进行勘查。根据当地稳定的平均天然含水量、液限、塑限计算平均稠度，并考虑填土高度、地下水、地表积水的影响，论证地确定路基土的干湿类型。对于原有公路，按不同季节路床顶面以下 0.80m 深度内土的平均稠度确定。路床面以下 0.80m 内，每 0.10m 取土样测定其天然含水量，按下式求算：

$$\overline{w}_C = \frac{\sum_{i=1}^{8} w_{Ci}}{8} \tag{2-2}$$

式中：$\overline{w}_C$ ——土的平均含水量(%)；

w_{Ci} ——路床顶面以下 0.80m 内，每 0.10m 为一层，第 i 层上的天然含水量(%)。

根据 $\overline{w}_C$ 判别路基的干湿类型，要按照道路路基土的类型，查表 2-7，与分界稠度作比较，确定道路所属的路基干湿类型。

表 2-7　　路基干湿状态的分界稠度建议值

干湿状态 土质类别	干燥状态	中湿状态	潮湿状态	过湿状态
	$\overline{w}_C \geqslant w_{C1}$	$w_{C1} > \overline{w}_C \geqslant w_{C2}$	$w_{C2} > \overline{w}_C \geqslant w_{C3}$	$\overline{w}_C \leqslant w_{C3}$
土质砂	$w_C \geqslant 1.20$	$1.20 > w_C \geqslant 1.00$	$1.00 > w_C \geqslant 0.85$	$w_C < 0.85$
黏质土	$w_C \geqslant 1.10$	$1.10 > w_C \geqslant 0.95$	$0.95 > w_C \geqslant 0.80$	$w_C < 0.80$
粉质土	$w_C \geqslant 1.05$	$1.05 > w_C \geqslant 0.90$	$0.90 > w_C \geqslant 0.75$	$w_C < 0.75$

注：w_{C1}、w_{C2}、w_{C3} 分别为干燥和中湿、中湿和潮湿、潮湿和过湿状态路基的分界稠度。$\overline{w}_C$ 为路床顶面以下 0.80m 深度内的平均稠度。

2. 根据临界高度划分

对于新建道路，路基尚未建成，无法按上述方法现场勘查路基的湿度状况，可以用路基临界高度作为判别标准。当路基的地下水位或地表积水水位一定时，路基的湿度由下而上逐渐减小，如图 2-8 所示。临界高度是指在不利季节，与分界稠度相对应的路床顶面距地下水位或地表积水水位的高度，即：

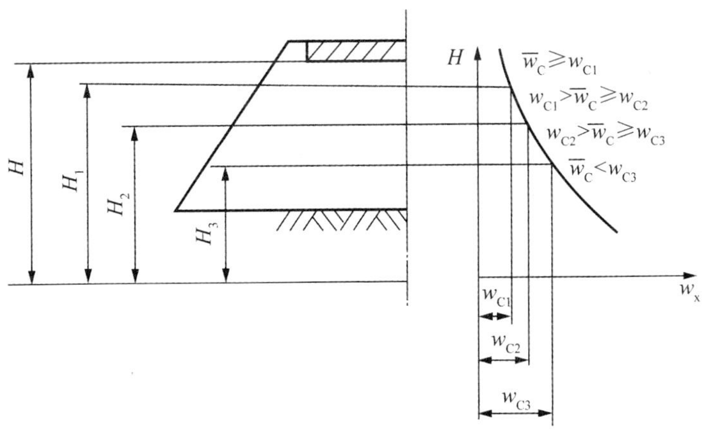

图 2-8　路基临界高度与路基干湿类型

H_1 相对应于 w_{C1}，为干燥与中湿状态的分界标准；

H_2 相对应于 w_{C2}，为中湿与潮湿状态的分界标准；

H_3 相对应于 w_{C3}，为潮湿与过湿状态的分界标准。

在设计新建道路时，如能确定路基临界高度，则可以此作为判别标准，与路基设计高度作比较，由此确定路基的干湿类型，如表 2-8 所示。

表 2-8　　路基干湿类型

路基干湿类型	路基平均稠度 $\overline{w}_C$ 与分界相对稠度的关系	一般特性
干燥	$\overline{w}_C \geqslant w_{C1}$	路基干燥稳定，路面强度和稳定性不受地下水和地表积水影响，路基高度 $H>H_1$
中湿	$w_{C1}>\overline{w}_C \geqslant w_{C2}$	路基上部土层处于地下水或地表积水影响的过渡带区内，路基高度 $H_2<H\leqslant H_1$
潮湿	$w_{C2}>\overline{w}_C \geqslant w_{C3}$	路基上部土层处于地下水或地表积水毛细影响区内，路基高度 $H_3<H\leqslant H_2$
过湿	$\overline{w}_C \leqslant w_{C3}$	路基极不稳定，冰冻区春融翻浆，非冰冻区出现“弹簧”，路基经处理后方可铺筑路面，路基高度 $H<H_3$

为了保证路基的强度和稳定性不受地下水、地表积水的影响，在设计路基时，要求路基保持干燥或中湿状态。路槽底距地下水或地表积水的距离，要大于或等于干燥、中湿状态所对应的临界高度。

二、路基的基本要求

(一)符合规范要求

路基横断面形式及尺寸应符合交通部标准《公路工程技术标准》(JTG B01—2014)的有关规定。

(二)具有足够的整体稳定性

路基的整体稳定性是指路基整体在车辆及自然因素作用下，产生不允许的变形和破坏。路基是直接在地面上填筑或挖去一部分地面建设而成的。路基修筑后，改变了原地面的天然平衡状态。因此，为防止路基结构在行车荷载及自然因素作用下发生不允许的变形和破坏，必须因地制宜地采取一定的措施来保证路基整体结构的稳定性。

(三)具有足够的强度和刚度

路基的强度和刚度是指在行车荷载作用下，路基抵抗破坏与变形的能力。因为行车荷载及路基路面的自重对路基下层和地基产生一定的压力，这些压力可使路基产生一定的变形，当其超过某一限度时，将导致自身的损坏并直接损坏路面的使用品质。为保证路基在外力作用下不致产生超过容许范围的变形，要求路基应具有足够的强度和刚度。

(四)具有足够的水温稳定性

路基的水温稳定性是指路基在水和温度的作用下保持其强度的能力，包括水稳定性和温度稳定性。路基在地面水和地下水作用下，其强度将会显著降低。特别是季节性冰冻地区，由于水温状况的变化，路基将发生周期性冻融作用，形成冻胀和翻浆，使路基强度急剧下降。为保证路基的正常工作状态，路基应具有足够的水温稳定性。

同步训练

一、填空题

(1) 路基按其干湿状态可分为__________、__________、__________和__________四类。为了保证路基路面结构的稳定性,一般要求路基处于__________或__________状态。过湿状态的路基必须经过处理后方可铺筑路面。

(2)路基干湿类型的划分方法有__________和__________。

二、简答题

(1)路基的干湿类型如何确定?

(2)路基的干湿类型对路基的强度和稳定性有哪些影响?

学习工作单

课程名称	公路工程施工	学习项目	路基构造认知
任务内容与目标			
知识	技能	态度	
1. 路基的类型。 2. 路基的主要组成部分。 3. 路基干湿类型的划分。	1. 能正确描述公路路基类型及各组成部分的构造。 2. 能确定路基的干湿类型。	1. 良好的职业行为。 2. 团结协作精神。 3. 良好的语言表达能力。	
工作任务			

一、思考并回答以下问题。

1. 绘制公路路基横断面的三种基本形式。

2. 路基主要组成部分有哪些?

续表

二、识图回答问题。

1. 图示三种断面形式分别属于哪种路基断面形式？

2. 图示中 65.50、81.10、94.60 各表示什么意思？

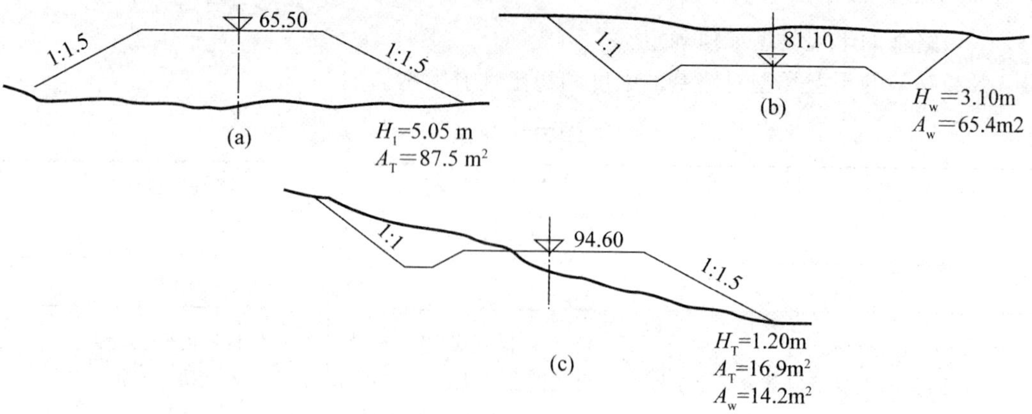

三、案例分析题。

某新建一级公路土方路基工程施工，该工程取土困难。K10＋000～K12＋000 段路堤位于横坡陡于 1∶5 的地面，施工方进行了挖台阶等地基处理，然后采用几种不同土体填料分层填筑路基，填筑至 0～80cm，选择细粒土。采用 18t 光轮压路机对土进行快速碾压，碾压时直线段由中间向两边，曲线段由曲线的两边向中间，碾压一遍即结束。

碾压完成后检测了中线偏位、纵断高程、平整度、宽度、横坡和边坡坡度，认定土方路基施工质量合格，提请下一道工序开工。

问题：

1. 对于挖台阶处的填筑具体应如何实施？在公路工程中有哪些情况需要进行挖台阶处理？

续表

2. 请从强度、水稳定性、透水性三个方面对不同土体填筑路堤施工提出要求。

3. 试写出土方路堤机械化施工的程序。

4. 影响土方路基质量最关键的因素是填料和压实，该工程的压实施工是否能有效控制质量？请指出问题所在并进行改正。

5. 土方路基质量控制除了填料和压实的要求以外，还有什么其他质量控制关键点？

项目三　路基施工准备

知识目标

(1)掌握路基施工前的准备内容。
(2)了解场地清理的基本要求。

能力目标

根据施工图纸,编写工程开工报告,并能够在施工现场进行路基放样。

内容概要

本项目的主要内容包括施工准备工作的组织准备、技术准备、物质准备和施工现场准备等,以及路基试验路段铺筑。

引导案例

一、案例背景材料

(一)工程概况

某公路大桥第五合同段,起讫桩号为K23＋313～K29＋900,线路长度为6.587km。全线采用双向四车道高速公路标准,设计时速100km/h。路基挖方920700m^3,其中挖土方156700m^3,挖石764000m^3。路基填方共1058000m^3,其中填土185000m^3,填石873000m^3。利用隧道弃渣137300m^3用于路基填筑。

施工准备工作主要包括如下几点:

1.组织准备

按合同的要求成立工程施工项目经理部,设立符合相应施工要求的办公室、实验室、工程科、施工队(组织)等。

2.物质准备

先期材料准备(砂、石、沥青、水泥、钢筋、石灰等)、施工机械设备、生产生活用房等。

3. 技术准备

(1)施工单位、监理单位要求熟悉相应的设计文件、合同文件、技术规范、技术标准、投标文件等。

(2)编制实施性施工组织设计文件。

(3)准备恢复中线测量、施工放样等工作。

4. 现场准备

如公路施工用地范围的划界、现场清理、临时道路等临时工程等。

(二)修建小型构造物

小型构造物包括小桥、涵洞、挡土墙、盲沟等。这些工程通常与路基施工同时进行,但要求构造物先行完工,以利于路基工程不受干扰的全线展开,并避免路基填筑之后又开挖,修建涵洞、盲沟等构造物。

(三)路基土石方工程

该项工程包括路堤填筑、路堑开挖、路基压实、整平路基表面(有横坡要求)、整修边坡、修建排水设施及防护加固设施等。

(四)路基工程的竣工检查与验收

竣工检查与验收应按竣工验收规范规定进行。

其检查与验收的主要项目有路基及其有关工程的位置、高程、断面尺寸、压实度或砌筑质量等及其相关的原始记录、图纸及其他材料等,所有检验项目应满足规定的要求。

除竣工检查与验收外,在施工过程中,对每一道工序、分项工程、分部工程、单位工程均应进行检查与验收,并需获得监理工程师的认可。

二、案例分析要求

分析公路施工前的施工准备工作内容及试验路段的施工要点。

三、案例分析要点

主要讲述公路施工前的施工准备工作内容及试验路段的质量控制等问题。要求根据《公路路基施工技术规范》(JTG F10—2006)的要求,正确分析本案例的施工准备工作及试验路段的铺筑。

任务一 路基施工准备工作

任务描述

本任务是使学生熟练掌握路基施工前的准备工作,掌握路基放样的具体内容、所使用的工具以及具体的操作步骤。

知识准备

施工准备工作是工程顺利实施的基础和保证。施工准备工作的好坏,直接影响到工程的进度、质量和施工方的经济效益，因此，必须高度重视，认真对待。施工准备工作的内容主要包括组织准备、技术准备、物质准备和施工现场准备等。

路基工程施工准备框图如图 3-1 所示。

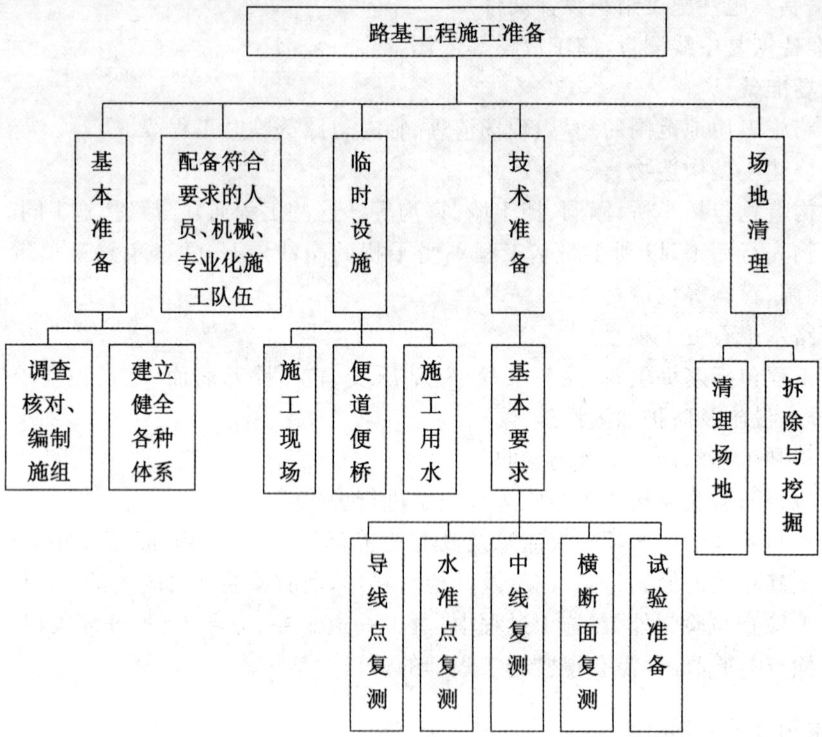

图 3-1　路基工程施工准备框图

一、基本准备

(1)熟悉和理解设计文件的要求和设计交底。

(2)进行现场调查和核对(包括起终点的具体里程点、沿线地形、水源等)。

(3)在详尽的现场调查后，根据设计要求、合同、现场情况等，编制实施性施工组织设计，并按管理规定报批。编制施工组织设计的步骤如图 3-2 所示。

(4)建立健全质量、环保、安全管理体系和质量检测体系，并对各类施工人员进行岗位培训和技术、安全交底。

(5)控制性桩点，应进行现场交桩，并保护好交桩成果。

二、前期测量

路基施工前要先做好施工测量工作，包括导线复测、水准点复测与加密、中线放样、横断面检查与补测、增设水准点等。

(一)导线复测

(1)导线测量精度要符合技术标准的规定。

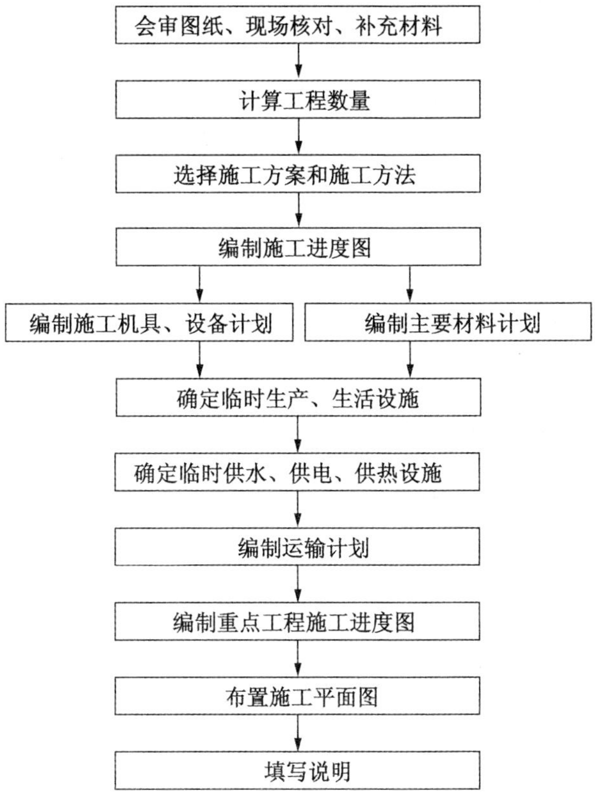

图 3-2　施工组织设计编制流程图

(2)原有导线点不能满足施工需要时,可增设满足相应要求的附和导线点。

(3)同一项目内相邻施工段的导线要闭合,并满足同等级精度要求。

(4)控制桩点要做好栓桩或引桩,并准确标记和记录,保证桩点如受损坏后有恢复的准确数据。

(5)施工前应加以固定或改移,在开工至竣工验收的时间段内应保证其精度。

(二)水准点复测与加密

(1)水准点精度应符合技术标准的规定。

(2)沿路线每 500m 应设一个水准点。在结构物附近、高填深挖路段、工程量集中及地形复杂路段,要增设水准点。临时水准点必须符合相应等级的精度要求,并与相邻水准点闭合。

(3)当水准点有可能受到施工影响时,应进行处理。

(三)中线放样

(1)路基开工前,要进行全段中线放样并固定路线主要控制桩,高速公路、一级公路宜采用坐标法进行测量放样。

(2)中线放样时,要注意路线中线与结构物中心、相邻施工段的中线闭合,发现问题要及时查明原因,并进行处理。

(3)设计图纸和实际放样不符时,必须查明原因后进行处理。

(四)路基放样

(1)路基施工前,要对原地面进行复测,核对或补充横断面,发现问题时应进行处理。

(2)路基施工前,要设置标识桩,对路基用地界、路堤坡脚、路堑坡顶、取土坑、护坡道、弃土堆等的具体位置标识清楚。

(3)保护好所有控制桩点,要及时恢复被破坏的桩点,并作好记录。

(五)记录并存档

每项测量成果必须进行复核,原始记录要整理好并存档。

三、试　验

(1)路基施工前,按照有关规定和要求,建立工地实验室。

(2)要对路基基底土进行相关试验。每千米至少取 2 个点。土质变大时,视具体情况增加取样点数。

(3)要及时对来源不同、性质不同的拟作为路基填料的材料进行复查和取样试验,试验项目包括天然含水量、液限、塑限、标准击实试验、CBR 试验等,必要时进行应颗粒分析、比重、有机质含量、易溶盐含量、冻胀和膨胀量等试验。

(4)如使用特殊材料作为填料,应按相关标准做相应试验,必要时还应进行环境影响评估,经批准后方可使用。

四、场地清理

(1)公路用地范围内原有构造物,要根据设计要求进行处理。

(2)要对路幅范围内,取土坑的原地面表层腐殖土、表土、草皮等进行清理,地段还应按设计要求整平压实。清出的表层土宜充分利用。

五、试验路段

(1)一般情况下,路基开工前要进行试验路段施工。

(2)路段长度不宜少于 100m(在试验段起终点增加 10～20m 的富余工作面)。

(3)试验路段应选择在地质条件、断面形式等工程特点具有代表性的地段。

(4)调查后,编写试验路段的开工报告并报批(附拟定的施工组织设计方案、施工工艺等)。

(5)路堤试验路段施工包括以下内容:

①填料试验、检测报告等。

②压实工艺主要参数:机械组合;压实机械规格、松铺厚度、碾压遍数、碾压速度;最佳含水量及碾压时含水量允许偏差等。

③过程质量控制方法、指标。

④质量评价指标、标准。

⑤优化后的施工组织方案及工艺。

⑥原始记录、过程记录。

⑦对施工设计图的修改建议等。

(6)根据试验路段施工所得到的成果进行具体的编制试验路段的总结报告报批(附路基施工组织设计方案、施工工艺等)。

(7)试验路段总报告审批后再进行全线路基单位工程的开工报告报批,接着编制路基分部工程、分项工程的开工报告报批。

路基施工前先做好必要的临时施工便道和社会交通便道工作,保证社会交通车辆及施工车辆顺畅通行。

任务二 路基边桩放样

任务描述

本任务是使学生掌握路基边桩放样的内容和方法。

知识准备

在公路的中心施工控制桩恢复完成后,即可进行路基的土石方施工。路基施工前,应首先在地面上把路基的轮廓表示出来,即把路堤坡脚点和路堑坡顶点找出来,钉上边桩,同时还应把边坡的坡度表示出来,为路堤填筑和路堑的开挖提供施工依据。

一、边桩放样的内容

公路路基的边桩包括路堤的填宽边界点和路堑的开挖边界点。除此以外,在路基土石方施工以前,还应把公路红线界桩和公路工程界桩在地面上标定(见表 3-1)。

表 3-1 路基边桩放样内容

内 容	含 义	图 示
路堤的填宽边界点	路堤边坡与自然地面的交点	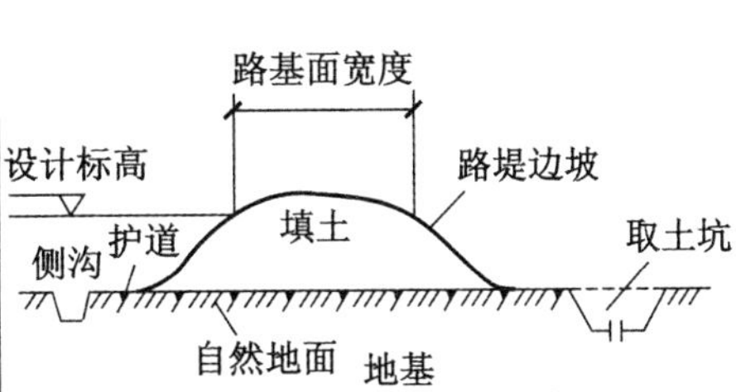

续表

边桩包括内容	含　义	图　示
路堑的开挖边界点	路堑边坡与自然地面的交点	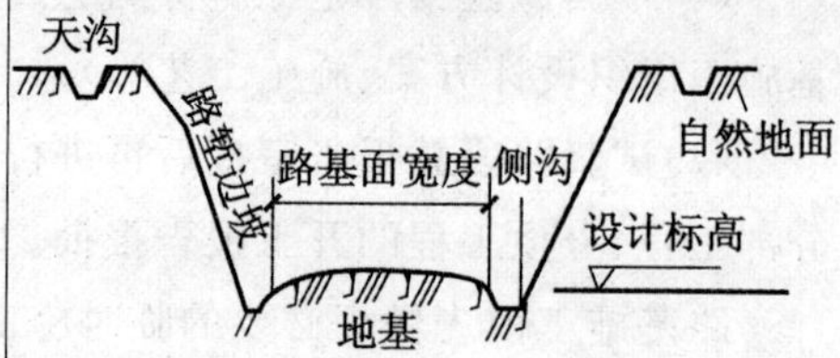
公路红线界桩	为保证公路工程设施的正常使用和行车安全，根据公路勘测设计规范所确定的公路占用土地的分界用地界桩。界桩的设立将标明公路用地的边界范围，界桩之间连成的线称为“红线”。公路红线界桩确定了公路用地的范围、归属和用途，具有保护公路用地不受侵犯的法律效力	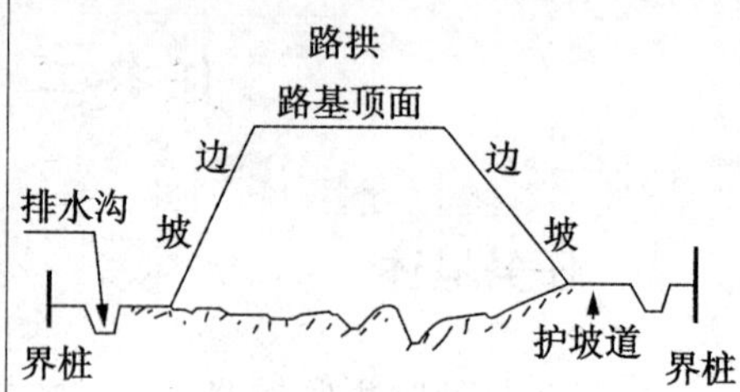 路基标准横断面
公路工程界桩	根据公路设计的要求，标明路基路面、涵洞、挡土墙等边界点位实际位置的桩位，如公路的路基界桩、绿化带界桩等	

二、横断面的复测

在进行路基边桩放样以前，应首先核查横断面的地面线。核查方法是按施工要求的施工控制桩间距，每隔一个桩距进行横断面测量，实测方法同道路工程测量中的横断面测量方法一样。

复查横断面的目的是为精确确定路基边桩的实地位置提供准确的计算依据，也可作为计算实际填挖土石方数量的依据。

（一）平坦地面的边桩放样

如图 3-3 所示，H 为中心填高，B 为宽。右侧设有护坡道，高为 h，宽为 b。则两侧坡脚到中心桩的平距为 L_1、L_2：

$$L_1 = hn + b + (H - h)m + \frac{B}{2}$$

$$L_2 = Hm + \frac{B}{2}$$

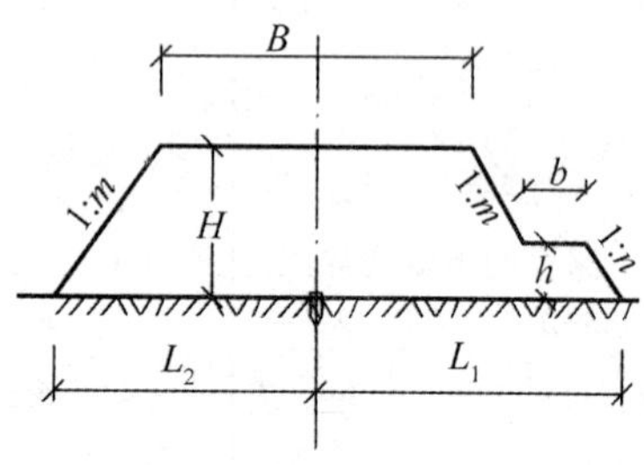

图 3-3　边桩放样图

从对应的中桩开始，沿横断面方向分别放样距离

L_1、L_2，钉出边桩在实地的位置。在曲线段，可从曲线内侧的平距 L 上再加上一个加宽值 W。沿纵向连接各边桩，得到放样边坡界线。

(二)倾斜地面的边桩放样

对于倾斜地面上的边桩，可采用极坐标法进行放样。先计算两侧边桩的坐标，然后再用坐标放样的方法确定边桩的位置。

三、机械化施工路基横断面的掌握

(一)路堤边坡与填高的掌握方法

(1)机械填土时，应按铺土厚度及边坡坡度，保持每层间正确的向内收缩一定的距离，且不可按自然堆土坡度向上填土，这样会造成超填而浪费土方。

(2)每填高 1m 左右或者填至距路肩 1m 时，要重新恢复中线、放样高程、放铺筑面边桩，并用石灰显示铺筑面边线的位置，将标杆移至铺筑面边上。

(3)距离路肩 1m 以下的边坡，通常按设计宽度每侧多填 0.5m 掌握；距离路肩 1m 以内的边坡，则按稍陡于设计坡度掌握，使路基面有足够的宽度，以便整修边坡时铲除超宽的松土层后，能保证路肩部分的压实度。

(4)填至路肩标高时，应将大部分地段(填高 4m 以下的路堤)设计标高进行实地检测；填高大于 4m 的地段，应按土质和填高不同考虑预留沉降量，使粗平后的路基无缺土现象。最后测设中线桩及路肩桩，抄平后计算整修工作量。

(二)路堑边坡及挖深的掌握方法

路堑机械开挖过程中，一般都需要配合人工同时进行整修边坡工作。

(1)机械挖土时，应按每层挖土厚度及边坡坡度，保持层与层之间的向内回收的宽度，防止挖伤边坡或留土过多。

(2)每挖深 1m 左右，应测设边坡、复核路基宽度，并将标杆下移至挖掘面的正确边线上。每挖 3～4m 或距路基面 20～30cm 时，应复测中线、高程、放样路基面宽度。

按以上的做法，可及时控制填方超填和挖方超挖现象的出现。

任务三　路基工程常见施工机械

任务描述

本任务主要讲述路基工程常用的施工机械，使学生能够掌握路基工程常用施工机械的种类和用途，能够正确地对施工机械进行合理地选择。

知识准备

路基施工机械包括土石方机械和压实机械两大类，本章仅作土石方机械的介绍，压实机械将在路面施工部分叙述。

一、路基常见土石方机械

土石方机械包括推土机、装载机、挖掘机、铲运机、平地机等几个重要机种，是路基施工中用途最广泛的施工机械，它们担负着土石方的铲装、填挖、运输和整平等作业（见表3-2）。

表 3-2　　路基常见土石方机械

序号	施工机械种类	特　点	适用范围
1	推土机 	推土机能单独完成挖土、运土和卸土工作，具有操作灵活，转动方便，所需工作面小，行驶速度快等特点。基本作业是铲土、运土、卸土和空回	一至三类土的浅挖短运，如场地清理或平整，开挖深度不大的基坑以及回填，推筑高度不大的路基等
2	铲运机 	铲运机属于铲土、运土一体化机械，本身能完成铲装、运输和卸铺作业，并兼有一定的压实和平整能力	主要用于较大运距的土方工程，如填筑路堤、开挖路堑和大面积的平整场地等
3	平地机 	平地机是利用刮刀平整地面的土方机械。平地机的铲土刮刀较推土机的推土铲刀灵活，能连续改变刮刀的平面角和倾斜角，使刮刀向一侧伸出，可以连续进行铲土、运土、大面积平地、挖沟、刮边坡等作业	从路线两侧取土，填筑不高于1m的路堤；修整路堤的横断面；旁刷边坡；开挖路槽和边沟，以及大面积平整等。此外，还可以在路基上拌和、摊铺路肩上的杂草以及冬季道路除雪等

续表

序号	施工机械种类	特点	适用范围
4	挖掘机 	挖掘机是土石方工程施工的主要机械，特点是效率高、产量大，但机动性较差	用于挖掘和装载土、石、砂砾和散粒材料的重要施工机械，遇到开挖量较大的路堑和填筑高路堤等大工程量时，选用挖掘机配合运输车辆组织施工是比较合理的
5	装载机 	装载机是一种工作效率较高的铲土运输机械，兼有推土机和挖掘机两者的工作能力，可以进行铲掘、推运、整平、装卸和牵引等多种作业	用于挖掘和装载土、石、砂砾和散粒材料的重要施工机械
6	压路机 	按其作业方式可分为碾压式压实机、夯实式压实机和振动式压实机等几种	用于路堤填方的压实，前两者用于压实黏性土的路堤，效果较好。路堤压实质量要求高时，可用羊足碾压实。振动式机械用于压实非黏性土的路堤，效果较好

二、土方机械化施工管理

(1)制定机械使用与管理制度和油料供应制度。

(2)规定土方机械调运的措施。

(3)编制机械施工组织技术方案和综合机械流水作业程序，按不同的工程内容，指导机械施工。

(4)制定机械的日常保养、定期检修和机械保修的制度，保证机械的正常运转，充分发挥机械的作用。

(5)设置临时机修厂房和机械修理场地，安装安全防护设施，并按机械的数量和完好程度，恰当配备检修人员。

(6)综合机械化修筑路基的机械配备，应根据实施性的施工组织计划按就地取土填筑、短距离运土填筑、远距离运土填筑及就地弃土及短距离弃土等原则予以配置。

①就地取土填筑。如果工程不大，取土和平整工序可由平地机完成；压实和土的润湿工作，可分别由压路机和洒水车完成。机械配备数量，宜视需完成的工程量、工期和设备的能力而定。

②短距离取土填筑路基。宜划段分层以推土机和铲运机担任运土工作，平地机和压路机分别担任整平和压实工作。机械的配备数量，宜最大限度地满足机械产量的要求，充分发挥机械效率。

③远距离取土填筑的土一般来源于取土场或路堑。宜以推土机完成挖土工序，装载机或挖掘机完成装土工序（当土质不硬时，亦可不用推土机，而直接用装土设备装土），以自卸汽车完成运土工序。运输车数量应按装车设备能力和运距的长短而定，其余各工序可按①和②的规定办理。

④就地弃土或短距离弃土可用推土机或铲运机完成。

同步训练

一、填空题

(1)路基工程施工准备的主要内容包括________、________、________和现场准备四个方面，此外还包括________开工报告的编制。

(2)路基施工机械可分为____________和____________两大类。

(3)技术交底应由______________负责人召集______________、________________、________________、科研人员参加图纸会审会议。________________向施工方作图纸交底，讲清设计意图和对施工的主要要求。

(4)液限大于____________、塑性指数大于____________、____________不适宜直接压实的细粒土，不得直接作为路基填料。需要使用时，必须采取____________进行处理，经检验满足设计要求后方可使用。

二、选择题

(1)高等级公路的中桩测量应采用(　　)。

A. 坐标法　　B. 链距法　　C. 支距法　　D. 偏角法

(2)高等级公路和填方高度小于(　　)的其他等级公路，应将路基范围内的树根全部挖除并将坑穴填平夯实。

A. 1.0m　　B. 1.8m　　C. 2.5m　　D. 3.0m

(3)路基开工前，一般路基土的检测项目包括含水量、液塑限测定、标准击实试验及(　　)。

A. 有机质含量测定　　B. 易溶盐含量检测

C. CBR 试验　　D. 冻胀和膨胀量试验

学习工作单

<table>
<tr><td>课程名称</td><td>公路工程施工</td><td colspan="2">学习项目</td><td>路基施工准备</td></tr>
<tr><td colspan="5">任务内容与目标</td></tr>
<tr><td colspan="2">知识</td><td colspan="2">技能</td><td>态度</td></tr>
<tr><td colspan="2">1. 路基施工准备工作内容。
2. 路基边桩放样。
3. 路基工程常用施工机械。</td><td colspan="2">1. 能够掌握路基施工准备工作的内容。
2. 能够正确地选用路基施工机械。</td><td>1. 良好的职业行为。
2. 团结协作精神。
3. 良好的语言表达能力。</td></tr>
<tr><td colspan="5">工作任务</td></tr>
</table>

一、思考并回答以下问题。

1. 公路路基工程施工前的准备工作有哪些？

2. 公路路基施工前的测量工作有哪些？

二、案例分析试题。

某施工单位承包了一条二级公路，路面面层为沥青混凝土，基层为水泥稳定碎石。其中 K11+700～K14+300 路段，地面横坡陡于 1∶5。施工单位填筑前，对地基原状土进行了检测，部分路段土的强度不符合要求，对地基进行了压实处理，强度达到要求后进行了路堤填筑。路堤填筑完毕后不久，该路段出现了部分边坡坍塌。

问题：

1. 施工单位对强度不符合要求的地基土的处理是否妥当？为什么？

2. 从提供的背景材料中，分析引起部分边坡坍塌的原因。

项目四　土质路基施工

知识目标

（1）掌握土质路基的填筑方法、步骤及施工要点。

（2）掌握土质路堑开挖的方法及施工要点。

（3）掌握路基压实的影响因素及压实原则。

能力目标

（1）能够针对不同的填筑材料进行路基填筑的技术方案选择及技术指导。

（2）能够正确地选择开挖方法对路堑进行质量控制。

（3）具备正确选择施工机械进行路基压实的能力。

内容概要

本项目主要包括路基填筑施工填料控制、基底处理、路基填筑、路基压实等路基填筑施工质量控制和土质路堑开挖施工质量控制要点等内容。

引导案例

一、工程概况

某承包人承接了一段高速公路路基工程，路基填料为土方。为确保项目的工期、质量、安全和成本，项目部制定了施工方案和一系列的规章制度。在路基施工中特别强调了土方路基施工的质量控制关键点：

（1）施工放样与断面测量。

（2）保证填土材料合格。

（3）路基原地面处理，按施工技术合同或规范规定要求处理，并认真整平压实。

（4）每层的松铺厚度，横坡。

（5）分层压实，控制填土的含水量，确保压实度达到设计要求。

路基填筑施工完成后，路基表面实测了弯沉值、平整度、压实度、边坡、纵断高程、中线偏位、宽度、横坡项目，且符合相关要求。

二、案例分析要求

分析土质路基施工每道工序的施工质量控制要点，并制定相应的技术交底和方案。

三、案例分析要点

本案例主要讲述土质路基施工质量控制问题，主要涉及土质路基填筑施工和开挖施工等问题，要求根据《公路路基施工技术规范》(JTG F10—2006)、《公路工程质量检验评定标准(JTG F80/1—2012)》的要求，正确分析本工程路基施工质量控制要点并制定针对性路基施工方案。因此在案例分析之前，我们需要结合规范和标准学习土质路基不同任务下的质量控制要求及技术措施。

任务一　土质路基填筑

任务描述

某路桥公司承包了本项目高速公路工程后，组成了以公司副总经理为项目经理的项目经理部，下设技术部、材料部、合同部、财务部等。

(1)技术部在对收集的施工技术资料、施工定额及概预算资料、施工组织管理工作的有关政策规定、环境保护规定、公司对该工程施工的有关规定进行分析的基础上，编制了路基工程、路面工程、桥梁工程的施工组织设计。

(2)在路基工程的施工组织设计中，填土路基的施工方法采用水平分层填筑法，要求每层填料布料均匀，松铺厚度不超过50cm。施工程序为：取土→运输→推土机初平→压路机碾压→平地机整平。

(3)为保证施工质量，对路基工程施工的质量控制关键点设置为：施工放样与断面测量；路基原地面处理；路基横坡要满足要求；分层填筑、分层压实。

问题：

(1)在编制施工组织设计前，技术部还应该收集哪些资料？

(2)路基工程的施工组织设计中存在哪些问题？

(3)完善路基工程施工的质量控制关键点的内容有哪些？

本任务主要从填料选择、基底处理、路基填筑、路基压实4个方面来讲述土质路基施工质量控制要点。通过本任务的学习，使学生能够依据规范和标准对土质路基施工进行技术交底和质量控制。

知识准备

一、路基填料选择

（一）土的工程分类

《公路土工试验规程》（JTG E40—2007）将土颗粒按粒径范围划分粒组，将土划分为巨粒组、粗粒组、细粒组和特殊土，分类总体系如表 4-1 所示。

表 4-1　　粒组划分表

<table>
<tr><td colspan="10">200　　60　　20　　5　　2　　0.5　　0.25　　0.074　　0.002(mm)</td></tr>
<tr><td colspan="2">巨粒组</td><td colspan="6">粗粒组</td><td colspan="2">细粒组</td></tr>
<tr><td rowspan="2">漂石</td><td rowspan="2">卵石</td><td colspan="3">砾（角砾）</td><td colspan="3">砂</td><td rowspan="2">粉粒</td><td rowspan="2">黏粒</td></tr>
<tr><td>粗</td><td>中</td><td>细</td><td>粗</td><td>中</td><td>细</td></tr>
</table>

土分类总体包括四类，细分为 12 种，如图 4-1 所示。

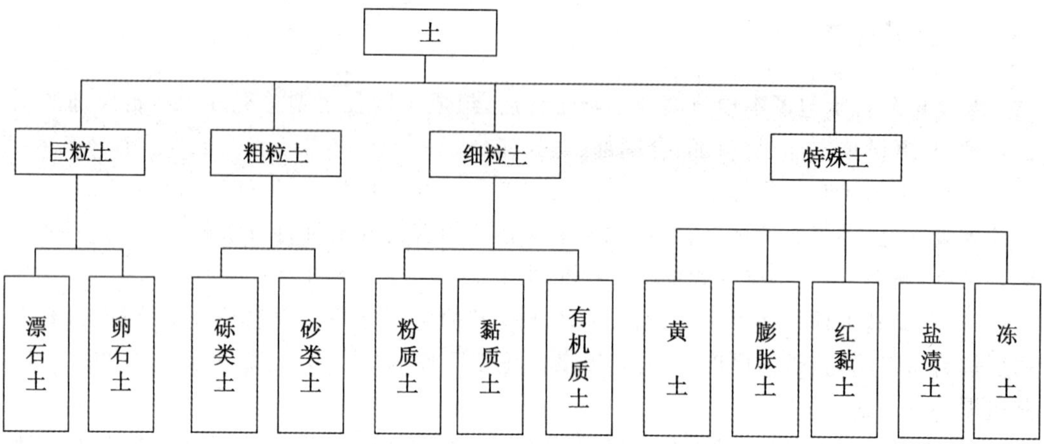

图 4-1　土分类总体系

（二）路基填料选择

1.《公路路基施工技术规范》（JTG F10—2006）4.1.2 条

（1）含草皮、生活垃圾、树根、腐殖质的土严禁作为填料。

（2）泥炭、淤泥、冻土、强膨胀土、有机质土及易溶盐超过允许含量的土，不得直接用于填筑路基；确需使用时，必须采取技术措施进行处理，经检验满足设计要求后方可使用。

（3）液限大于 50%、塑性指数大于 26、含水量不适宜直接压实的细粒土，不得直接作为路基填料；确需要使用时，必须采取技术措施进行处理，经检验满足设计要求后方可使用。

（4）粉质土不宜直接填筑于路床，不得直接填筑于冰冻地区的路床及浸水部分的路基。

（5）填料最小强度和最大粒径应符合表 4-2 的规定。

表 4-2　　路基填筑材料最小强度和最大粒径

项目分类（路面底面以下深度，m）		填料最小强度（CBR，%）			填料最大粒径（mm）
		高速、一级公路	二级公路	三、四级公路	
填方路基	上路床（0～0.3）	8	6	5	100
	下路床（0.3～0.8）	5	4	3	100
	上路基（0.8～1.5）	4	3	3	150
	下路基（>1.5）	3	2	2	150
零填及挖方路基	0～0.3	8	6	5	100
	0.3～0.8	5	4	3	100

注：(1)表列强度按《公路土工试验规程》(JTG E40—2007)规定的浸水 96h 的 CBR 试验方法测定。

(2)三、四级公路铺筑沥青混凝土和水泥混凝土路面时，应采用二级公路的规定。

(3)表中上下路基填料最大粒径 150mm 的规定不适用于填石路基和土石路基。

2.《公路路基施工技术规范》(JTG F10—2006)4.2.3 条

(1)膨胀岩石、易溶性岩石不宜直接用于路基填筑，强风化石料、崩解性岩石和盐化岩石不得直接用于路基填筑。

(2)路基填料粒径应不大于 500mm，并不宜超过层厚的 2/3，不均匀系数宜为 15～20。路床底面以下 400mm 范围内，填料粒径应小于 150mm。

(3)路床填料粒径应小于 100mm。

3.路基填料质量控制

路基工程需要大量的填料。在施工前的准备工作中，必须对路基工程范围内的地质、水文情况进行调查，并通过取样、试验，确定相关材料如土、工业废渣等的性质、数量，以保证满足施工所需。

其要点是：

(1)施工技术人员应根据设计文件提供的资料，对取自挖方、借土场、料场的路基填料进行复查和取料试验。如设计文件提供的料场不足时，应自行勘察寻找，以保证施工用料可靠和数量充足。

(2)挖方借土场和料场用作填料的土应进行下列项目的试验，其试验方法按《公路土工试验规程》(JTG E40—2007)执行。

①液限、塑限、塑性指数、天然稠度或液性指数。

②颗粒大小分析试验。

③含水量试验。

④密度试验。

⑤相对密度试验。

⑥土的击实试验。

⑦土的强度试验(CBR 值)。

⑧一级公路、高速公路应做有机质含量试验及易溶盐含量试验。

二、基底处理

路基基底的处理是保证路基稳定性极为重要的措施。在路基填筑前进行基底处理，能使填土与原来的表土密切结合；能使初期填土作业顺利进行，能使地基保持稳定，增加承载力；能防止因草皮、树根腐烂而引起的路基沉陷。路基表层土清理压实工序如图 4-2 所示。

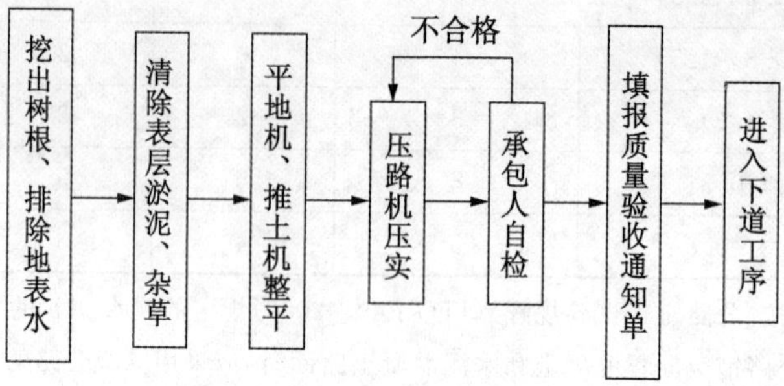

图 4-2　路基表层土清理压实工序

（一）伐树、除根及表层土处理（见图 4-3）

(1)路基用地范围内的树木、灌木丛等均应在施工前砍伐或移植清理，砍伐的树木应移置于路基用地之外，并进行妥善处理。高速公路、一级公路和填方高度小于 1m 的其他公路应将路基范围内的树根全部挖除并将坑穴填平夯实；填方高度大于 1m 的二级以下公路路基，可保留树根，但根部不能露出地面。

(2)路基基底为耕地土或松土时，应先清除种植有机土，平整后按规定要求压实。清除深度应达到设计要求，一般不小于 15cm，平整后按规定要求压实。在深耕地段，必要时，应将松土翻挖，土块打碎，然后回填、整平、压实。

处理中　　处理后

图 4-3　表层土处理

(3)路基基底原土强度不符合要求时，应进行换填，深度不小于 30cm，并予分层压实至规定要求。

①二级及以上公路路基基底的压实度应不小于 90%，三、四级公路应不小于 85%。

②当路基填土高度小于路面和路床厚度(80cm)时，应将地基表层土进行超挖并分层回填压实，其处理深度不应小于重型汽车荷载作用的工作区深度，基底的压实度不宜小于

路床的压实度标准。

(4)路基修筑范围内，原地面的坑、洞、墓穴等，应用合格填料回填，并按规定进行压实。路基经过水田、池塘、洼地时，应根据具体情况采用排水疏干、换填水稳性好的土、抛石挤淤等处理措施，确保路基基底具有足够的稳定性。

(二)坡面基底的处理

填方路基，如基底为坡面时，在荷载作用下，极易失稳而沿坡面产生滑移，因此，在施工前必须对基底坡面处理后方能填筑。

(1)地面横坡坡率为1∶(5～10)时，需清除坡面上的树、草、杂物，将翻松的表层土压实后即可保证坡面的稳定。

(2)当基底为自然地面坡面，且自然地面坡度较大(≥1∶5)时，将坡面做成台阶形式。一般台阶宽度不小于2m，而且台阶顶面应做成向堤内倾斜2%～4%的坡度。

(3)试验路段铺筑。路基正式填筑前，必须按不同填料要求进行路基试验段(首件工程)的施工。试验段认可后，才能上报分项工程开工报告，开展路基的大规模施工。

①路基试验段填筑流程如图4-4所示。

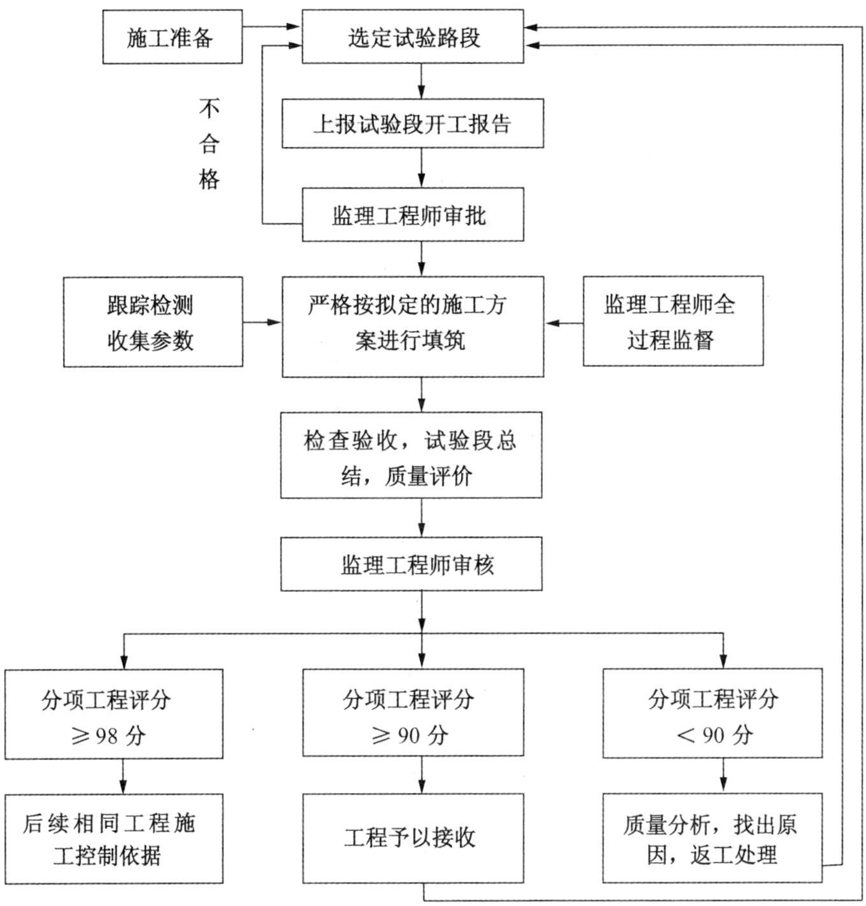

图4-4 路基试验段填筑流程

②在路基施工前，选取200m具有代表性的段落进行路基试验段各项准备工作。

③提前14d上报试验段开工报告，监理工程师审批后开始试验段填筑。开工报告的内容包括人员、机械设备、施工工艺、质量、安全、环保和文明施工保证措施等详细说明。

④试验段填筑的目的：找出填料在最佳含水量下达到各压实区规定的压实度和压实沉降差时，施工机械最佳组合方式、碾压速度、碾压遍数、松铺厚度、施工工艺等。

试验段结束后对平整度、横坡、高程、压实质量等各项指标检查验收，满足规范要求后及时将施工情况及检测结果编制试验段施工总结报监理工程师审核批准，将其作为该填料施工控制的依据。

三、土质路基填筑施工

（一）土质路基施工工艺流程

土质路基填筑施工工艺流程如图4-5所示。

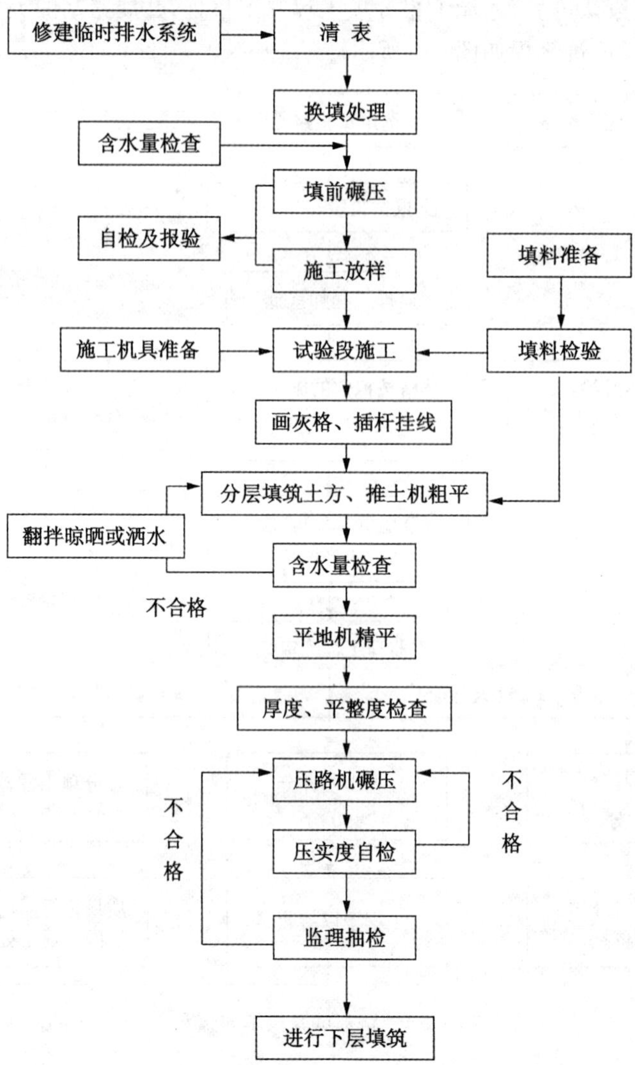

图4-5 土质路基填筑施工工艺流程

（二）土质路基填筑方法

土质路基填筑常用推土机、铲运机、平地机、压路机、挖掘机、装载机等机械按表 4-3 所示方法作业。

表 4-3　　土质路基常见填筑方法

名　称	图　示	说　明
水平分层填筑法		填筑时按照横断面全宽分成水平层次，逐层向上填筑，是路基填筑的常用方式
纵向分层填筑法	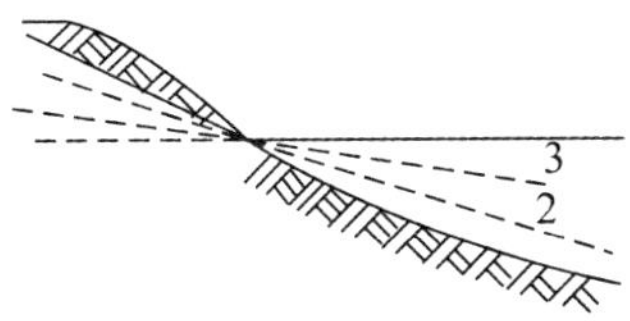	依路线纵坡方向分层，逐层向上填筑。常用于地面纵坡大于 12%、用推土机从路堑取料、填筑距离较短的路基。缺点是不易碾压密实
横向填筑法	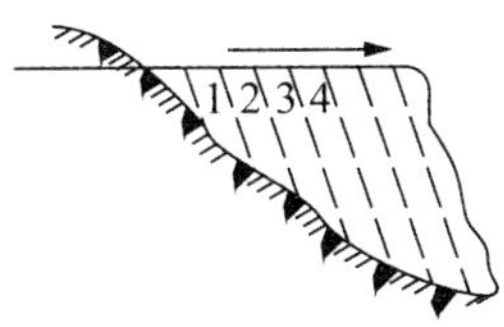	从路基一端或两端按横断面全高逐步推进填筑。由于填土过厚，不易压实，仅用于无法自下而上填筑的深谷、陡坡、断岩、泥沼等机械无法进场的路基
联合填筑法	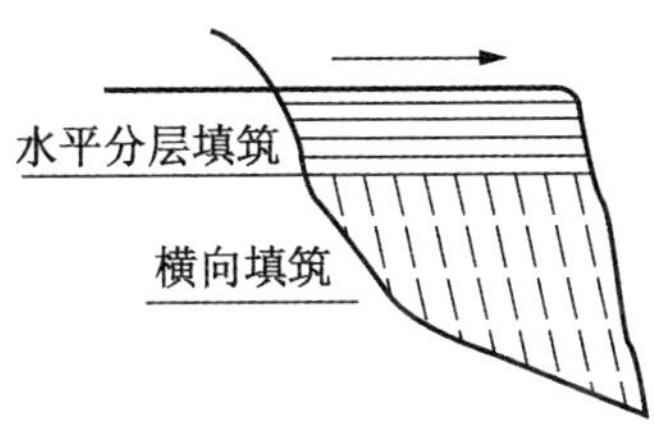	路基下层用横向填筑而上层用水平分层填筑。适用于因地形限制或填筑堤身较高，不宜采用水平分层填筑或横向填筑法进行填筑的情况

（三）土质路基填筑质量控制

1. 施工要点

（1）路基填筑时，必须根据设计断面水平分层、分段填筑、分层压实。分层最大松铺厚度应根据试验确定，且不应超过 30cm；分层最小压实厚度不小于 10cm。

（2）性质不同的填料应分段填筑，同一水平层路基的全宽应采用同一种填料，不得混填。每种填料的填筑层压实后的连续厚度应不小 50cm。

（3）路基填筑时，应从最低处起分层填筑，逐层压实；当原地面纵坡大于 12% 或横坡陡于 1∶5 时，应按设计要求挖台阶，或设置坡度向内并大于 4%、宽度大于 2m 的台阶。

（4）填方分几个作业段施工时，接头部位如不能交替填筑，则先填路段应按 1∶1 坡度分层填筑，每层碾压至边缘，逐层收坡，待后填段填筑到位时，再把交界面逐层挖成不小于

3m 的台阶，分层填筑碾压；如能交替填筑，则应分层相互交替搭接，搭接长度不小于 3m。

(5)填方路基必须按路面平行面分层控制填土高程，为利于排水，填筑时路基顶面应形成不小于 2%的横坡，设计纵横坡必须在下路基范围内形成。

2. 土质路基填筑重点施工工序控制

土质路基填筑重上施工工序如表 4-4 所示。

表 4-4　　土质路基填筑重点施工工序

填料控制 	通过击实试验，实测最大干密度和最佳含水量 填料强度及粒径要满足规范要求 性质不同的填料，应水平分层、分段填筑，分层压实。同一水平层路基全宽应用同一填料、不得混填
基底处理、场地清理 	路基用地范围内的树木、灌木丛等应在清表前砍伐或移植，砍伐的树木应堆放在路基用地之外，并妥善处理。应对路幅范围内的原地面表层腐殖土、表土、草皮等进行清理，填方地段还应按设计要求整平压实。控制压实度或地基承载力 对于路堑路段的边坡开挖线至截水沟范围的原生植被应予以保留
路基填筑——松铺厚度控制 	路基每层填筑严格执行“划格上土，挂线施工”。花杆上的刻度连续挂好线绳，线绳应绷紧，作为机械平整时的依据，保证平整度和松铺厚度。分层最大松铺厚度应根据试验确定，但最大松铺厚度原则上不超过 30cm。填筑在路床顶面最后一层的最小压实厚度不应小于 10cm
路基填筑——平整度控制 	运输车按要求卸料后，先用推土机粗平，对含水量进行检查，不合格要洒水或翻拌晾晒，合格后用平地机精平；检查松铺厚度、平整度，符合要求后方可碾压

续表

路基填筑——填筑宽度控制 	超宽填筑，路基填土每侧应宽于填层设计宽度(不小于30cm)，超宽部分压实度必须满足填层压实度要求；不能满足时，在此基础上再适当增加填筑宽度，以保证超宽30cm范围内压实度合格，路基完成后削坡
路基碾压质量控制 	先稳压，后振动碾压，碾压时压路机遵循从路边向路中、从低侧向高侧的原则；压路机的碾压行驶速度不得超过4km/h，错轮宽度对振动压路机不得小于压实轮的1/3，对三轮压路机不得小于后轮的1/2

续表

路基质量检测 	施工过程中，每一压实层均必须检验压实度，检测频率为每 $1000m^2$ 至少检验 4 点，不足 $1000m^2$ 时按比例递减，但至少检验 2 点；压实度采用灌砂法测定，取土样的底面必须达到本层的底面位置 路基表面平整，边线直顺，曲线圆滑，控制好“五度”，即压实度、平整度、厚度、宽度和横坡度
临时排水设置 	当路基填高超过 1.5m 时，路基顶面边缘应设置不低于 30cm、开口间隔不大于 30m 的挡水埂，开口处设置临时泄水槽至坡脚排水沟；临时泄水槽采用混凝土抹砌；施工中应随时检查挡水埂和临时泄水槽的完好情况，及时修补

3. 质量要求

(1)施工过程中，每一压实层均必须检验压实度，检测频率为每 $1000m^2$ 至少检验 4 点，不足 $1000m^2$ 时按比例递减，但至少检验 2 点；压实度采用灌砂法测定，取土样的底面必须达到本层的底面位置；压实度应符合《公路路基施工技术规范》(JTG F10—2006)中表 4.2.2 的规定。

(2)施工中路基弯沉、平整度、宽度、纵横坡度、厚度、边坡坡度等必须符合《公路路基施工技术规范》(JTG F10—2006)中的规定及设计要求。

四、土质路基压实

(一)路基压实意义

路基施工破坏了土体的天然状态，使得土的结构松散，颗粒需要重新组合。为使路基具有足够的强度与稳定性，必须予以压实，以提高其密实程度。所以，路基的压实工作是路基施工过程中一个重要工序，亦是提高路基强度与稳定性的根本技术措施之一。

土是三相体，土粒为骨架，颗粒之间的孔隙被水分和气体所占据。压实的目的在于使土粒重新组合，彼此挤紧，孔隙缩小，土的单位质量提高，形成密实整体，最终导致强度增加，稳定性提高。

大量的试验和工程实践已证明，土基压实后，路基的塑性变形、渗透系数、毛细水作用及隔温性能等均有明显改善。

（二）影响压实效果的因素

对于细粒土的路基，影响压实效果的因素有内因和外因两方面。内因指土质和湿度，外因指压实功能（如机械性能、压实时间与速度、土层厚度）及压实时外界自然和人为的其他因素等。影响压实效果的主要因素如表 4-5 所示。

表 4-5　影响压实效果的主要因素

序号	影响因素	图示分析	图示含义
1	含水量	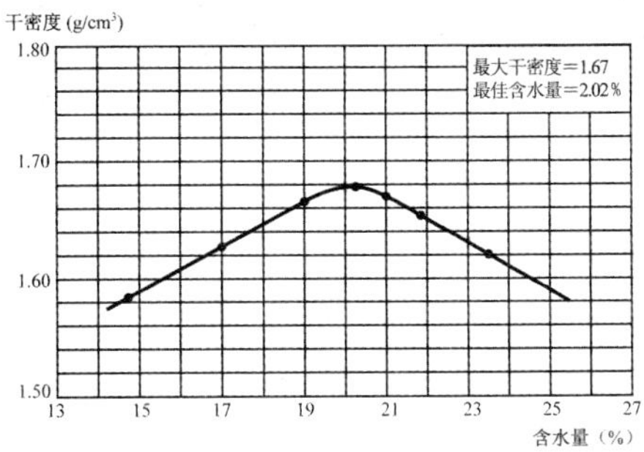	在含水量变化时，土的干密度也随之变化。在最佳含水量下，干密度达到最大值
2	土质	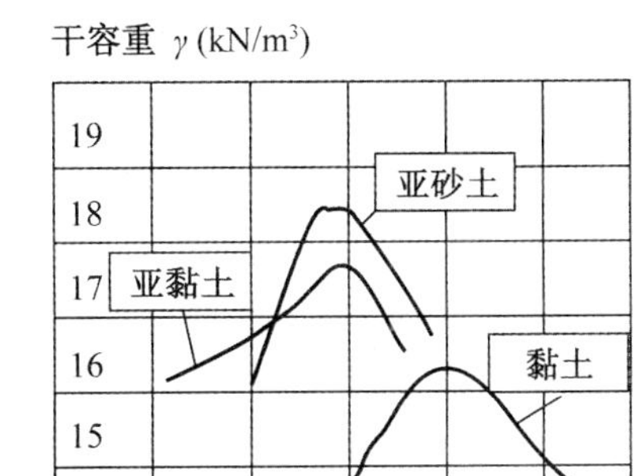	土质对压实效果的影响很大。通过对比可见，砂性土的压实效果优于黏性土。其机理在于土粒愈细，比表面积愈大，土粒表面水膜所需的含水量就愈多，加之黏土中含有亲水性较高的胶体物质。另外，砂土的颗粒组由于呈松散状态，水分极易散失，对其最佳含水量的计算就没有多大的实际意义了
3	压实功能	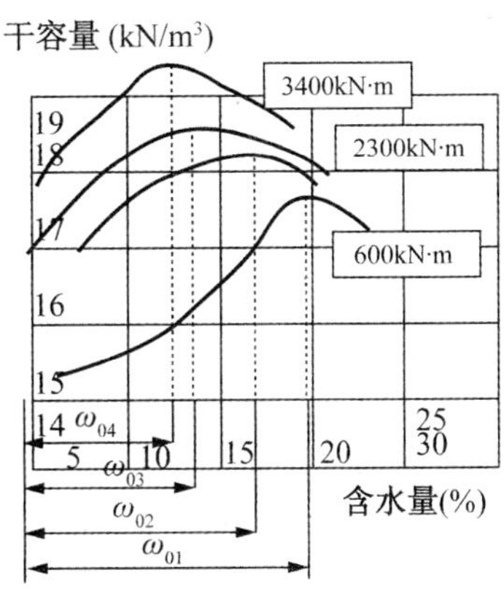	压实功能（指压实工具的质量、碾压次数或锤落高度、作用时间等）对压实效果的影响，是除含水量之外的另一个重要因素。据此规律，工程实践中可以增加压实功能（选用重碾，增加次数或延长作用时间等），以提高路基强度或降低最佳含水量

续表

序号	影响因素	图示分析	图示含义
4	松铺厚度（压实厚度）		相同压实条件下（土质、含水量与压实功能不变），实测土层不同深度的密实度（γ或压实度）可得知，密实度随深度递减，表层5cm最高。不同压实工具的有效压实深度有所差异。根据压实工具类型、土质及土基压实的基本要求，路基分层压实的厚度有具体的规定数值

（三）压实机械的选择

压实机械的选择以及合理的操作，则是影响土基压实效果的另一综合因素。土基压实机械的类型较多，大致分为碾压式、夯击式和振动式三大类型。碾压式（又称“静力碾压式”），包括光面碾（普通的两轮和三轮压路机）、羊足碾和气胎碾等几种。夯击式中除人工使用的石硪、大夯外，机械设备中有夯锤、夯板、风动夯及蛙式夯机等。振动式中有振动器、振动压路机等。此外，运土工具中的汽车、拖拉机以及土方机械等，也可用于路基压实。

不同压实机械适用于不同土质及不同土层厚度等条件，表4-6所列的是几种常用机械的一般技术特性。正常条件下，对于砂性土的压实效果，振动式较好，夯击式次之，碾压式较差。对于黏性土，则宜选用碾压式或夯击式，振动式较差，甚至无效。不同压实机具，在最佳含水量条件下，适应于一定的最佳压实厚度以及通常的压实遍数。

表4-6 各种土质适宜的碾压机械

碾压机具＼土类	细粒土	砂类土	砾石土	巨粒土	备注
6～8t两轮光轮压路机	A	A	A	A	用于预压整平
15～18t三轮光轮压路机	A	A	A	B	最常使用
25～50t轮胎压路机	A	A	A	B	最常使用
羊足碾	A	B或C	C	C	粉、黏土质均可用
振动压路机	B	A	A	A	最常使用
凸块式振动压路机	A	A	A	A	最宜使用于含水量较高的细粒土

续表

土类 碾压机具	细粒土	砂类土	砾石土	巨粒土	备注
扶式振动压路机	B	A	A	C	用于狭窄地点
振动平板夯手	B	A	A	B或C	用于狭窄地点，机械质量800kg的可用于巨粒土
扶式振动夯	A	A	A	B	用于狭窄地点
夯锤(板)	A	A	A	A	夯击影响深度最大
推土机、铲运机	A	A	AA	A	仅用于摊平土层和预压

注：(1)A代表适用；B代表无适当的机械时可用；C代表不适用。

(2)土的类别按《公路土工试验规定》划分。

(3)对特殊土和黄土(CLY)、膨胀土(CHE)、盐渍土等的压实机械选择可按细粒土考虑。

(4)自行式压路机宜用于一般路基路堑基底的换填等的压实，宜采用直线式进退运行。

(5)羊足碾(包括凸块式碾、条式碾)应有光轮压路机配合使用。

(四)压实标准及其应用

1. 土基压实标准

土基的压实程度用压实度来表示，以此来检查和控制压实的质量。

压实度是指土被压实后的干密度与该土的标准最大干密度之比，用百分率表示。

标准最大干密度是指按照标准击实试验法，土在最佳含水量时得到的干密度。

干密度压实度按式(4-1)和(4-2)计算：

$$K = \frac{\rho_d}{\rho_0} \times 100\% \tag{4-1}$$

$$\rho_d = \frac{\rho}{1 + 0.01W} \tag{4-2}$$

式中：K——压实度(%)；

ρ_d——压实土的干密度(kg/m)；

ρ_0——压实土的标准最大干密度(kg/m)；

ρ——压实土的湿密度；

W——土的实测含水量。

2. 压实标准规定的应用

(1)土质路基压实度应符合表4-7的规定。

表 4-7 土质路基压实度标准表

填挖类型		路床顶面以下深度(m)	压实度(%)		
			高速公路、一级公路	二级公路	三、四级公路
路基	上路床	0～0.30	≥96	≥95	≥94
	下路床	0.30～0.80	≥96	≥95	≥94
	上路基	0.80～1.50	≥94	≥94	≥93
	下路基	>1.50	≥93	≥92	≥90
零填及挖方路基		0～0.30	≥96	≥95	≥94
		0.30～0.80	≥96	≥95	

注:(1)压实度以《公路土工试验规程》(JTG E40—2007)重型击实试验法为准。

(2)三、四级公路铺筑水泥混凝土路面或沥青混凝土路面时,其压实度应采用二级公路的规定值。

(3)路基采用特殊填料或处于特殊气候地区时,压实度标准根据试验路在保证路基强度要求的前提下可适当降低。

(4)特别干旱地区的压实度标准可降低 2%～3%。

(2)填石路基,包括分层填筑和倾填爆破石块的路基,不能用土质路基的压实度来判定路基的密实程度。

(五)压实施工技术要点

(1)压实机械对土进行碾压时,一般以慢速效果最好,除羊足碾和凸块式碾外,压实速度以 2～4km/h 最为适宜。羊足碾的速度可以快些,在碾压黏土时最高可达 16km/h,还不至于影响碾压质量。各种压实机械的作业速度,应在填方前做试验段碾压,找出最佳效果的碾压速度,正式施工时参照执行。

(2)碾压一段终了时,宜采取纵向退行方式继续第二遍碾压,不宜采用掉头方式,以免因机械调头时搓挤土,使压实的土被翻松,故压路机始终要以纵向进退方式进行压实作业。

(3)在整个全宽的填土上压实,宜纵向分行进行,直线段由两边向中间,曲线段宜由曲线的内侧向外侧(当曲线半径超过 200m 时,可以按直线段方式进行)。两行之间的接头一般应重叠 1/4～1/3 轨迹;对于三轮压路机,则应重叠后轮的 1/2。

(4)纵向分段压好以后,进行第二段压实时,其在纵向接头处的碾压范围宜重叠 1～2m,以确保接头处平顺过渡。

(六)质量要求

(1)施工过程中,每一压实层均必须检验压实度,检测频率为每 $1000m^2$ 至少检验 4 点,不足 $1000m^2$ 时按比例递减,但至少检验 2 点;压实度采用灌砂法测定,取土样的底面必须达到本层的底面位置;压实度应符合《公路路基施工技术规范》(JTG F10—2006)中表 4.2.2-1 的规定。

(2)施工中的路基弯沉、平整度、宽度、纵横坡度、厚度、边坡坡度等必须符合《公路路基施工技术规范》(JTG F10—2006)中表4.2.2-2的规定及设计要求。

同步训练

选择题

(1)在填方路基的施工过程中,上路基压实度要求为(　　)。

A. 90%　　B. 94%

C. 96%

(2)对路基压实度进行验收评定时,采用的标准试验方法是(　　)。

A. 灌砂法　　B. 环刀法

C. 核子密度仪法

(3)在对土进行击实试验过程中,随着单位击实功的增加,最大干密度所对应的含水量将(　　)。

A. 增加　　B. 不变

C. 减小　　D. 无法确定

(4)路用性能最差的土是(　　)。

A. 砂性土　　B. 粉性土

C. 黏性土　　D. 砂土

典型案例

[案例描述]

某二级公路合同段路基工程施工,其中K23+200～K32+200路段以填方为主。合同段附近地表土主要是高液限黏土(液限值为38～49),在较远地带分布着腐殖质土、含草皮土、强膨胀土、盐渍土、有机质土、粉土、砂性土等。出于控制造价考虑,业主要求就地取材。为此,施工单位针对高液限黏土填筑路基做了试验,以确定其最大干密度和松铺厚度等。

场地清理完毕后,对路基横断面进行了测量放样、动力触探,并绘制出横断面图,提交监理工程师复测,确认后开始填筑路基。

施工单位严格按照试验段提供的数据指导施工。经过2个月填筑,发现按试验路段数据控制施工,施工周期长,无法满足工期要求。业主在了解情况后,书面要求监理工程师指示施工单位在半个月后变更路基填料。经过现场考查并征得监理工程师同意和设计单位确认后,选择了粉土和砂性土两种路基填料,施工单位随即组织施工。在路基施工中,采用一层粉土、一层砂性土交错分层水平填筑,每层压实厚度22cm左右。碾压时,按直线段由中间向两边、曲线段由外侧向内侧的方式碾压。

填筑过程中,发现存在一些质量缺陷,施工单位及时确定了质量缺陷的性质,并采取了应对措施。

土方路基施工完成后，施工单位实测了压实度、纵断高程、中线偏位、平整度、宽度和边坡，各项指标均满足相应规范要求，施工单位提请监理验收。

[案例问题]

(1)背景资料中所列土壤类型，哪些不得用于填筑路基？哪些需经处理后才能用于填筑路基？

(2)指出施工单位在路基施工中的错误，并给出正确做法。

(3)补充土方路基的实测项目。

任务二　土质路堑施工

任务描述

本任务为土质路堑开挖施工质量控制，使学生掌握土质路堑开挖方法及控制要点，能够正确地利用规范进行技术交底和质量控制。

知识准备

路堑施工就是按设计要求进行挖掘，并将挖掘的土石方运到路基地段作为填料，或者运往弃土堆处，有时也可经加工，作为自采材料，用于结构物或其他工程部位。

一、一般规定

(1)在全面熟悉设计文件和设计交底的基础上，现场核对工程数量，进行施工调查。根据工程地质情况、工程量大小和工期编制施工组织设计。

(2)对现场技术人员、施工人员进行详细的技术和安全交底。

(3)截水沟、排水沟等临时排水设施必须提前做好，并与排水系统连接顺畅，确保水流畅通，保证施工作业面不积水。

二、土质路堑开挖

(一)土质路堑开挖施工工序

土质路堑开挖施工工序如图 4-6 所示。

(二)土质路堑开挖方法

土质路堑开挖方法如表 4-8 所示。

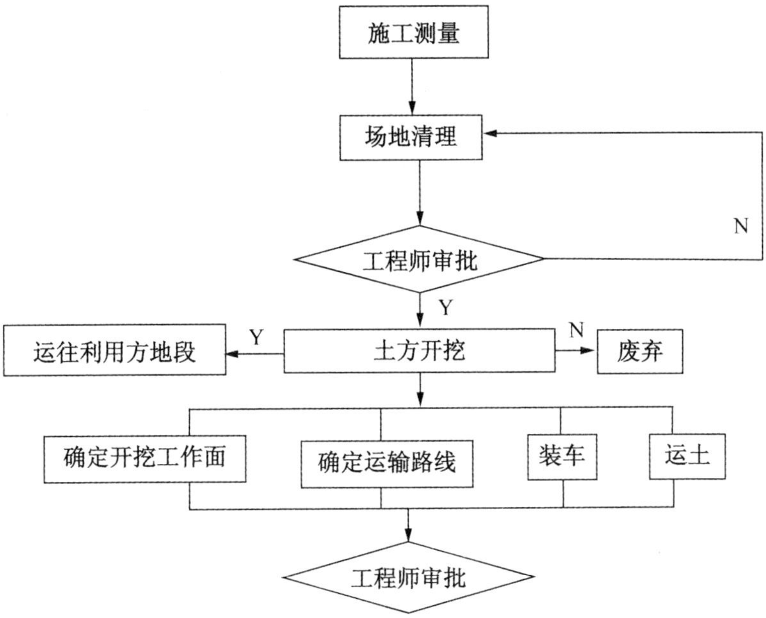

图 4-6 土质路堑开挖施工工序

表 4-8 土质路堑开挖方法

<table>
<tr><td rowspan="2">横向挖掘法</td><td>单层横向全宽挖掘法</td><td>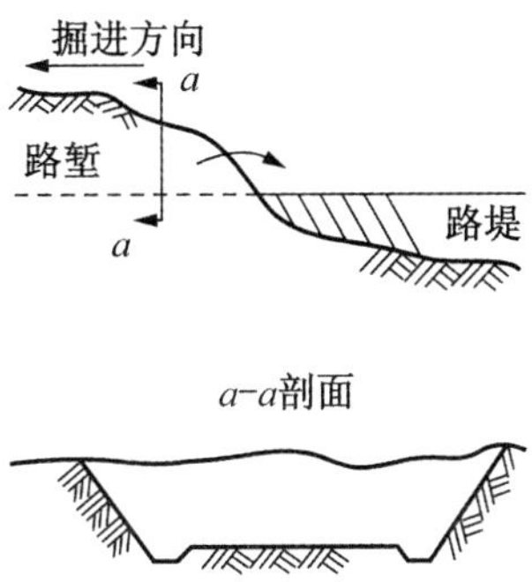</td><td>从开挖路堑的一端或两端，按断面全宽一次性挖到设计标高，逐渐向纵深挖掘，挖出的土方一般都是向两侧运送。该方法适用于挖掘浅且短的路堑</td></tr>
<tr><td>多层横向全宽挖掘法</td><td>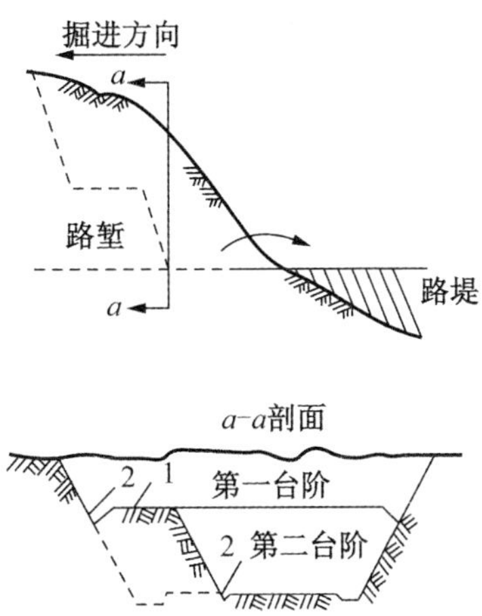</td><td>从开挖路堑的一端或两端，按断面分层挖到设计标高，适用于挖掘深且短的路堑</td></tr>
</table>

续表

纵向挖掘法	分层纵挖法	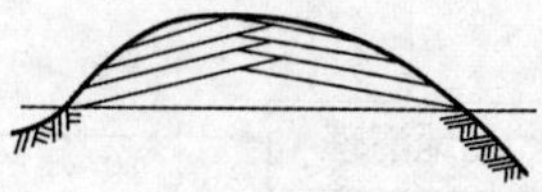	沿路堑全宽，以深度不大的纵向分层进行挖掘，适用于较长的路堑开挖
	通道纵挖法	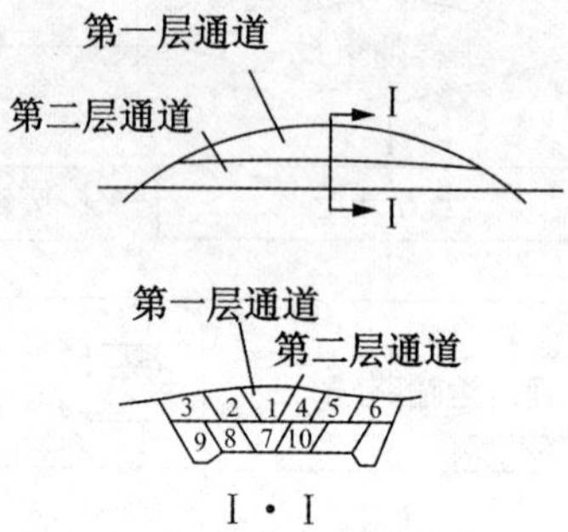	先沿路堑纵向挖掘一通道，然后将通道向两侧拓宽以扩大工作面，并利用该通道作为运土路线及场内排水的出路。该层通道拓宽至路堑边坡后，再挖下层通道，如此向纵深开挖至路基标高，该法适用于较长、较深、两端地面纵坡较小的路堑开挖
	分段纵挖法	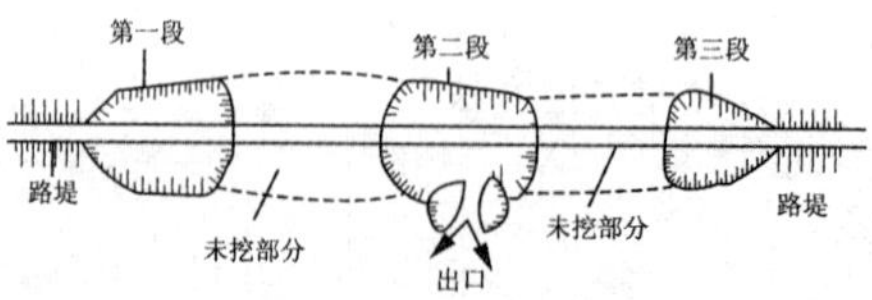	沿路堑纵向选择一个或几个适宜处，将较薄一侧堑壁横向挖穿，使路堑分成两段或数段，各段再纵向开挖。该法适用于过长、弃土运距过远、一侧堑壁较薄的傍山路堑开挖
纵向挖掘法	混合式挖掘法	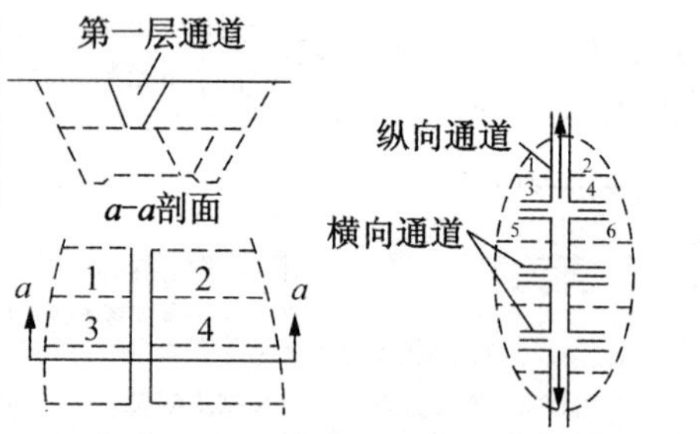 (a) 横面和平面 (b) 平面纵、横通道示意图	多层横向全宽挖掘法和通道纵挖法混合使用。先沿路线纵向挖通道，然后沿横向坡面挖掘，以增加开挖面。该法适用于路线纵向长度和挖深都很大的路堑开挖

（三）土质路堑开挖施工要点

（1）土质路堑开挖应根据地面坡度、开挖断面、纵向长度及出土方向，结合土方调配距离，选用安全、经济的开挖方案。

（2）可作为路基填料的土方，必须分类开挖和使用，非适用材料作弃方处理。

（3）较短的路堑采用横挖法，路堑深度较大时，分成几个台阶进行开挖；较长的路堑采用纵挖法，按横断面全宽纵向分层开挖或采用通道式纵挖法开挖；超长路堑采用分段纵挖法。

(4)土方开挖应自上而下进行，不得乱挖、超挖，严禁掏底开挖；开挖坡面必须一次性成形。

(5)必须根据现场实际情况，采取临时排水措施，将水导入路基排水系统，确保施工作业面不积水。

(6)开挖过程中，必须采取措施保证边坡稳定；开挖至边坡时预留至少 30cm，保证刷坡过程中设计边坡线外的土层不受到扰动，同时对已开挖的坡面进行复核，确保开挖坡面不欠挖、不超挖。

三、冬、雨期开挖路堑注意事项

(一)冬期开挖

(1)当冻土层破开挖到未冻土后，应连续作业，分层开挖，中间停顿时间较长时，应在表面覆盖保温，避免重复被冻。

(2)挖方边坡不应一次挖到设计线，应预留 30cm 厚台阶，待到正常施工季节再削去预留台阶，整理达到设计边坡。

(3)路堑挖至路床面以上 1m 时，挖好临时排水沟后，应停止开挖并在表面覆雪或松土，待到正常施工时，再挖去其余部分。

(4)冬期开挖路堑必须从上向下开挖，严禁从下向上掏空，挖“神仙土”。

(5)每日开工时先挖向阳处，气温回升后再挖背阴处，如开挖时遇地下水源，应及时挖沟排水。

(6)冬期施工开挖路堑的弃土要远离路堑边坡坡顶堆放。弃土堆高度一般不应大于 3m，弃土堆坡脚到路堑边坡顶的距离一般不得小于 3m，深路堑或松软地带应保持 5m 以上。弃土堆应摊开整平，严禁把弃土堆于路堑边坡顶上。

(二)雨期开挖

(1)土质路堑开挖前，在路堑边坡坡顶 2m 以外开挖截水沟并接通出水口。

(2)开挖土质路堑宜分层开挖，每挖一层均应设置排水纵横坡。挖方边坡不宜一次挖到设计标高，应沿坡面留 30cm 厚，待雨期过后整修到设计坡度。以挖作填的挖方应随挖、随运、随填。

(3)土质路堑挖至设计标高以上 30～50cm 时应停止开挖，并在两侧挖排水沟，待雨期过后再挖到路床设计标高后再压实。

(4)土的强度低于规定值时应按设计要求进行处理。

(5)雨期开挖岩石路堑，炮眼应尽量水平设置。边坡应按设计坡度自上而下层层刷坡，坡度应符合设计要求。

学习工作单

课程名称	公路工程施工	学习项目	土质路基施工

任务内容与目标

知识	技能	态度
1. 土质路基填筑施工工艺及质量控制要点。 2. 土质路基压实影响因素及控制要点。 3. 土质路堑开挖质量控制。	1. 能够依据规范对土质路基填筑和压实质量控制进行正确指导。 2. 能够对土质路堑开挖质量进行质量控制。	1. 使用规范指导施工能力。 2. 良好的职业行为。 3. 团结协作精神。 4. 良好的语言表达能力。

工作任务

案例分析 1

某公路工程 H 合同段，其中土方路基绝大部分是借土填方，路基边坡高度不低于 20m，地面横坡大于 12%，施工单位施工组织设计中路基填筑的施工方案如下：

1. 土质分析

本路段主要是粉质土，颗粒组成以小于 0.075mm 的为主，属于细粒土组，是较好的路基填筑材料。

2. 压实机具的选择与操作

本路段选用 CA25D 和 YZT16 型振动压路机组合碾压施工。施工过程中，压路机行走速度控制在 2～4km/h。开始时土体松散，采用轻压(静压)，然后用最大振动力进行振压，压力越大，压实效果越好。先压中间，然后向两边压实，并注意纵向和横向压实时的重叠，确保压实均匀。

3. 实验路段的结果

在 K18＋100～K18＋200 处，分别取三种松铺厚度 20cm、30cm、40cm 进行试验，试验路段测试结果显示最佳含水量为 13.4%，其他指标均符合路基填筑要求，松铺厚度选用 30cm。施工中施工单位准确放样，认真压实原地基后采用纵向分层填筑法进行路基施工。填筑过程中每完成一层均检测压实度、弯沉、纵断高程、中线偏位、宽度、横坡、边坡几个项目，依此判断合格后再进行下一层填筑。在施工过程中遇雨，雨后检测填料含水量在 15% ～17%范围变化。严格按压实质量控制进行施工仍出现“弹簧”现象，为赶工期，施工单位掺入生石灰粉翻拌，待其含水量适宜后重新碾压。最后，如期完成路基施工，进入路面基层施工工序。

问题：

1. 请评价该施工单位施工方案。

2. 检测填料最佳含水量可以用哪些方法？简述各自的适用范围，本工程最适宜的方法是什么？

3. 在填筑过程中，施工方对碾压层做出的合格判断是否合理？为什么？

4. 本工程出现“弹簧”现象的根本原因何在？处理方法是否合理？为什么？

续表

案例分析 2

某承包商承接了一段长为 19km 的高速公路路基工程。该项目位于微丘地区，路基填料为土方。为确保项目的工期、质量、安全和成本，项目部制定了施工方案和一系列的规章制度。在路基施工中，特别强调了土方路基施工的如下质量控制关键点：施工放样与断面测量、保证填土材料合格。

承包人严格按照有关规范和要求进行施工。在路基填筑过程中，局部出现了“弹簧”。为了赶工期，施工单位采取了掺生石灰粉翻拌的方法处理，待其含水量适宜后重新碾压。施工中，实测了压实度、纵断高程、中线偏位、宽度、横坡项目，且符合相关要求。工程完工后，项目经理部及时组织有关人员编写了工程技术总结报告，报告包括工程概况、安全技术措施、实施技术管理制度、技术档案管理、技术经济效益分析等方面的内容。

问题：

1. 补充路基施工的质量控制关键点。

2. 在土方路基实测项目中，还应实测哪些项目？

3. 在道路施工中，对压实度进行检测的常用方法有哪些？

4. 对路基“弹簧”治理，除了背景资料中给出的方法外，还有哪些方法？

5. 在技术总结报告中，除背景资料中给出的几方面内容外，还应包括哪些主要内容？

项目五　石质路基施工

知识目标

(1)掌握填石路堤的施工方法。

(2)了解石方爆破的技术要点。

(3)了解土石路堤的施工方法。

能力目标

能够进行填石路堤、土石路堤和石质路堑的施工技术方案选择与编制。

内容概要

本项目的主要内容包括填石与土石路堤填筑、压实及石质路堑开挖等，并对原材料质量及施工质量控制进行了详细介绍。

引导案例

一、工程概况

某施工单位承包了一条 21.7km 的二级公路，其中 K22＋300～K22＋700 路段地面横坡陡于 1∶5，填方平均高度为 12m 左右。施工单位填筑前，对地基原状土进行了检测，土的强度符合要求，然后对地基进行了压实处理。前后路段开挖后，可调运利用的填料主要是石方。

二、案例分析要求

分析路段性质，确定路基类型，并分析其施工质量控制要点，制定相应的技术交底和方案。

三、案例分析要点

本案例主要描述石质路基的施工环境，涉及石质路基类型的选择、填料质量控制、基底处理、填筑、压实及施工质量控制等问题。要求根据《公路路基施工技术规范》(JTG

F10—2006)、《公路工程质量检验评定标准》(JTG F80/1—2012)的要求,正确分析填石路堤、石方路堑和土石路堤的使用条件及施工质量控制要点,并制定针对选定路基的施工方案。因此,在案例分析之前,我们需要结合规范和标准学习填石路堤、石方路堑和土石路堤的施工方法及质量控制标准。

任务一　填石路堤施工

任务描述

本任务为填石路堤基本类型之一。通过学习,使学生了解填石路堤的适用范围和施工流程,为引导案例中路基类型的选择提供依据,并为施工技术交底的撰写提供知识储备。

知识准备

一、填石路堤

填石路堤是指用粒径大于40mm、含量超过70%的石料填筑的路堤。

二、填石路堤施工工艺流程

填石路堤的施工工艺流程如图5-1所示。

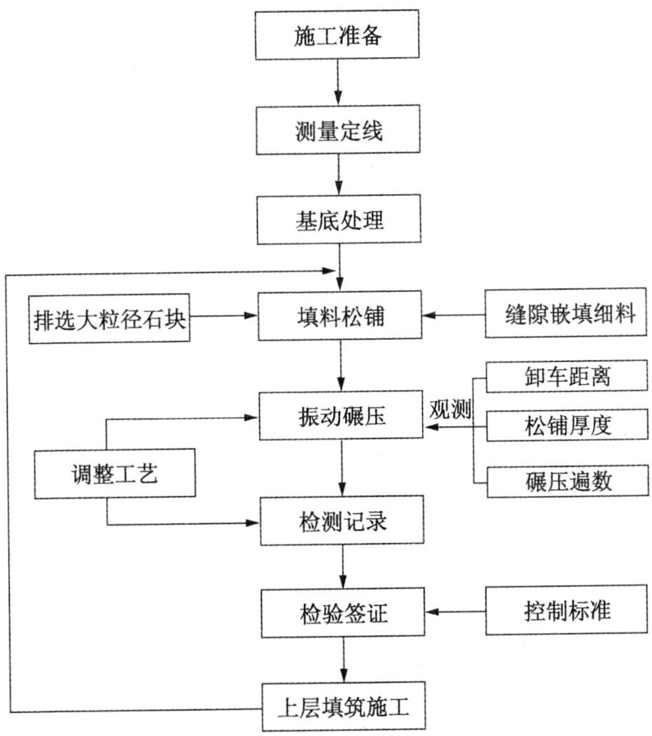

图5-1　填石路堤的施工工艺流程

三、填石路堤填筑

填石路堤填筑前，应先修筑试验路段，以确定满足要求的松铺厚度、压实机械型号及组合、压实速度及压实遍数、沉降差等参数。

（一）材料控制

路基施工技术规范中，填石路堤填料应符合以下规定：

(1)膨胀岩石、易溶性岩石不宜直接用于路堤填筑；强风化石料、崩解性岩石和盐化岩石不得直接用于路堤填筑。用强风化石料、软质岩石填筑路堤时，应按土质路堤施工规定先检验其 CBR 值是否符合要求，CBR 值不符合要求时不得使用，符合要求时应按土质筑堤的技术要求施工。

(2)粒径控制：路基填料粒径应不大于 500mm，并不宜超过层厚的 2/3，不均匀系数宜为 15～20，如图 5-2 所示。路床底面以下 400mm 范围内，填料粒径应小于 150mm。路床填料粒径应小于 100mm。

图 5-2　填石路堤试验现场

(3)强度控制：填石路堤的石料强度不应小于 15MPa，用于护坡的不应小于 20MPa。

（二）基底处理

填石路堤基底处理的方法和要求与土质路基基本相同，除满足土质路基的基底要求外，地基承载力还应满足设计要求：路堤高度小于 10m 时，地基承载力不宜低于 150kPa；路堤高度为 10～20m 时，地基承载力不宜低于 200kPa；路堤高度大于 20m 时，路基宜建筑在岩石地基上。

在非岩石（细粒土）地基上，填筑填石路堤前，应按设计要求设置过渡层。在岩石和细粒土组合地基上，应将岩石凿平，在细粒土部位设置过渡层。

（三）松铺厚度控制

分层松铺厚度，高速公路及一级公路不宜大于 0.5m，其他公路不宜大于 1.0m。

（四）填筑方法

填石路堤填筑一般采用三分法：分层填筑、分层碾压、分层检验。

二级及以上公路的填石路堤应分层填筑压实，如图 5-3 所示。二级以下砂石路面公路在陡峻山坡地段施工特别困难时，可采用倾填的方式将石料填筑于路堤下部，但在路床底面以下不小于 1.0m 范围内仍应分层填筑压实。

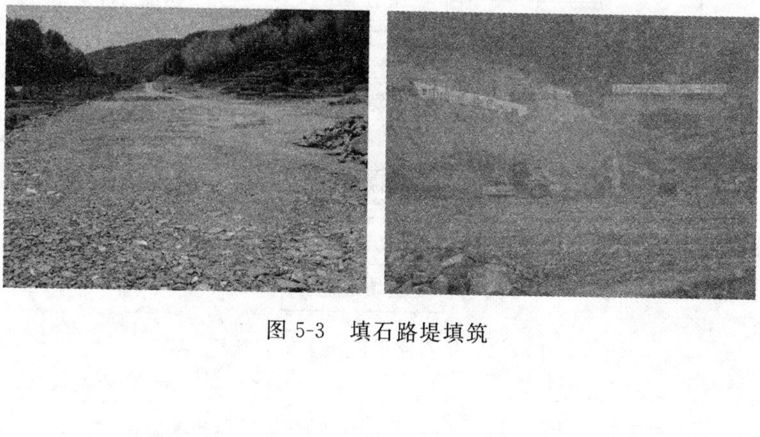

图 5-3　填石路堤填筑

岩性相差较大的填料应分层或分段填筑。严禁将软质石料与硬质石料混合使用。中硬、硬质石料填筑路堤时，应进行边坡码砌，码砌边坡的石料强度、尺寸及码砌厚度应符合设计要求。边坡码砌与路基填筑宜基本同步进行。

在填石路堤顶面与细粒土填土层之间应按设计要求设置过渡层。

四、填石路堤整平

填石路堤的整平分为机械整平和人工整平两种方法。

机械整平时，按水平分层，先低后高、先两侧后中央卸料。由于每层填筑厚度较大，故摊铺平整工作必须采用大型推土机进行，个别不平处应配合人工用细石块、石屑找平。

人工整平时，铺填粒径 25cm 以下石料时，可直接分层摊铺，分层碾压；当铺填粒径 25cm 以上石料时，应先铺填大块石料，大面向下，小面向上，摆平放稳，再用小石块找平，石屑塞填，最后压实

五、填石路堤压实

压实度的控制方法如下：

（1）压实机械：必须采用 18t 以上振动压路机，如图 5-4 所示。

图 5-4 填石路堤碾压

（2）压实标准：施工阶段常采用沉降差和工艺参数相结合的双控方法。沉降差一般采用大于 18t 振动压路机分层洒水压实，压实时继续用小石块或石屑填缝，直到压实层顶面稳定，不再下沉且无轨迹、石块紧密、表面平整为止。

压实过程还应配合外观检查。填石路堤成型后的外观质量标准：路堤表面无明显孔洞；大粒径石料不松动，铁锹挖动困难；边坡码砌紧贴、密实，无明显孔洞、松动，砌块间承接面向内倾斜，坡面平顺，具体可参见表 5-1 和表 5-2。

表 5-1 填石路堤上下路堤压实质量标准

分区	路面底面以下深度（m）	硬质石料孔隙率（%）	中硬石料孔隙率（%）	软质石料孔隙率（%）
上路堤	0.8～1.50	≤23	≤22	≤20
下路堤	>1.50	≤25	≤24	≤22

表 5-2 **填石路堤施工质量标准**

<table>
<tr><th rowspan="2">项次</th><th rowspan="2" colspan="2">检测项目</th><th colspan="2">允许偏差</th><th rowspan="2">检查方法或频率</th></tr>
<tr><th>高速公路
一级公路</th><th>其他公路</th></tr>
<tr><td rowspan="2">1</td><td rowspan="2" colspan="2">压实度</td><td colspan="2">符合试验路确定的施工工艺</td><td>施工记录</td></tr>
<tr><td colspan="2">沉降差不高于试验路确定的沉降差</td><td>水准仪：每 40m 检测一个断面，每个断面检测 5～9 点</td></tr>
<tr><td>2</td><td colspan="2">纵面高程(mm)</td><td>+10，−20</td><td>+10，−30</td><td>水准仪：每 200m 测 4 断面</td></tr>
<tr><td>3</td><td colspan="2">弯沉</td><td colspan="2">不大于设计值</td><td></td></tr>
<tr><td>4</td><td colspan="2">中线偏位(mm)</td><td>50</td><td>100</td><td>经纬仪：每 200m 测 4 点
弯道加 HY、YH 两点</td></tr>
<tr><td>5</td><td colspan="2">宽度</td><td colspan="2">不小于设计值</td><td>米尺：每 200m 测 4 处</td></tr>
<tr><td>6</td><td colspan="2">平整度(mm)</td><td>20</td><td>30</td><td>3m 直尺：每 200m 测 4 点×10 尺</td></tr>
<tr><td>7</td><td colspan="2">横坡(%)</td><td>±0.3</td><td>±0.5</td><td>水准仪：每 200m 测 4 个断面</td></tr>
<tr><td rowspan="2">8</td><td rowspan="2">边坡</td><td>坡度</td><td colspan="2">不陡于设计值</td><td rowspan="2">每 200m 抽查 4 处</td></tr>
<tr><td>平顺度</td><td colspan="2">符合设计要求</td></tr>
</table>

同步训练

一、选择题

(1)用粒径大于 40mm、含量超过 70%的石料填筑的路基称为(　　)。

A. 石质路堑　　B. 土质路堤

C. 填石路堤　　D. 土石路堤

(2)填石路堤的压实度检验，以规定深度范围内通过(　　)进行压实试验。

A. 14t 以上光轮压路机　　B. 10t 以上振动压路机

C. 18t 以上振动压路机　　D. 14t 以上振动压路机

二、简答题

(1)填石路堤的填料有什么要求?

(2)填石路堤分层厚度和摊铺有什么要求?

(3)填石路堤压实有什么特点?

任务二　石质路堑施工

任务描述

通过学习，使学生了解石质路堑的适用范围和施工流程，为引导案例中路基类型的选择提供依据，并为施工技术交底的撰写提供知识储备。

知识准备

石质路堑开挖最有效的方法是爆破，可以大大提高效率，缩短工期，节约劳力，提高公路的使用质量。

一、石质路堑开挖施工工序

石质路堑开挖施工工序如图5-5所示。

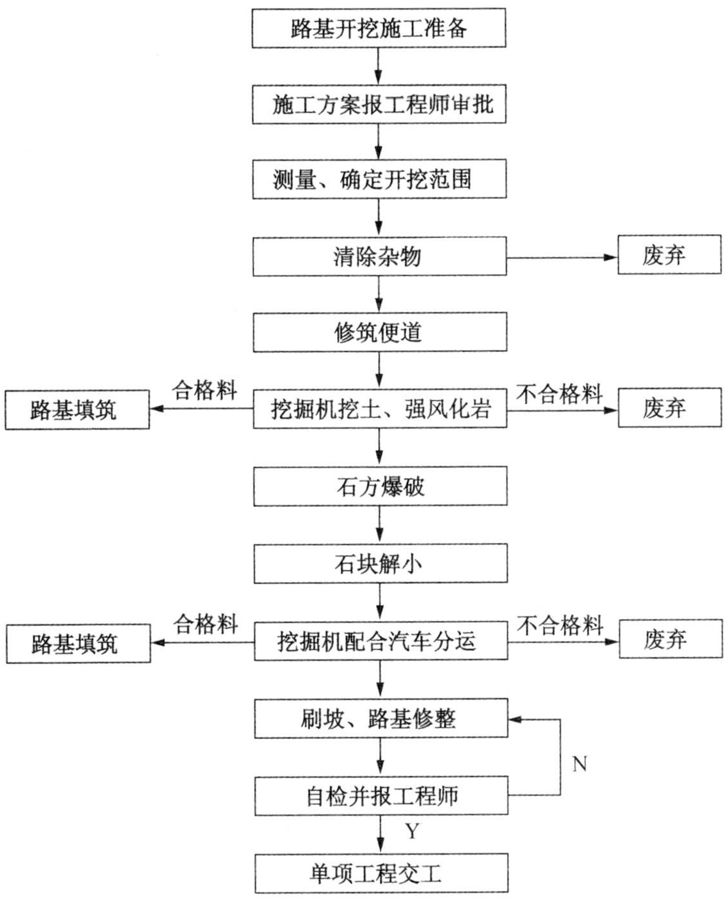

图5-5　石质路堑开挖施工工序

二、石质路堑开挖施工要点

(一)开挖方式

开挖石方应根据岩石的类别、风化程度和节理发育程度等确定开挖方式:软石或强风化岩石,采用机械直接开挖,作业方式可参照土方路堑开挖进行;机械不能直接开挖的石方,采用爆破法开挖;近边坡部分采用光面爆破或预裂爆破。

(二)爆破法开挖石方路堑施工的步骤

(1)施工前必须调查爆破区内有无空中缆线并查明其平面位置和高度;调查地下有无管线并查明其平面位置和埋置深度;调查开挖边界线外的建筑物结构类型、完好程度、距开挖界距离等。

(2)一般情况下宜采用中小型爆破,只有当路线穿过孤独山丘,开挖后边坡不高于6m,且根据岩石产状和风化程度,确认开挖后边坡稳定,方可考虑大爆破方案。

(3)根据确定的爆破方案,进行炮位、炮孔深度和用药量设计。设计图纸和资料必须报送监理和有关部门审批。设计时应考虑以下几点:

①应充分重视开挖边坡稳定,开挖风化较为严重、节理发育或岩层状对边坡稳定不利的石方,宜用小型排炮微差爆破。

②当岩层与路线走向基本一致,倾角大于1°,且倾向公路或者开挖边界线外有建筑物,应在开挖层边界沿设计坡面打预裂孔。

③按岩石外表、节理、裂隙等情况,分别选择正炮眼、斜炮眼、平炮眼或吊眼等。

(4)布孔与钻孔。

①爆破施工员、测量员按爆破设计放出炮孔位置并标注,由钻工按要求钻孔,钻孔机械可选用冲击式钻机或潜孔钻;钻孔过程中严格控制孔位偏差和倾角。

②钻孔完成后,应对炮孔内的废渣予以清除,由质检人员逐个检查孔距、排距、孔深、倾斜度等并与设计值对比,符合要求后方可装药。

③炮孔装药、堵塞、起爆网络连接必须由持有爆破证的专职爆破员作业,起爆必须由爆破负责人统一指挥。

(5)出渣:

①须确认已经解除警戒,作业面上的危石检查处理后,清理出渣人员和机械方可进入现场。

②开挖石方横向调整或小于100m的纵向调运,可用推土机推运,需要纵向远运时,用自卸汽车运输;对于大块石料,可集中进行二次爆破。

③石方开挖可分幅或分段进行爆破,石方清除和打炮眼可轮流作业。

④采用机械清渣时,应从上至下分层进行,严防滚石、塌方伤人损机。

(三)石质路堑边坡清刷

(1)石质挖方边坡应顺直、圆滑、大面平整;边坡上不得有松石、危石、凸出于设计边坡线的石块,其凸出或超爆凹进尺寸均不应大于20cm;对于软质岩石,凸出及凹进尺寸均应不大于10cm。

(2)挖方边坡从开挖面往下分级清刷,每下挖2～3m时必须对新开挖边坡清刷,软质岩石边坡用机械清刷，坚石和次坚石可使用爆破清刷边坡，同时清除危石、松石；清刷后的石质路堑边坡不陡于设计规定。

(3)石质路堑边坡如因过量超挖而影响上部边坡岩体稳定时，应用浆砌片石补砌超挖的坑槽。

同步训练

一、选择题

(1)雨季开挖岩石路堑时，炮眼应(　　)布置。

A. 竖直　　B. 向下倾斜　　C. 水平　　D. 向上倾斜

(2)两相邻药包或前后药包以毫秒的时间间隔依次起爆，称为(　　)。

A. 光面爆破　　B. 预裂爆破　　C. 洞室爆破　　D. 微差爆破

(3)炮洞直径为 0.2～0.5m，洞穴成水平或略有倾斜，深度小于 5m，用集中药于炮洞中进行爆炸的方法称为(　　)。

A. 钢钎炮　　B. 深孔爆破　　C. 药壶炮　　D. 猫洞炮

二、简答题

(1)石方开挖的方式有几种？

(2)何谓“葫芦炮”？它与其他几种爆破方式有何区别？

(3)石质路堤填筑和石质路堑开挖的施工要点各是什么？

任务三　土石路堤施工

任务描述

本任务为填石路堤基本类型之一，使学生了解土石路堤的适用范围和施工流程，为引导案例中路基类型的选择提供依据，并为施工技术交底的撰写提供知识储备。

知识准备

一、土石路堤

石料含量占总质量 30%～70%的土石混合材料修筑的路堤称为“土石路堤”。

二、土石路堤施工工艺流程

土石路堤施工工艺流程如图 5-6 所示。

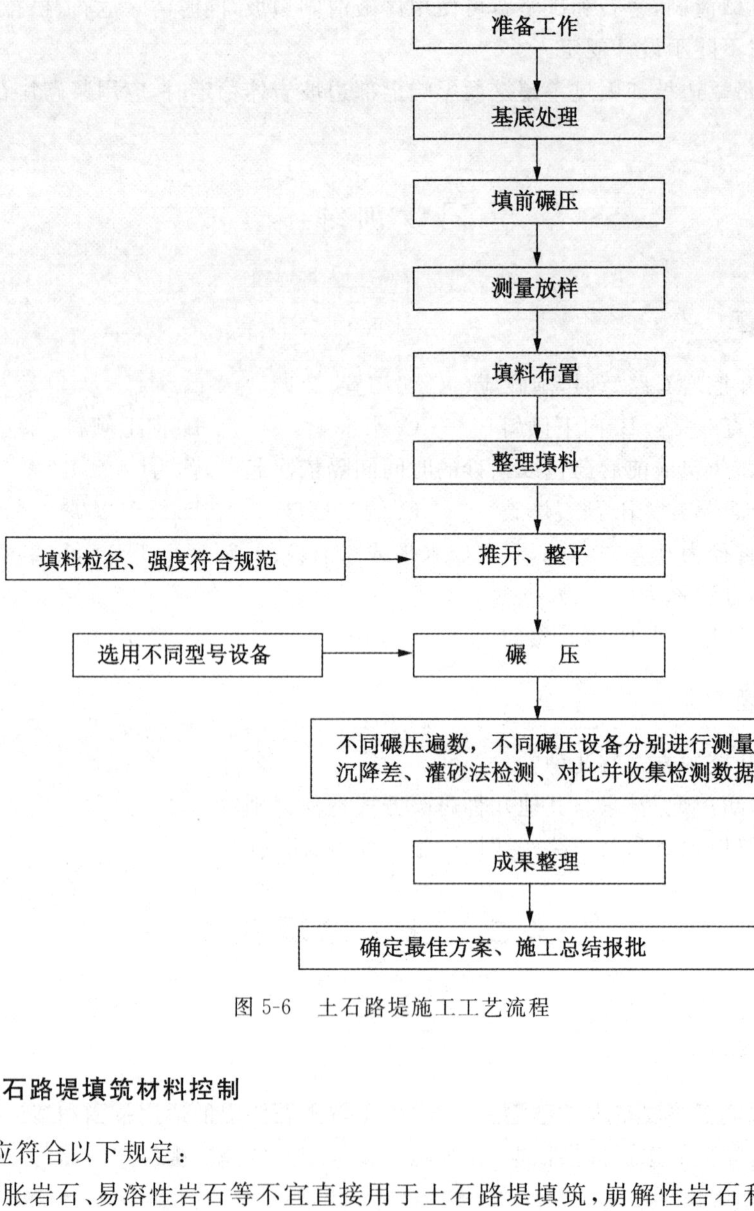

图 5-6　土石路堤施工工艺流程

三、土石路堤填筑材料控制

填料应符合以下规定：

(1)膨胀岩石、易溶性岩石等不宜直接用于土石路堤填筑，崩解性岩石和盐化岩石等不得直接用于土石路堤填筑。

(2)天然土石混合填料中，中硬、硬质石料的最大粒径不得大于压实层厚的 2/3；石料为强风化石料或软质石料时，其 CBR 值应符合规定，石料最大粒径不得大于压实层厚。

四、土石路堤基底处理

土石路堤基底处理同土质路基。在陡、斜坡地段，土石路堤靠山一侧应按设计要求，做好排水和防渗处理。

五、土石路堤填筑

施工前，应根据土石混合材料的类别分别进行试验路段施工，确定能达到最大压实干密度的松铺厚度、压实机械型号及组合、压实速度及压实遍数、沉降差等参数。

土石路堤不得倾填，应分层填筑压实。碾压前应使大粒径石料均匀分散在填料中，石料间孔隙应填充小粒径石料、土和石渣。

压实后透水性差异大的土石混合材料，应分层或分段填筑，不宜纵向分幅填筑；如确需纵向分幅填筑，应将压实后渗水良好的土石混合材料填筑于路堤两侧。土石混合材料来自不同料场，其岩性或土石比例相差较大时，宜分层或分段填筑。

填料由土石混合材料变化为其他填料时，土石混合材料最后一层的压实厚度应小于300mm，该层填料最大粒径宜小于150mm，压实后，该层表面应无孔洞。

中硬、硬质石料的土石路堤，应进行边坡码砌。码砌边坡的石料强度、尺寸及码砌厚度应符合设计要求。边坡码砌与路堤填筑宜基本同步进行。软质石料土石路堤的边坡按土质路堤边坡处理。

六、土石路堤压实

中硬、硬质石料土石路堤压实采用压实度和沉降量双控的方法进行控制，且压实时采用18t以上的振动压路机。

软质石料填筑的土石路堤，其中细料的压实度应满足土质路堤的压实度标准。

另外，对土石路堤还需进行外观质量检测：路基表面无明显孔洞；大粒径填石无松动，铁锹挖动困难；中硬、硬质石料土石路堤边坡码砌紧贴、密实，无明显孔洞、松动，砌块间承接面应向内倾斜，坡面平顺。

七、石质路基质量控制

（一）一般规定

（1）土方路基和石质路基的实测项目技术指标的规定值或允许偏差按高速公路、一级公路和其他公路（指二级及以下公路）两档设定，其中土方路基压实度按高速公路和一级公路、二级公路、三级和四级公路三档设定。

（2）本章规定的实测项目的检查频率：如果检查路段以延米计时，则为双车道公路每一检查段内的最低检查频率；多车道公路必须按车道数与双车道之比，相应增加检查数量。

（3）路基压实度须分层检测，并符合规范规定。路基其他检查项目均在路基顶面进行检查测定。

（4）路肩工程可作为路面工程的一个分项工程进行检查评定。

（5）服务区停车场、收费广场的土方工程压实标准可按土方路基要求进行监控。

（二）石质路基基本要求

（1）石质路堑的开挖宜采用光面爆破法。爆破后应及时清理险石、松石，确保边坡安全、稳定。

（2）修筑填石路堤时应进行地表清理，逐层水平填筑石块，摆放平稳，码砌边部。填筑层厚度及石块尺寸应符合设计和施工规范规定，填石空隙用石渣、石屑嵌压稳定。上下路床填料和石料最大尺寸应符合规范规定。采用振动压路机分层碾压，压至填筑层顶面石块稳定，18t 以上压路机振压两遍无明显标高差异。

（3）路基表面应整修平整，具体实测项目参见表 5-3。

表 5-3　石质路基实测项目

项次	检查项目		规定值或允许偏差		检查方法和频率	权值
			高速公路、一级公路	其他公路		
1	压实		层厚和碾压遍数符合要求		查施工记录	3
2	纵断高程（mm）		+10，−20	+10，−30	水准仪：每 200m 测 4 断面	2
3	中线偏位（mm）		50	100	经纬仪：每 200m 测 4 点，弯道加 HY、YH 两点	2
4	宽度（mm）		不小于设计		米尺：每 200m 测 4 处	2
5	平整度（mm）		20	30	3m 直尺：每 200m 测 2 处×10 尺	2
6	横坡（%）		±0.3	±0.5	水准仪：每 200m 测 4 断面	1
7	边坡	坡度	不陡于设计值		每 200m 抽查 4 处	1
		平顺度	符合设计要求			

注：土石混填路基压实度或固体体积率可根据实际进行检验，其他检测项目与石质路基相同。

同步训练

一、选择题

土石路堤的石料为强风化石料或软质石料时，应对其（　　）进行检测。

A. 压实度　　B. 弯沉值　　C. CBR 值　　D. 平整度

二、简答题

(1)如何划分土质、填石和土石路堤?

(2)土石路堤的压实度如何控制?

典型案例

[训练目标]

填石路基及土石混填路基的区别及质量控制。

[案例描述1]

某高速公路第一合同段K26+800～K31+800全长5km,主要是土石方路基开挖与填筑,填挖数量较大。

本地区的岩层构成主要为泥岩、砂岩。不少地段两种岩层的夹层形式交错存在,且风化严重,呈碎块状,抗压强度在30MPa以上。开挖的碎渣混合料大量用于填方。在K26+800～K28+800路段中,石料的含量小于70%。而在K28+800～K31+800路段中,石料的含量超过70%。以下是施工单位的施工方案和施工方法:

(1)该路段填方路堤可采用土石混合直接铺填,分层填筑,分层压实,松铺厚度控制在60cm以内,一直填筑到路堤设计标高。

(2)填料采用砂岩碎渣混合料时,最大粒径不得超过应填筑层厚度的2/3。

(3)压实机具采用振动压路机,整平机具采用平地机。

(4)压实度的检测采用灌砂法。

[案例问题]

分析判断该合同段填方路段的施工方案和施工方法描述中哪些是对的,哪些是错的,并改正错的。

[案例描述2]

某山岭重丘区高速公路K29+000～K29+800路段进行路基施工,其中K29+000～K29+400为路堑开挖,原地面自然坡度为65°～75°,地表1～3m为黏土,下为V级岩石,不含水分,施工方拟采用药壶炮爆破法爆破,挖方共计13800m^3,土方2000m^3,石方11800m^3;K29+400～K29+800为山坡路堤填筑,需要填方6000m^3,原地面横坡为1∶4.5。由于上段爆破石料较多,经强度检测,大于20MPa,施工方拟利用石方用水平分层填筑法填筑成土石路堤,土石比例1∶2直接铺筑,松铺厚度为50cm,接近设计标高时,改用土方填筑。

[案例问题]

(1)土石路堤填筑的方法有哪些?该工程采用的方法是否合理?

(2)简要叙述路堤填筑的施工程序。

(3)该工程在土石路堤填筑施工时按含石量确定的松铺厚度是否合适?应如何调整?

学习工作单

课程名称	公路工程施工技术	项目	石质路基的施工

任务内容与目标

知识	技能	态度
1. 石质路基施工准备工作。 2. 石质路基填料质量控制。 3. 石质路基施工工艺与施工质量控制。 4. 石质路基压实。 5. 石质路基质量检验与评定。	1. 能编写石质路基的施工技术交底。 2. 能描述石质路基的施工工艺流程。 3. 能读懂施工图纸。 4. 能进行石质路基施工现场控制并填写施工原始资料。 5. 能进行石质路基施工质量检验与评定。	1. 使用规范指导施工能力。 2. 信息收集能力。 3. 熟悉 Office 办公软件的应用。 4. 良好的职业行为。 5. 团结协作精神。 6. 良好的语言表达能力。

工作任务

一、思考并回答以下问题。

(1)土方路堤、填石路堤、土石路堤的施工有什么区别?

(2)石质路堑的施工方法有哪些?

(3)石质路基的施工质量要点有哪些?

(4)石质路基施工质量检验项目有哪些?

二、任务背景资料。

津围二线北段(K1＋686.267～K3＋915)路基设计为双向两车道标准，断面布置为 1.0m 土路肩、12.0m 行车道、1.0m 土路肩，路基全宽 14.0m。路面横坡采用双向坡，直线形路拱，坡度为 2%。土路肩横坡为 3%，坡向路基外侧。上行方向里程桩 K1＋756.267～K3＋825 段利用右侧硬路肩设置爬坡车道，K1＋686.267～K1＋756.267、K3＋825～K3＋915 段分别为分流、汇流渐变段，爬坡车道断面布置为 0.5m 土路肩、2.5m 硬路肩、3.5m 行车道、3.5m 行车道、3.5m 爬坡车道、0.5m 土路肩，路基全宽 14.0m 不变。

该路段部分路基采用填石路堤，其设计细节如下：

粒径大于 40mm、含量超过 70% 的石料填筑的路堤按照本部分进行施工。

膨胀性岩石、易溶性岩石、崩解性岩石和盐化岩石等均不应用于路堤填筑。填石路堤应采用大功率推土机与重型压实机具施工。填石路堤在施工前，应通过试验路段确定填石路堤合适的填筑层厚、压实工艺以及质量控制标准。在填石料表面填筑土、粉煤灰等其他材料时，填石料顶面应无明显孔隙、空洞。在其他填料填筑前，填石路堤最后一层的铺筑层厚应不大于 400mm，过渡层碎石料粒径应小于 150mm，其中小于 0.05mm 的细料含量不应小于 30%。在必要时，宜设置土工布作为隔离层。

续表

填方边坡较高时，在边坡中部设边坡平台，平台宽度为 2m。

中硬和硬质石料及以上填石路堤应进行边坡码砌。边坡码砌应采用强度大于 30MPa 的不易风化的石料，码砌石块最小尺寸不应小于 300mm，石块外形应规则。填高小于 5m 的填石路堤，边坡码砌厚度不小于 1m；填高 5～12m 的填石路堤，边坡码砌厚度不小于 1.5m；12m 以上填高的路堤，边坡码砌厚度不小于 2m。

根据石料饱和抗压强度指标，可按表 1 至表 4 将填石料分为硬质岩石、中硬岩石、软质岩石，并根据不同的岩石类别，采用不同的质量控制标准。

表 1　　岩石分类表

岩石类型	单轴饱和抗压强度(MPa)	代表性岩石
硬质岩石	≥60	花岗岩、闪长岩、玄武岩等岩浆岩类 硅质、铁质胶结的砾岩及砂岩、石灰岩、白云岩等沉积岩类 片麻岩、石英岩、大理岩、板岩、片岩等变质岩类
中硬岩石	30～60	
软质岩石	5～30	凝灰岩等喷出岩类 泥砾岩、泥质砂岩、泥质页岩、泥岩等沉积岩类 云母片岩或千枚岩等变质岩类

不同强度的石料，应分别采用不同的填筑层厚和压实控制标准。填石路堤的压实质量标准宜用孔隙率作为控制指标，并符合下表要求。

表 2　　硬质石料压实质量控制标准

分　区	路面底面以下深度(m)	摊铺层厚(mm)	最大粒径(mm)	压实干密度(kN/m^3)	孔隙率(%)
上路堤	0.80 ～1.50	≤400	小于层厚 2/3	由试验确定	≤23
下路堤	＞1.50	≤600	小于层厚 2/3	由试验确定	≤25

表 3　　中硬石料压实质量控制标准

分　区	路面底面以下深度(m)	摊铺层厚(mm)	最大粒径(mm)	压实干密度(kN/m^3)	孔隙率(%)
上路堤	0.80 ～1.50	≤400	小于层厚 2/3	由试验确定	≤22
下路堤	＞1.50	≤500	小于层厚 2/3	由试验确定	≤ 24

续表

表 4		软质石料压实质量控制标准			
分　区	路面底面以下深度(m)	摊铺层厚(mm)	最大粒径(mm)	压实干密度(kN/m³)	孔隙率(%)
上路堤	0.80 ～1.50	≤300	小于层厚	由试验确定	≤20
下路堤	＞1.50	≤400	小于层厚	由试验确定	≤22

填石路堤横断面

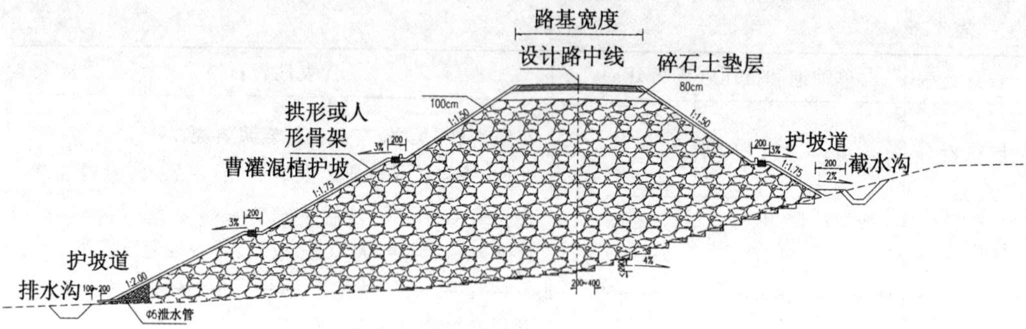

课下：参照《公路路基施工技术规范》(JTG F10—2006)及《公路工程质量检验评定标准》(JTG F80/1—2012)的有关规定，以小组为单位收集石质路基施工的技术材料，并编制背景资料所示填石路堤的施工方案及质量检验与评定方案。

课上：通过角色扮演(小组成员分别扮演施工员和质检员)，模拟填石路堤现场施工控制的过程，展示施工方案及质量检验与评定方案，并在操作过程中回答教师提出的各项问题。

项目六　软土地基处理

知识目标

(1)理解各种软土地基处理方法的原理。

(2)掌握各种软土地基处理方法的施工工序与施工要点。

能力目标

正确理解各种软土地基处理方法的原理,并能够根据地基情况选用软土地基处理的方法以及在施工现场进行软土地基。

内容概要

本项目主要包括软土地基性质、各种软土地基处理方法的施工工序与施工要点等内容。

引导案例

某线路总长 10.56km,路基宽度为 50m,路基平均填土高度为 13m。该路段因沿黄河大堤,地下水位高(现有黄河河床标高比路面设计高程高出 2～3m),而且处于雨期积水地区,土质大部分为黄河粉砂土,少量为粉质黏土。因此,设计单位与施工单位共同研究,依据当地材料状况、施工条件与工期要求,采用以下软土地基的处理方法:

(1)换填。K1＋000～K1＋350,长 350m,K3＋775～K4＋270,长 495m,两段均为粉砂土路段,为生活垃圾堆放点和居民旧生活区。清除垃圾及民用拆迁旧房基,挖至原粉砂土地层后做二灰土(2∶8),犁拌,厚度为 40cm,碾压密实度在 90%以上,经土工检测后再做二灰稳定碎石层 40cm。

(2)土工织物铺垫。K1＋780～K1＋980,长 200m,此路段地下水位高,土质差,苇根多且深,采用带眼双面胶无纺布(150～200g/m^2,抗拉强度为 2050kN/m)铺垫。

(3)K6＋200～K6＋350,长 150m,位于黄河沉砂池上,粉砂土质,含水量大,地下水位高,采用孔深 1～1.2m、间距 60cm、梅花形摆排的灰砂桩挤密。灰砂桩施工时工艺程序如下：平地⟶∅12 铁杆掏孔⟶加料(生石灰块＋水泥＋大粒黄沙)⟶捣实。

在施工至 K5＋200～K5＋350 时，由于该路段缺乏地质资料未发现软土，所以地基未做加固设计，在填土至 5.8～6.3m 时发生滑塌，因征地困难，不能做反压护道，施工方考虑工期时间要求充裕，淤泥层厚度不大于 3m，决定采用自然挤淤处理。

[问题]

(1)土工织物一般应该铺垫在什么位置？有什么具体作用？

(2)灰砂桩施工时工艺程序是否完备？如果不完备写出完备的工艺程序。

(3)采用自然挤淤处理是否合理？除自然挤淤外还有哪些挤淤排淤的方法？

(4)软土地基处理除了该工程考虑的 5 种方法还有很多，请写出 5 种其余的方法。

任务一　软土与软土地基

任务描述

某新建三级公路，设计车速 40km/h，路线全长 24km，其中部分合同段填方路基情况如表 6-1 所示。

表 6-1　　填方路基情况

合同段编号	填方路基高度(m)	填　料	原地面情况
A	0.5～5.9	细粒砂土	地表面软土厚 0.3～0.6m
B	1.2～6.4	粗粒土	地表面软土厚 3.0～5.0m
C	16.0～19.0	粗粒土	地面耕地厚 0.3～0.6m
D	16.0～22.3	片石	地表面砂性土厚 1.0～4.0m

通过本任务的学习，描述上述工程中软土的工程特性。

知识准备

软土在我国滨海平原、河口三角洲、湖盆地周围及山涧谷地均有广泛分布。习惯上常把淤泥、淤泥质土、软黏性土总称为“软土”，而把有机质含量很高的泥炭、泥炭质土称为“泥沼”。为区分软土与一般黏性土，把经生物化学作用形成的、含较多有机物(大于 5%)的软弱黏性土称为“淤泥类土”，其中孔隙比大于 1.5 的称为“淤泥”，孔隙比小于 1.5 的称为“淤泥质土”。

一、软土的成因、分类及分布

软土是在静水或缓慢的流水环境中沉积，经生物化学作用形成的饱和软弱淤泥、淤泥质黏性土、淤泥质粉土、泥炭、泥炭质土等。软土按沉积环境及成因分为四类。

(1)滨海沉积：滨海相、泻湖相、弱谷相及三角洲相。

(2)湖泊沉积:湖相、三角洲相。

(3)河滩沉积:河漫滩相、牛轭湖相。

(4)沼泽沉积:沼泽相。

以滨海相沉积为主的软土层,如湛江、香港、厦门、舟山、宁波、连云港、塘沽、大连湾等;泻湖相沉积的软土以温州、宁波为代表;弱谷相软土分布在福州、泉州一带;三角洲相软土分布在上海地区和珠江下游的广州地区;河漫滩相沉积软土分布在长江中下游、珠江下游、淮河平原、松辽平原等地区;内陆软土主要为湖相沉积,如洞庭湖、洪泽湖、太湖、鄱阳湖四周以及昆明的滇池地区等。

按工程性质,并结合自然地质地理环境,软土分布可划分为三个地区:北部地区、中部地区、南部地区。各地区软土物理性质指标统计如表 6-2 所示。

表 6-2　　我国软土主要分布地区的物理性质指标统计表

区别	海陆	典型地区	沉积相	土层埋深	物理性质指标(平均值)								
					天然含水量	容重	孔隙比	饱和度	液限	塑限	塑限指数	液限指数	有机质含量
				m	%	g/cm^3		%	%	%			%
北部地区	沿海	塘沽、连云港、大连等	滨海	0～34	45	1.78	1.23	93	42	22	19	1.25	7.5
		东营	三角洲	5～9	40	1.79	1.11	97	35	19	16	1.35	
中部地区	沿海	温州湾、宁波、舟山	滨海	2～32	52	1.71	1.41	98	46	24	24		
		温州、宁波地区	泻湖	1～35	51	1.67	1.61	98	47	25	24	1.34	6.5
		福州、泉州	弱谷	1～25	58	1.63	1.74	95	52	31	26	1.9	11
		长江下游(上海)	三角洲	2～19	43	1.76	1.24	98	40	23	17	1.11	
	内陆	滇池	高原湖泊		77	1.54	1.93		70		28	1.28	18.4
		洞庭湖、洪泽湖、太湖等	平原湖泊		47	1.74	1.31		43	23	19		9.9
		长江中下游、珠江下游、淮河平原、松辽平原等	河漫滩		47	1.75	1.22		39		17	1.44	

续表

区别	海陆别	典型地区	沉积相	土层埋深	物理性质指标（平均值）								
					天然含水量	容重	孔隙比	饱和度	液限	塑限	塑限指数	液限指数	有机质含量
				m	%	g/cm^3		%	%	%			%
南部地区	沿海	湛江、香港、厦门	滨海	0～9	61	1.63	1.65	95	53	27	26	1.94	
		珠江下游（广州）	三角洲	1～10		1.58	1.67		54	37	24		

二、软土的工程性质

从各地软土的物理指标可看出，软土最大的工程性质是天然含水量高、天然孔隙比大、抗剪强度低、压缩系数高、渗透系数小。在荷载作用下，软黏土地基沉载力低，地基沉降变形大，容易产生较大的不均匀沉降，而且沉降稳定历时较长。各地软土的特性如下：

（一）孔隙比、含水量大

软土孔隙比及含水量都大，渤海湾地区软土含水量一般为 40%～60%，孔隙比为 1.0～1.3；长江三角洲地区软土含水量一般为 35%～55%，孔隙比为 1.1～1.5；珠江三角洲地区软土含水量一般为 50%～90%，一般大于液限，高的可达 200%，孔隙比为 1.4～2.1。各地软土含水量一般大于 40%，孔隙比大于 1.1。

（二）压缩性高

珠江三角洲地区软土压缩系数通常大于 $1.0MPa^{-1}$，压缩模量（E_s）多为 1.0～2.0MPa，其他地区软土压缩系数通常小于 $1.0MPa^{-1}$，压缩模量多大于 2.0MPa。长江三角洲地区 5m 的填土沉降量为 1.5～2.0m，渤海湾地区 5m 的填土沉降量为 1.0～1.5m，珠江三角洲 5m 的填土沉降量为 2.0～3.0m。

（三）强度低

珠江三角洲地区软土十字抗剪强度多小于 20kPa，一般容许承载力为 20～45kPa；长江三角洲地区软土十字抗剪强度大多小于 30kPa，一般容许承载力为 50～70kPa；渤海湾地区软土十字抗剪强度大多小于 40kPa，一般容许承载力为 50～80kPa。

三、软土地基常见工程问题

软土地基常见工程问题主要包括两个方面。

（一）地基承载力和稳定性问题

在道路荷载（静力和动力荷载）作用下，地基承载力不能满足要求时，地基会产生局部或整体剪切破坏，影响道路的正常使用，引起道路破坏或边坡失稳。

（二）沉降、水平位移及不均匀沉降问题

在荷载（静力和动力荷载）作用下，地基产生变形。当道路沉降或水平位移，或不均匀沉降超过相应的允许值时，将会影响道路的正常使用，甚至可能引起破坏。道路沉降量较大时，不均匀沉降往往也比较大，不均匀沉降对道路的危害较大。综合变形方面的工程特性，有以下几个方面：

1. 变形量大

软土中的淤泥和淤泥质土，其孔隙比（e）大于1.0，受力后压缩量较大。有些软土含水量达60%以上，e大于1.5，则压缩性更高。更有泥炭类的软土含水量高达200%～500%，土体大部分由水构成，一加荷载，水从孔隙中挤出，土就像泡沫塑料一样被挤出。

2. 压缩稳定所需时间长

软土的颗粒组成以黏粒为主，尽管孔隙比大，但单个孔隙却很细，水在孔隙中流动较难，因此，渗透性很低，渗透系数一般为10^{-8}～10^{-7}cm/s数量级。饱和土受荷后，水不能很快排出，变形也只能慢慢发生。在地基中，这一变形过程常延续数年，乃至数十年。

3. 侧向变形较大

软土的侧向变形比一般土要大，而且侧向变形与竖向变形之比在相同条件下也比一般土要大。换句话说，其泊松比要比非软土大。饱和软土受荷时，初期水来不及排出，土体体积不能收缩，便从侧向向外挤出，侧向膨胀的体积与竖向沉降的体积近于相等，泊松比接近于0.5。随着水的逐步排出，土体体积收缩，竖向沉降进一步发展，而侧向可能略有收缩。这时的泊松比小于0.5，达到0.4，乃至0.3以下。从最终稳定的变形来看，软土的泊松比一般高于非软土。

针对以上的问题，软土地基处理施工方法有数十种，常用的处理方法有表层处理法、换填法、重压法、垂直排水固结法等，具体可采取置换土、抛石挤淤、砂垫层置换、反压护道、砂桩、粉喷桩、塑料排水板及土工织物等处理措施。除选择就地处理方法时应满足安全可靠的要求外，还应综合考虑工程造价、施工技术和工期等因素，选择一种或数种方法综合应用。

同步训练

简答题

（1）试述软土的工程性质。

（2）软土地基沉降的危害有哪些？

任务二　软土地基浅层加固

任务描述

某新建三级公路，设计车速 40km/h，路线全长 24km，其中部分合同段填方路基情况如表 6-3 所示。

表 6-3　填方路基情况

合同段编号	填方路基高度(m)	填　料	原地面情况
A	0.5～5.9	细粒砂土	地表面软土厚 0.3～0.6m
B	1.2～6.4	粗粒土	地表面软土厚 3.0～5.0m
C	16.0～19.0	粗粒土	地面耕地厚 0.3～0.6m
D	16.0～22.3	片石	地表面砂性土厚 1.0～4.0m

通过本任务的学习，分析材料中各合同段可采用的处治措施。

知识准备

一、砂垫层

砂垫层是指作为湿软土层地基固结所需要的上部排水层，同时也是路堤内土体含水量增多的排水层，断面如图 6-1 所示。砂垫层的作用是加速软弱土层的排水固结，从而提高承载能力，减少沉降量，同时防止冻胀，消除膨胀土的胀缩作用，也可处理暗穴。

其基本原理是，通过在软土层顶面铺设排水砂层，以增加排水面，使软土地基在填土荷载的作用下加速排水固结，提高其强度，满足稳定性要求。砂垫层施工简便，不需特殊机械设备，占地较少。但需放慢填筑速度，严格控制加荷速率，使地基有充分时间进行排水固结。因此，适用于施工期限不紧迫、砂料来源充足、运距不远的施工环境。

砂垫层施工如图 6-2 所示，施工要点如下：

(1)在填料选择时，以中粗砂为宜，要求级配良好，砂砾最大粒径不应大于 5cm，且含泥量不大于 5%，砾石强度不低于四级。

(2)尽量采用分层填筑碾压的方法施工，而不采用水压法、夯实法等。

(3)碾压时的含水量一定要在大于最佳含水量的状态下进行。

(4)砂垫层厚度一般为 0.5～1.0m，太厚施工困难，太薄效果较差。分层施工，摊铺沙砾料，无粗细料分离现象，每层的压实厚度不大于 20cm，并且在压实好的层次上进行下一层次的填筑时，应采用推进、整平、进料的方式填筑。不允许运输车辆进入到碾压好的层面上。

(5)严格检查压实度，以达到规定的标准要求。

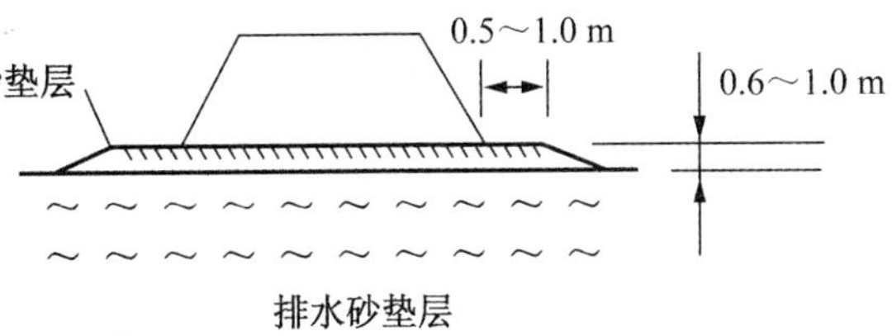

图 6-1 砂垫层断面图

图 6-2 砂垫层施工

二、反压护道

如图 6-3 所示，在路堤两侧填筑一定宽度和高度的护道，以改善路堤荷载方式来增加抗滑力，使路堤下的软基向两侧隆起的趋势得到平衡，从而保证路堤的稳定性，这就是反压护道，其适用于路堤高度不大于 1.5～2 倍极限高度、非耕作区和取土不太困难的地区。

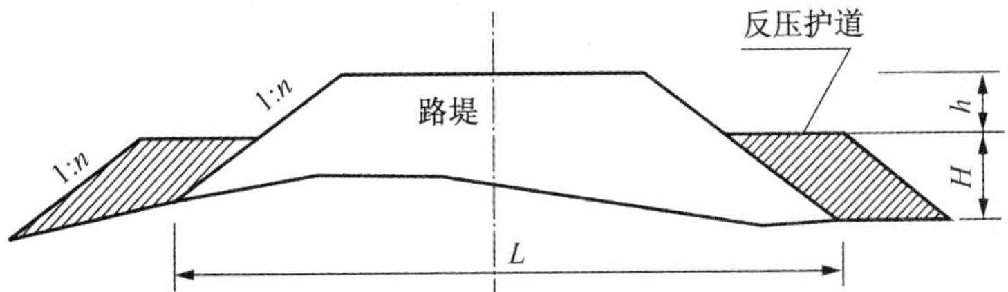

图 6-3 反压护道断面

采用反压护道加固地基，不需特殊的机械设备和材料，施工简易方便，但占地多，土用量大，后期沉降大，以后的养护工作量也大。

反压护道应与路堤本身同时填筑，如分开填筑时，必须在路堤达到临界高度前筑好。它的施工工艺要求与路堤填筑要求基本相同。

三、土工聚合物处治

(一)土工布

土工布铺设于路堤底部，在路基自重作用下受拉产生抗滑力矩，提高路基稳定性。土工布在软土地基加固中的作用为排水、隔离、应力分散和加筋补强。土工布连接一般采用搭接法或缝接法。缝接法有一般缝法、丁缝法和蝶形法。

土工布一般分一层或多层铺设。当铺设两层以上时，层与层之间要夹 10～20cm 的砂或沙砾垫层，以提高基底透水性。土工布的铺设需满足锚固搭接长度要求，注意保持土工布的平整和张拉程度，注意端头的位置和锚固，以保证土工聚合物的整体性。土工布存放以及铺设过程中，应尽量避免长时间曝晒，并避免与污物接触，以防土工布被污染而失去透水性。

(二)土工格栅

土工格栅加固土的机理在于格栅与土的相互作用。一般可归纳为格栅表面与土的摩擦作用、格栅孔眼对土的锁定作用和格栅肋的被动抗阻作用。三种作用均能充分约束土的颗粒侧向位移，从而大大增加土体的自身稳定性，对土的加固效果明显高于其他土工织物，可迅速提高地基承载力，加快施工进度，控制软基地段沉降量发展，缩短工期，使公路及早投入使用。

施工工艺流程为：检测、清理下承层→人工铺设土工格栅（见图 6-4）→搭接、绑扎、固定→摊铺上层路基土→碾压→检测。

图 6-4 土工格栅铺设

（三）施工要点

（1）土工合成材料在存放以及铺设过程中应避免长时间曝晒或暴露。与土工合成材料直接接触的填料中，严禁含强酸性、强碱性物质。

（2）下承层应平整，摊铺时拉直、平顺，紧贴下承层，不得扭曲、折皱。在斜坡上摊铺时，应保持一定松紧度。

（3）铺设土工合成材料时，应在路堤每边各留一定长度，回折覆裹在已压实的填筑层面上，折回外露部分应用土覆盖。

（4）土工合成材料的连接：采用搭接时，搭接长度宜为 300～600mm；采用缝接时，缝接宽度应不小于 50mm，缝接强度应不低于土工合成材料的抗拉强度；采用黏结时，黏合宽度应不小于 50mm，黏合强度应不低于土工合成材料的抗拉强度。

（5）施工中应采取措施防止土工合成材料受损，出现破损时应及时修补或更换。

（6）双层土工合成材料上下层接缝应错开，错开长度应大于 500mm。

（7）碾压及运输设备禁止直接在土工合成材料上碾压或行走作业。

（8）土工合成材料垫层属于隐蔽工程，施工中必须有质检及监理人员现场监控并作好隐蔽工程检查记录。

四、开挖换填法

开挖换填法是指将软土地基层全部挖除或部分挖除，用透水性较好的材料（如砂砾、碎石、钢渣等）进行回填。该方法简单易行，也便于掌握，对于软基较浅（1～2m）的泥沼地特别有效。但对于深层软基处理，如要求沉降控制较平的路基、桥涵构造物、引道等，应考虑采用其他方法。

开挖换填是治本之法，无后患。施工中在清挖后，填以砂、砾、卵石、片石等渗水性材料或强度较高的黏性土（见图 6-5）。

图 6-5　开挖换填法

施工工艺流程为：测量放样→清除表土、杂质或引流清淤→换填材料、分层夯实→填筑碎石垫层→质量检验。

施工要点包括三点：

（1）选择良好的填料：应选择强度较大、性能稳定的填料。当软土地基中地下水位较高时，应选择具有良好排水性能的砂、砂砾等粗粒料作为填料，以便处于地下水位以下的地基仍能保持有足够的承载能力。

（2）开挖边坡的坡度：根据开挖深度与土的抗剪强度确定合理的边坡坡度。开挖时用水泵排水，防止边坡坍塌破坏，增加不必要的挖方量。

（3）开挖换填施工：基底开挖深度在 2m 以内，可用推土机、挖掘机或人工直接清除至路基范围以外堆放或运至取土坑还填；深度超过 2m 时，要由端部向中央分层挖除，并修筑临时运输便道，由汽车运载出坑。填料应及时运进、随挖随填，防止挖方边坡坍塌。

五、抛石挤淤法

如图 6-6 所示，在路基底部抛投一定数量片石，将淤泥挤出基底范围，以提高地基的强度。这种方法施工简单、迅速、方便，适用于常年积水的洼地，排水困难、泥炭呈流动状态、厚度较薄、表层无硬壳、片石能沉达底部的泥沼或厚度为 3～4m 的软土；在特别软弱的地面上施工由于机械无法进入，或是表面存在大量积水无法排除时；石料丰富、运距较短的情况。

施工工艺流程：整修便道→挖沟排水→机械作业抛大块石→压路机配合碾压→机械作业再抛大块石→循环作业直至碾压挤淤至路基线外，并达到设计要求。

施工要点分以下三点：

（1）应选用不易风化的片石，片石厚度或直径不宜小于 300mm。

（2）软土地层平坦、软土成流动状时，填筑应沿路基中线向前成三角形方式投放片石，再渐次向两侧全宽范围扩展。当软土地层横坡陡于 1∶10 时，应自高侧向低侧填筑，并在低侧坡脚外一定宽度内同时抛填，形成片石平台。

（3）片石抛填出软土面后，应用较小石块填塞垫平，并碾压密实。

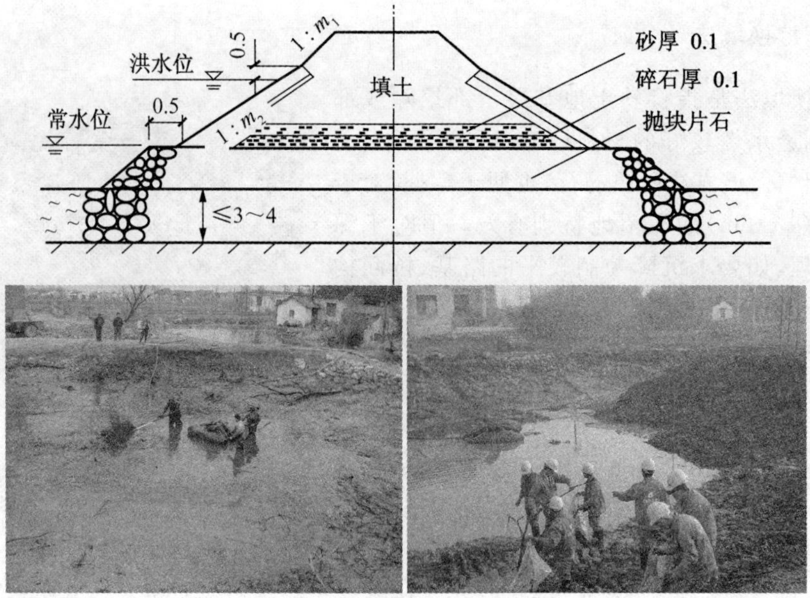

图 6-6　抛石挤淤法

六、爆破排淤法

将炸药放在软土或泥沼中爆炸，利用爆炸时的张力作用，把淤泥或泥沼扬弃，然后回填强度较高的渗水性土壤，如砂砾、碎石等。爆破排淤是换土的一种施工方法，较一般方法换填深度大、工效较高，软土、泥沼均可采用。爆破排淤法用于淤泥（泥炭）层较厚、稠度大、路堤较高和施工期紧迫时。路段内没有桥涵等构造物，路基承载力均衡一致，因整体沉降对道路不会产生破坏时，也可考虑换填。但对于桥涵构造物及两侧引道等，应考虑采用其他方法。施工工艺流程图如图 6-7 所示。

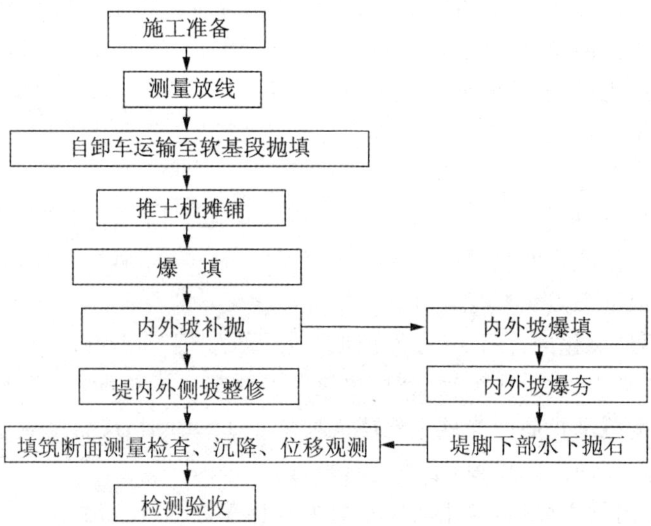

图 6-7　爆破排淤施工工艺流程图

同步训练

选择题

(1)以下关于换填法的做法正确的是(　　)。

A. 直接用砂、砾、卵石、片石等渗水性材料置换部分软土

B. 先采用人工或机械挖除公路路堤下全部软土

C. 换填强度较高的黏性土

D. 换填砂、砾

E. 换填卵石、片石

(2)某换填工程,工期紧,换填面积大,淤泥层较厚且稠度大。该工程最适合采用的换填方法是(　　)。

A. 抛石挤淤法　　B. 爆破排淤法

C. 开挖换填法　　D. 水冲成孔法

(3)某二级公路,其中一段路堤通过湖塘一角,长51m。该路段地基软土厚度在0.5m左右,用(　　)进行软土处理较为合理。

A. 排水砂垫层　　B. 抛石挤淤

C. 土工织物铺垫　　D. 反压护道

(4)软土地基处理施工时,在软土层顶面铺砂垫层,主要起(　　)作用。

A. 深层水平排水　　B. 浅层水平排水

C. 浅层纵向排水　　D. 深层纵向排水

(5)土工布在软土地基加固中的作用包括排水、隔离、应力分散和(　　)。

A. 加筋补强　B. 加大摩阻力　C. 被动抗阻　D. 锁定土层

典型案例

[案例描述]

某高速公路M合同段,路面采用沥青混凝土,路线长19.2km。该路地处平原地区,路基横断面以填方3～6m高的路堤为主,借方量大,借方的含石量为40%～60%。地表层以黏土为主,其中K7+200～K9+800段,地表层土厚7～8m,土的天然含水量为40%～52%,地表无常年积水,孔隙比为1.2～1.32,属典型的软土地基。结合实际情况,经过设计、监理、施工三方论证,决定采用砂井进行软基处理,其施工工艺包括加料压密、桩管沉入、机具定位、拔管、整平原地面等。完工后,经实践证明效果良好。

[案例问题]

(1)本项目若采用抛石挤淤的方法处理软基,是否合理?说明理由。

(2)根据背景材料所述,按施工的先后顺序列出砂井的施工工艺。

任务三　软土地基深层加固

任务描述

某公路软基处理工程，根据地质勘查报告得知，其钻探揭露地层自上而下为人工填土(石)层、冲击层及坡残积层、崩坡堆积层，下伏基岩为侏罗系中统沙溪庙组砂岩与粉砂质泥岩互层或砂岩夹粉砂质泥岩。此处为浅丘斜坡及丘间宽缓冲沟相间地形，多堆积亚黏土、淤泥质土，极疏松，属软土区域，具有以下特点：

(1)天然含水量高、孔隙比大。含水量为39%～72%，孔隙比为0.5～2.2，饱和度一般大于95%，液限一般为35%～50%，塑性指数为13～20，天然重力密度为15～20kN/m^3。

(2)透水性差。大部分软土的渗透系数为1×10^{-7}～1×10^{-4}cm/s。

(3)压缩性高。压缩系数为0.5～20MPa^{-1}，属高压缩性土。

(4)抗剪强度低。地基土抗剪实验的黏聚力在10kPa左右，抗剪实验的内摩擦角为10°～25°。

(5)流变性显著。长期抗剪强度只有一般抗剪强度的0.4～0.8倍。

根据设计要求，该工程的软土地基处理方法主要有三种：塑料排水板处理、碎石桩处理和清淤换填处理。

通过本任务的学习，编写塑料排水板和碎石桩处理的施工作业指导书。

知识准备

一、强夯法

强夯法，亦称“动力固结法”，是应用功能转换的原理达到加固地基的目的。具体地说，它是利用起重设备将几十吨(一般8～40t)的重锤，从几十米(一般6～40m)高处自由落下，给土以强烈的冲击和振动。地基土在强大的冲击能作用下，土体强制压缩或振密，土体局部液化，夯点周围产生裂隙，形成良好的排水通道，孔隙水溢出，经时效压密，使土体重新固结，从而提高土的承载力，降低其压缩性。

它的显著特点是夯击能量大，因此影响深度也大，并具有工艺简单、施工速度快、费用低、适用范围广、效果好等优点。采用强夯处理地基，需要考虑其振动对附近建筑物的影响，必要时应采取隔振、防振措施，在城市施工时还要考虑噪音的控制问题。

强夯法施工如图6-8所示，施工工艺流程如图6-9所示。

图 6-8　强夯法施工

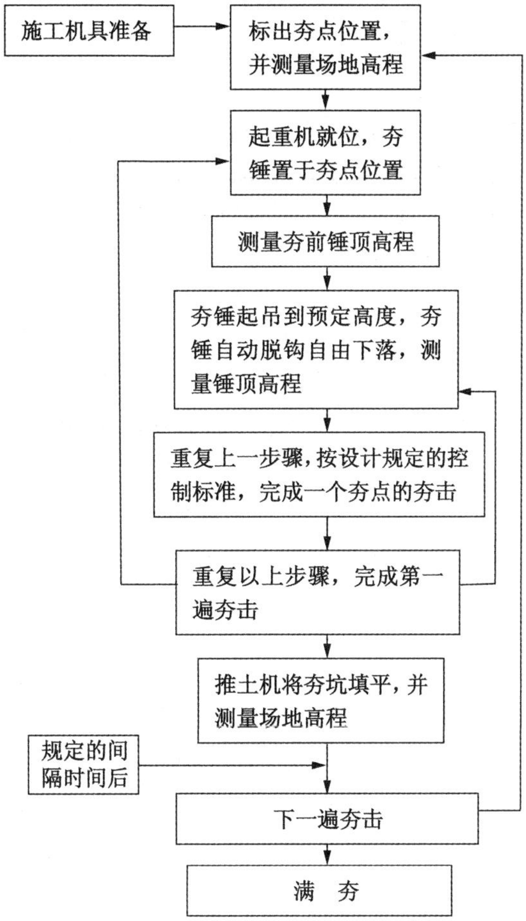

图 6-9　强夯法施工工艺流程

施工要点分以下五点：

(1)强夯法的强夯机型号、夯击能、夯击遍数、夯击点位置、夯击点的夯击次数、处理范围等必须满足设计要求。

(2)施工前根据设计的夯击能，提出强夯试验方案，进行现场试夯。根据不同填料待试夯结束后规定时间段内，对试夯现场进行检测，并与夯前测试数据进行对比，检验强夯效果，确定工程采用的各项强夯参数。

(3)施工机械应采用带有自动脱钩装置的履带式起重机，强夯锤底面形式宜采用圆形或多边形，锤底面积按土的性质确定，锤底静接地压力值可取 25～40kPa，对于细颗粒土应取较小值，锤的底面应对称设置若干个与顶面贯通的排气孔。

(4)夯前根据夯击能检查夯锤质量和落距，在每一遍夯击前，应对夯击点进行复核，夯完后检查夯坑位置，按设计要求检查每个夯击点的夯沉量。

(5)夯击时要注意安全：驾驶室必须加设防护罩，以防夯击施工中飞石伤人；起锤后现场人员必须远离 10m 以上并戴好安全帽，严禁在吊臂前站立。

二、挤密法和振冲法

(一)挤密法

挤密法是以振动或冲击的方法成孔,然后在孔中填入砂、石、土、石灰或其他材料,并加以捣实成为桩体。按其填入的材料,分别称为“砂桩”“砂石桩”“石灰桩”“灰土桩”等。挤密法一般采用打桩机械或振动打桩机施工,也有采用爆破成孔的。碎石桩施工如图6-10所示,碎石桩施工工序如图6-11所示。

图6-10 碎石桩施工

施工要点分以下六点:

(1)振动成桩法宜采用重复压拔管法。

(2)振动法施工应严格控制拔管高度、拔管速度、压管次数和时间、填砂量、电机工作电流,以保证桩体连续、均匀、密实。

(3)锤击法施工应根据冲击锤的能量,控制拔管高度、分段填砂量、贯入度,以确保桩体质量。

(4)施工中应选用适宜的桩尖结构。当选用活瓣式桩靴时,砂性土地基宜采用尖锥形,黏性土地基宜采用平底形。

(5)当实际灌碎石量没有达到设计要求时,应在原位将桩打入。补充填灌砂(或碎石)后复打一次,或在旁边补桩。

(6)碎石桩施工时,砂性土地基应从外围或两侧向中间进行;以挤密为主的桩宜隔排施工。软弱黏性土地基宜从中间向外围或隔排施工。

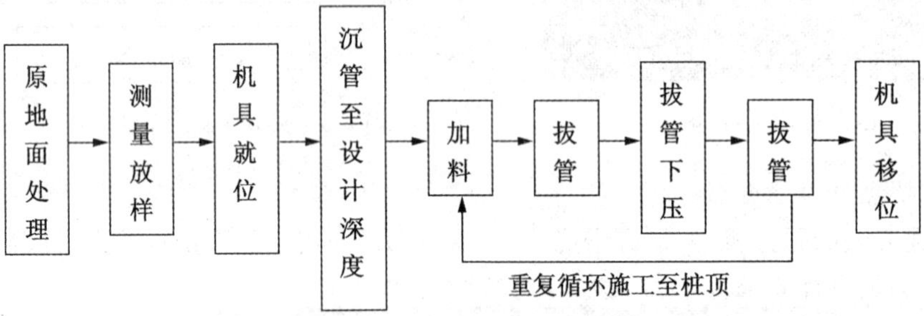

图6-11 碎石桩施工工序

(二)振冲法

振冲法是以起重机吊起振冲器(见图6-12),启动潜水电机带动偏心块,使振冲器产生高频振动,同时开动高压水泵,使高压水由喷嘴射出,在振冲作用下,将振冲器逐渐沉入土中的设计深度,如图6-13所示。清孔后,即从地面向孔内逐段填入碎石。每一填石段为30～50cm,不停地投石振冲,经振挤密实达到设计要求后方提升振冲器,再填筑另一桩段。如此重复填料和振密,直到地面,由此在地基中构成大直径的桩土共同工作的复合地基。建筑物及其承担的荷载即由地基中的碎石桩和振密了的土体共同承担,因此,复合地基的承载力较原松软地基大为提高,而沉降与不均匀沉降将显著减小。

图 6-12 振冲器

图 6-13 振冲器施工

(1)振冲置换法:通过振冲器射水振动成孔,用碎石等固体填料分段填充桩孔,以粗骨料置换软弱地基,挤密周围土体,并振实直至最后成桩,如图 6-14 所示。

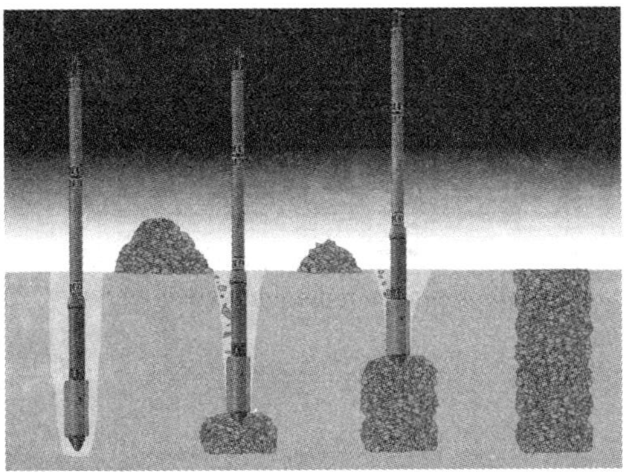

图 6-14 振冲置换法施工示意图

(2)振冲密实法:依靠振冲器的强力迫使饱和砂层发生液化,砂颗粒重新排列,孔隙减少,如图 6-15 所示。

图 6-15 振冲密实法施工示意图

三、高压喷射注浆法与深层搅拌法

(一)高压喷射注浆法

高压喷射注浆法是用高压脉冲泵，将水泥浆液通过钻杆下端的喷射装置，以高速、高压射流喷入土体，冲击切削土层，使喷射流射程内的土体遭受破坏，同时，钻杆边转动边提升，使土体与水泥浆充分搅拌混合，凝聚固结后即在地基中形成一定强度的水泥土混合体，从而使地基得到加固。

高压喷射注浆法按喷射方向和形成固体的形状可分为旋转喷射、定向喷射和摆动喷射三种(见图 6-16)。旋转喷射时，喷嘴边喷边旋转和提升，固结体呈圆柱状，主要用于加固地基；定向喷射时，喷嘴边喷边提升，喷射定向的固结体呈壁状；摆动喷射固结体呈扇状墙。后两种方式常用于基坑防渗和边坡稳定等工程。按注浆的基本工艺可分为单管法(浆液管)、二重管法(浆液管和气管)、三重管法(浆液管、气管和水管)和多重管法(水管、气管、浆液管和抽泥浆管等)。

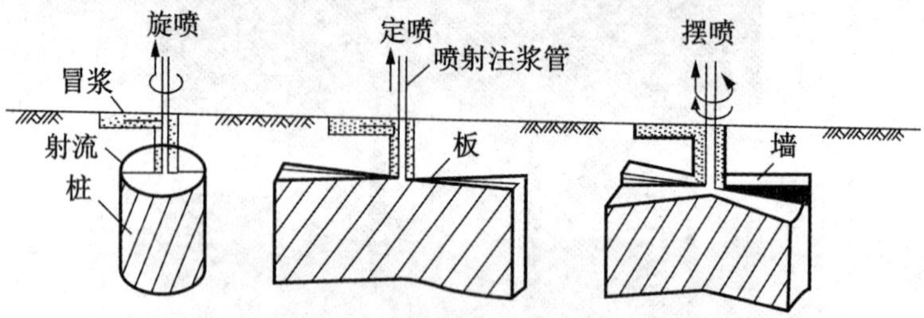

图 6-16　高压喷射注浆的三种形式

高压喷射注浆法适用于砂类土、黏性土、湿陷性黄土、淤泥和人工填土等多种土类，加固直径(厚度)为 0.5～1.5m，固结体抗压强度(32.5＃水泥 3 个月龄期)加固软土为 5～10MPa，加固砂类土为 10～20MPa。对于砾石粒径过大、含腐殖质过多的土，加固效果较差；对地下水流较大和对水泥有严重腐蚀的地基土，也不宜采用。高压旋喷桩施工如图 6-17 所示，施工后旋喷桩如图 6-18 所示。

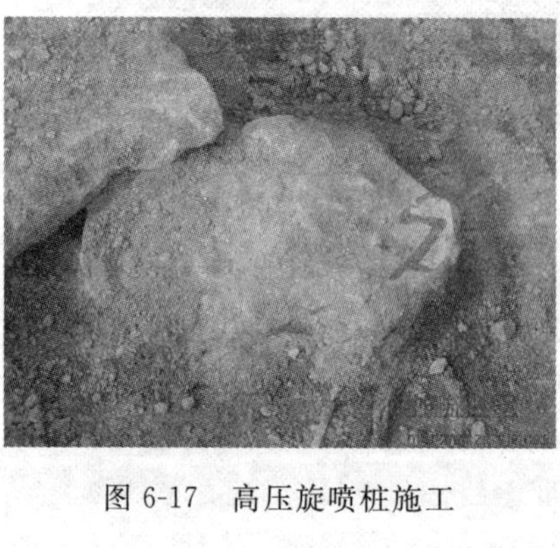

图 6-17　高压旋喷桩施工

图 6-18　旋喷桩开挖效果

旋喷法加固地基的施工程序如图 6-19 所示。

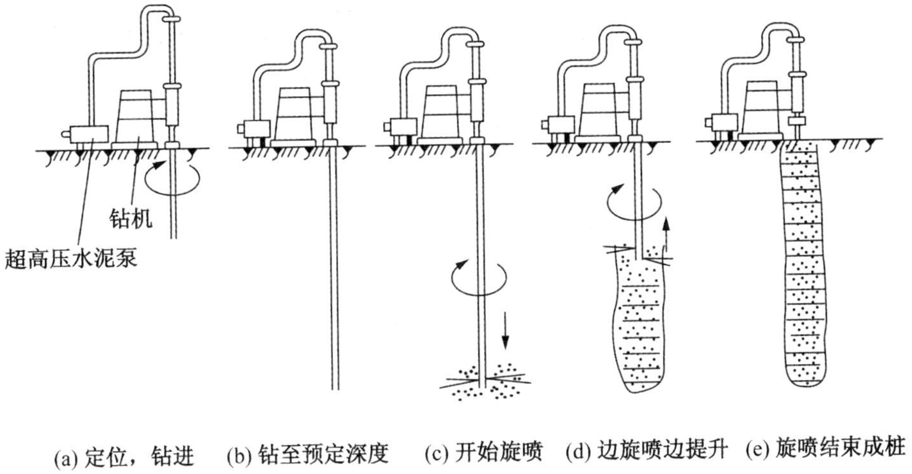

图 6-19 旋喷法施工流程

（二）深层搅拌法

深层搅拌法是用于加固饱和软黏土地基的一种新颖方法，是通过深层搅拌机械，在地基深处就地利用固化剂与软土之间所产生的一系列物理化学反应，使软土固化成具有整体性、水稳性和一定强度的桩体，其与桩间土组成复合地基。固化剂主要采用水泥、石灰等材料，与砂类土或黏性土搅拌均匀，在土中形成竖向加固体。当采用的固化剂形态为浆液固化剂时，常称为“水泥浆搅拌法”；当采用粉状固化剂时，常称为“粉体喷射搅拌法”。

1. 粉体喷射搅拌法（粉喷桩法）

粉体喷射搅拌法是通过专用的施工机械，将搅拌钻头下沉到预计孔底后，用压缩空气将固化剂（生石灰或水泥粉体材料）以雾状喷入加固部位的地基土，凭借钻头和叶片旋转使粉体加固料与软土原位搅拌混合，自下而上边搅拌边喷粉，直到设计停灰标高。为保证质量，可再次将搅拌头下沉至孔底，重复搅拌。

粉体喷射搅拌法的优点是以粉体作为主要加固料，不需向地基注入水分，因此加固后地基土初期强度高，可以根据不同土的特性、含水量、设计要求合理选择加固材料及配合比，对于含水量较大的软土，加固效果更为显著；施工时不需高压设备，安全可靠，如严格遵守操作规程，可避免对周围环境产生污染、振动等不良影响。缺点是由于目前施工工艺的限制，加固深度不能过深，一般为 8～15m。

粉体喷射搅拌法加固地基的施工工序如图 6-20 所示。

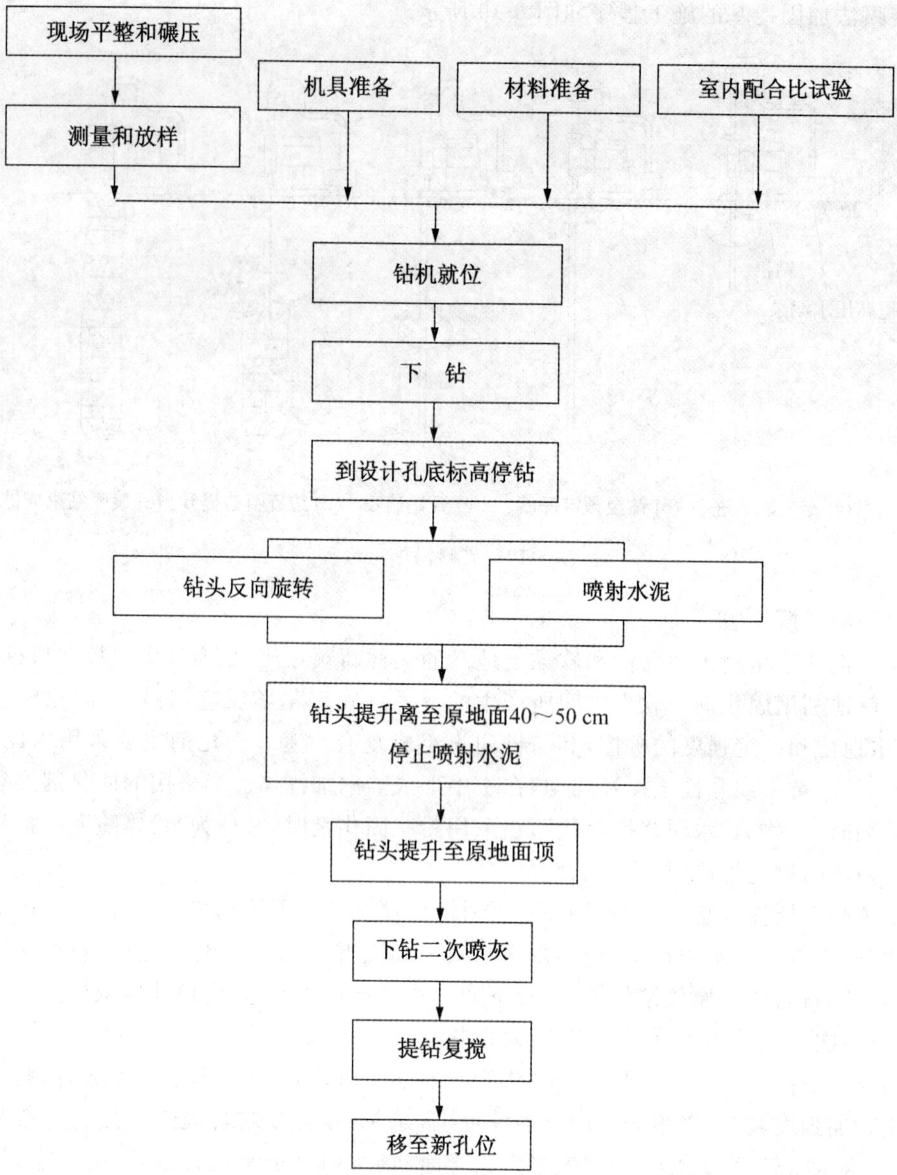

图 6-20　粉体喷射搅拌法施工工序

施工要点分以下四点：

(1)施工前必须进行成桩试验，桩数不宜少于 5 根。通过试验，取得满足设计喷入量的各项技术参数，如钻进速度、提升速度、搅拌速度、喷气压力、单位时间喷入量等。

(2)粉喷桩施工场地应予以清理、整平，整平后地面坡度不得大于 2%，并用轻型压路机进行碾压稳定。路基两侧必须开挖排水沟，保证施工期间施工现场不被水浸泡。

(3)喷钻机钻杆必须垂直，钻杆倾斜度不得大于 1%，必须配有自动记录的计量系统。

(4)施工前应绘制每个施工段落的桩位平面图，桥头、结构物基础段落粉喷桩应优先安排施工。

2.水泥浆搅拌法

水泥浆搅拌法是用回转的搅拌叶，将压入软土内的水泥浆与周围软土强制拌和形成水泥加固体。搅拌机由电动机、中心管、输浆管、搅拌轴和搅拌头组成，并有灰浆搅拌机、灰浆泵等配套设备。我国生产的搅拌机现有单搅头和双搅头两种，加固深度可达30m。

水泥浆搅拌法加固原理基本和水泥粉喷搅拌桩相同，与粉体喷射搅拌法相比有其独特的优点：加固深度加深；由于将固化剂和原地基软土就地搅拌，因而最大限度地利用了原土；搅拌时不会侧向挤土，环境效应较小。

施工现场如图6-21所示，施工工艺流程：桩位放样→钻机就位→检验、调整钻机→正循环钻进至设计深度→打开高压注浆泵→反循环提钻并喷水泥浆→至工作基准面以下0.5m→重复搅拌下钻并喷水泥浆至设计深度→反循环提钻至地表→成桩结束→施工下一根桩。

图6-21　水泥浆搅拌法施工现场

施工要点分以下七点：

(1)搅拌桩机：深层搅拌桩机及相应的辅助设备(灰浆泵、灰浆搅拌机等)。

(2)制备水泥浆：按设计确定的配合比拌制水泥浆，待压浆前将水泥浆倒入集料斗。

(3)预搅下沉：待搅拌机的冷却水循环正常后，启动搅拌机电机，放松起重机钢丝绳，使搅拌机沿导架搅拌切土下沉，下沉的速度可由电机的电流监测表控制，工作电流不应大于40A。搅拌机下沉时开启灰浆泵，将水泥浆压入地基中，边喷边旋转。搅拌机预搅下沉时，不宜冲水；当遇到较硬土层下沉太慢时，方可适量冲水，但应考虑冲水成桩对桩身强度的影响。搅拌时不允许出现搅拌桩头未到桩顶浆液已拌完的现象。一旦因故停浆，为防止断桩和缺浆，搅拌机应下沉停浆点以下0.5m，待恢复供浆后再喷浆提升。

(4)提升喷浆搅拌：搅拌机下沉到达设计深度后，开启灰浆泵将水泥浆压入地基中，边喷边旋转，同时严格按照设计确定的提升速度提升搅拌机。成桩要控制搅拌机的提升速度和次数，使连续均匀，以控制注浆量，保证搅拌均匀，同时泵送必须连续。

(5)重复上下搅拌：搅拌机提升至设计加固深度的顶面标高时，集料斗中的水泥浆应正好排空，为使软土和水泥浆搅拌均匀，再次将搅拌机边旋转边沉入土中，至设计加固深度后再将搅拌机提升出地面。这样便完成一根柱状加固体，外形呈现“8”字形。

(6)清洗:向集料斗注入适量热水,开启灰浆泵,清洗全部管线中的残存水泥浆,直到基本干净,并将黏附在搅拌头上的杂物清洗干净。

(7)移位:重复上述步骤,再进行下一根桩的施工。

四、排水固结预压法

排水固结预压法是利用地基排水固结的特性,通过施加预压荷载,并增设各种排水条件(砂井和排水垫层等排水体),以加速饱和软黏土固结,提高土体强度的一种软土地基处理方法(见图 6-22)。此法适用于处理淤泥质土、淤泥和冲填土等饱和黏性土地基。

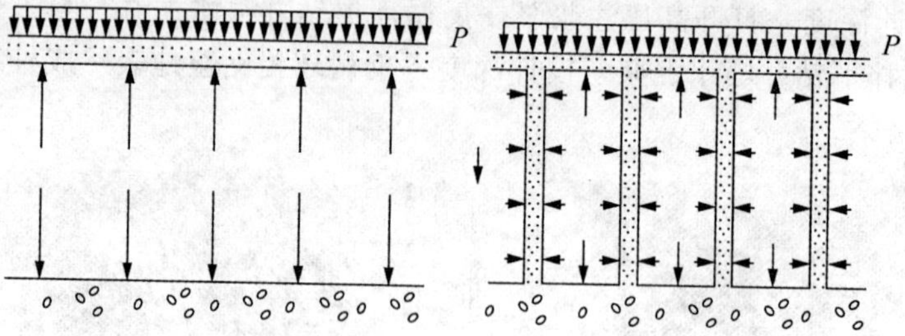

(a) 竖向排水情况　　(b) 砂井地基排水情况

图 6-22　排水固结预压法的原理

排水固结预压法由排水系统和加压系统两部分共同组合,如图 6-23 所示。

- 排水固结预压法
  - 排水系统
    - 竖向排水体(垂直排水体)
      - 普通砂井
      - 袋装砂井
      - 塑料排水板
    - 水平排水体——砂垫层
  - 加压系统
    - 堆载体
    - 真空法
    - 降低地下水位法
    - 电渗法
    - 联合法

图 6-23　排水固结预压法基本构成

排水系统:由水平排水体和竖向排水体构成。竖向排水体可选用普通砂井、袋装砂井和塑料排水板。设置排水系统主要在于改变地基原有的排水边界条件,增加孔隙水排出的途径,缩短排水距离。当软土层较薄,或土的渗透性较好而施工期较长时,可仅在地面铺设一定厚度的砂垫层,然后加载,土层中的水竖向流入砂垫层而排出。当工程上遇到深厚的透水性很差的软黏土层时,可在地基中设置砂井等竖向排水体,地面连以排水砂垫层,构成排水系统。

加压系统:即起固结作用的荷载,可使地基土的固结压力增加而产生固结。工程上广泛使用且行之有效的增加固结压力的方法是堆载法。此外,还有真空法、降低地下水位法、电渗法和联合法。

(一)普通砂井排水法

普通砂井排水法是在湿软地基中设置垂直排水砂井，缩短排水距离，减少固结时间，以达到提高地基抗剪强度的一种方法。普通砂井的施工方法有套管法、水冲成孔法和螺旋钻成孔法。

(1)套管法是将带有活瓣管尖或套有混凝土端靴的套管沉到预定深度，然后在管内灌砂后，拔出套管，形成砂井。根据沉管工艺的不同，又分为静压沉管法、振动沉管法等。

(2)水冲成孔法是通过专用喷头，在水压力作用下冲孔，成孔后清孔，再向孔内灌砂的方法，适用于土质较好且均匀的砂性土。

(3)螺旋钻成孔法是以动力螺旋钻钻孔，提钻后灌砂成砂柱。适用于陆上工程，砂井长度 10m 以内，且土质较好，不会出现缩颈、塌孔现象的软弱地基。优点是设备简单机动，成孔规则。缺点是灌砂质量较难掌握，不太适用于很软弱的地基。

普通砂井排水法的缺点是套管法在打设套管时必将扰动其周围的土，使透水性减弱(即涂抹作用)；水冲钻成孔法对含水量高的软土地基施工质量难以保证，砂井中容易混入较多的泥沙；螺旋钻成孔法在含水量高的软土地基中也难做到孔壁直立，施工过程中需要排除废土，而处理废土需要人力、场地和时间，因此它的适用范围也受到一定的限制。应当注意，对含水量很高的软土，应用砂井容易产生缩颈、断颈和错位现象。普通砂井即使在施工时能形成完整的砂井，但当地面荷载较大时，软土层便产生侧向变形，也有可能使砂井错位。

(二)袋装砂井排水法

袋装砂井排水法主要用导管式振动打桩机(在行进方式上普遍采用轨道门架式、履带臂架式、吊机导架式等)成孔，选用聚丙烯或其他适用的编织料制成的袋，或渗水率较高的中砂、粗砂制成砂袋，施工作业如图 6-24 所示。

基本原理与普通砂井排水法相同，但此法是先将砂装入长条形透水性好的编织袋内，再用专门的机具设备打入软土地基内，因而它既具有大直径砂井的作用，又可保证砂井的连续性，避免出现缩颈现象。

袋装砂井排水法是用具有一定伸缩性和抗拉强度很高的聚丙烯或聚乙烯编织袋装满沙子，基本上解决了大直径砂井中所存在的问题，使砂井的设计和施工更加科学，保证了砂井的连续性；施工设备实现了轻型化，比较适合在软弱地基上施工；用砂量大为减少；施工速度加快，工程造价降低，是一种比较理想的竖向排水体。施工工艺流程如图 6-25 所示。

施工要点分以下九点：

(1)严格选择砂的质量，应选择中砂、粗砂，大于 0.5mm 粒径的颗粒应占 60%以上，特别是严格控制含泥量(不得超过 3%)。每天对进场砂进行质量检验，并力争使砂保持干燥，特别是装袋时的干燥，防止出现露天暴晒砂袋，以免因袋老化、干燥而断桩。

(2)下垫砂层摊铺厚度应均匀一致。

(3)井位放样要准确，不要出现“＋”误差。

(4)根据土质情况，优先选择施工方便、对井周围的土扰动小的成孔方法，目前常用的有振动贯入法、锤击法、射水法、钻孔法、压入法等。

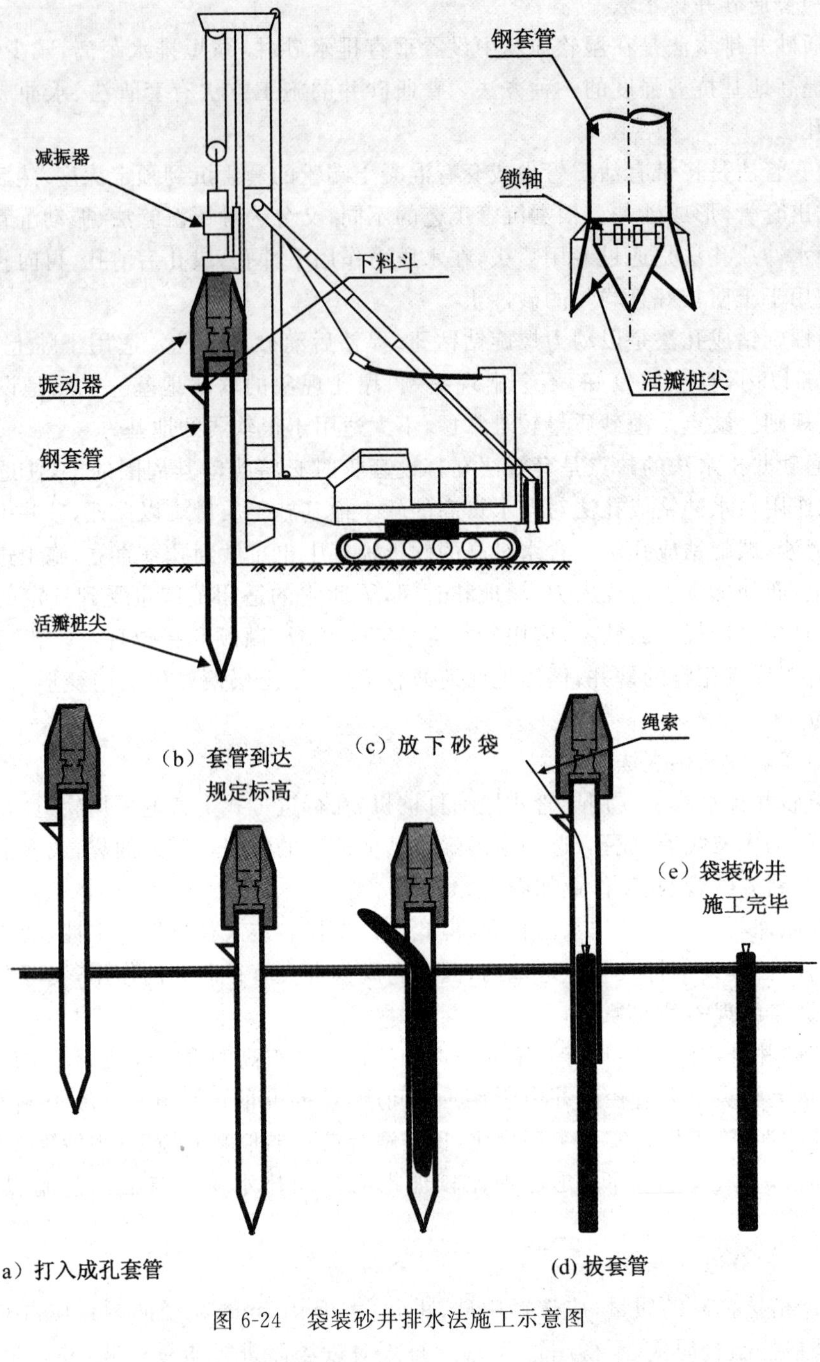

图 6-24　袋装砂井排水法施工示意图

(5)砂袋入井时,用吊杆将砂袋垂直放入井内,防止砂袋扭转打结、缩颈、断裂和磨损。不能垂直放入时,管口要安设滚轮,防止砂袋被刮破漏砂。

(6)严格控制砂井及导管的深度,特别要注意导管口是否封得严密,避免导管内进入泥土而影响加固深度。

(7)井孔深度、导管深度与砂袋长度一定要匹配,不可出现砂袋达不到井底或全部进入井内的现象，砂袋留出管口外的长度应满足设计要求，伸入到砂垫层一般不小于 30cm，并不得卧倒(见图 6-26)。

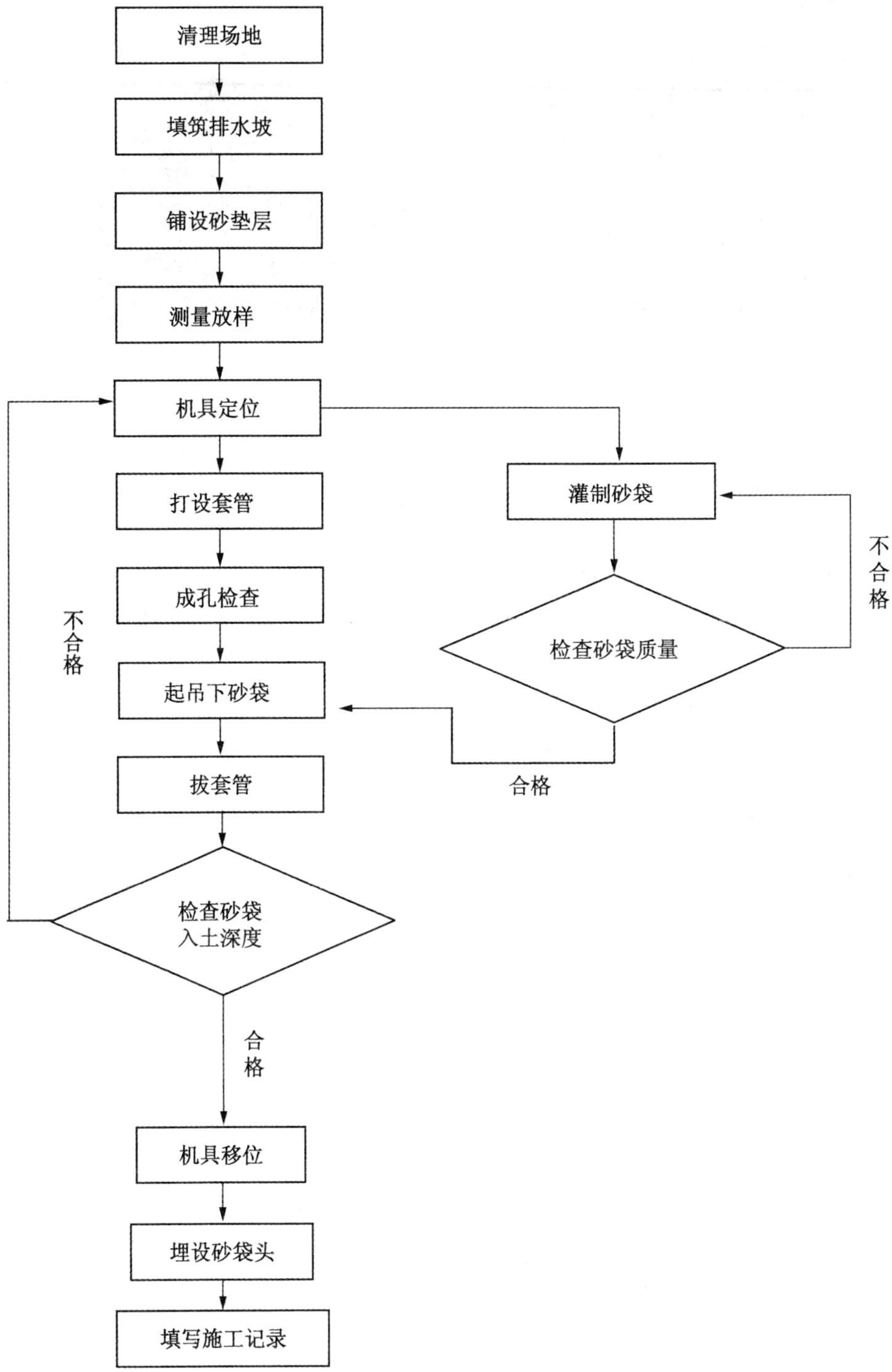

图 6-25　袋装砂井排水法施工工艺流程

(8)袋内灌砂量的实际值与理论值应达到一致,有较大出入时要重新施工。

(9)向袋中灌入砂时,砂最好处于风干状态,以免袋内砂干燥后体积减小,出现袋装砂井缩短或与排水垫层不搭接的事故(见图 6-27)。

图 6-26 袋装砂井施工现场

图 6-27 灌装沙袋

必须指出,挤密砂桩与排水砂井是以砂井为填料的桩体,但两者的作用是不同的。砂桩的作用主要是挤密,故桩径在孔中填入碎石制成一根的桩体较大、桩距较小,而砂井的作用主要是排水固结,故井径较小而桩距大。

(三)塑料排水板法

塑料排水板法的原理与普通砂井排水法完全相同,是加固湿软土地基的一种方法。它是在软基中插设具有良好透水性的塑料排水板,从而在软土地基中形成竖向的排水通道,在其上铺设砂垫层而形成水平排水通道,所以增加了土层的排水通道,如图 6-28 所示。在上部辅加荷载(如预压堆载、砂垫层、真空预压等)的作用下,使水通过塑料排水板和砂垫层排出,从而增加了土体密实度。

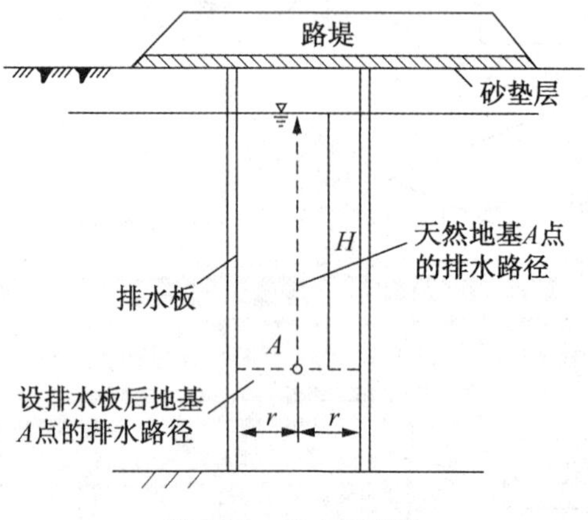

图 6-28 排水示意图

此法与砂井比较具有如下优点:

(1)塑料板由工厂生产,材料质地均匀可靠,排水效果稳定。

(2)塑料板重量轻,便于施工操作。

(3)施工机械轻便,能在超软弱地基上施工;施工速度快,工程费用少。

目前,应用的塑料排水板产品成卷包装,每卷长数百米。用专门的插板机插入软土地基，先在空心套管装入塑料排水板，并将其一端与预制的专用钢靴连接，插入地基下预定标高处，拔出空心套管，由于土对钢靴的阻力，塑料板留在软土中，在地面将塑料板切断，即可移动插板机进行下一个循环作业（见图6-29）。

图6-29 塑料排水板

塑料排水板法施工工艺如图6-30所示。

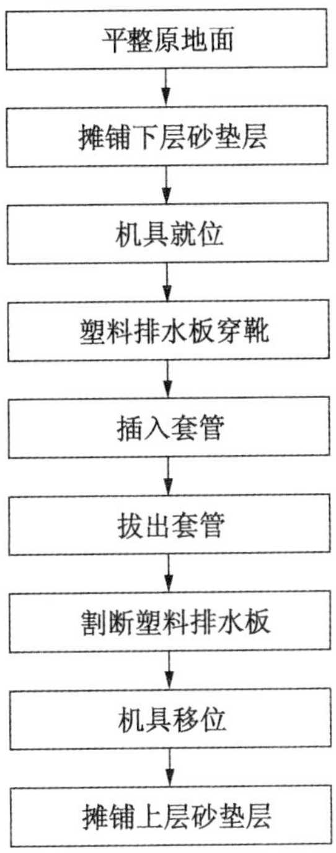

图6-30 塑料排水板法施工工艺

施工要点分以下五点：

（1）现场堆放的塑料排水板不得长时间暴晒，要防止损坏滤膜。

（2）塑料排水板超过孔口的长度须伸入砂垫层，不小于500mm，预留段应及时弯折埋设于砂垫层中，与砂垫层贯通，并采取保护措施。

（3）塑料排水板不得搭接。

（4）施工中要防止泥土等杂物进入套管内，一旦发现应及时清除。

(5)打设形成的孔洞应用砂回填,不得用土块堵塞。

(四)预压法

1. 堆载预压法

在软基上修筑路堤,通过填土堆载预压,使地基土压密、沉降、固结,从而提高地基强度,减少路堤建成后的沉降量。堆载预压法对各类软弱地基均有效,使用材料、机具简单,施工操作方便。但堆载预压需要一定的时间,适合工期要求不紧的项目。对于深厚的饱和软土,排水固结所需要的时间很长,同时需要大量的堆载材料,在使用上会受限。

砂井堆载预压法系在软弱地基中用钢管成孔,孔中灌砂并振实后,形成竖向排水的砂井,砂井顶部设置水平排水的砂垫层,再堆载预压的地基处理方法。

2. 真空预压法

利用大气压强等效堆载预压法对软基进行加固。即依靠真空抽气设备,使密封的软弱地基产生真空负压力,使土颗粒间的自由水、空气沿着纵向排水通道上升到软基上部砂垫层内,由砂垫层内过滤再排到软基密封膜以外,从而使土体固结。该法适用于含水量高、孔隙比大、强度低、渗透系数和固结系数均较小的黏土。

此法可与堆载预压法联合使用,两种加固效果可叠加,合理协调后可取得良好效果。

同步训练

选择题

(1)软土处理的袋装填料宜选用(　　)。

A. 细砂、粉砂　　B. 中砂、粗砂

C. 石屑　　D. 矿粉

(2)旋喷桩施工中桩体可采用(　　)材料。

A. 粗沙　　B. 水泥

C. 生石灰　　D. 粉煤灰

E. 石屑

(3)垂直排水固结法是利用砂井等增加土层(　　)途径,缩短排水距离,加速地基固结。

A. 横向排水　　B. 纵向排水

C. 竖向排水　　D. 斜向排水

典型案例

[案例描述]

某路桥公司承包某段公路的路基工程施工,原地基有软基 6～13m 不等。按设计文件要求,用旋喷桩对软基进行处理。监理认为承包商的投标文件中旋喷桩对软基进行处理的工艺不够详细,要求承包商提供更为详细的处理工艺。

[案例问题]

论述旋喷桩的主要施工机械与施工工艺。

学习工作单

<table>
<tr><td>课程名称</td><td>公路工程施工</td><td>学习项目</td><td>软土地基处理</td></tr>
<tr><td colspan="4">任务内容与目标</td></tr>
<tr><td>知识</td><td colspan="2">技能</td><td>态度</td></tr>
<tr><td>1. 软土地基的性质。
2. 各类软土地基处理方法的施工工序和施工要点。</td><td colspan="2">1. 具有编写软土地基处理施工技术交底的能力。
2. 能够进行软土地基处理施工。</td><td>1. 使用规范指导施工能力。
2. 团结协作精神。
3. 信息收集能力。</td></tr>
<tr><td colspan="4">工作任务</td></tr>
</table>

一、思考题

1. 简述表层处理法处治软土路基的特点。

2. 简述抛石挤淤法处治软土路基的特点。

3. 简述塑料排水板法处治软土地基的施工工艺。

续表

二、案例分析

1.某路基填筑施工至软土区段，项目部制定的该区段基底开挖方案中注意事项如下：

(1)基底开挖用推土机、挖掘机或人工直接清除至路基范围以外堆放；深度超过 3m 时，要由端部向中央分层挖除，并修筑临时运输便道，由汽车运载出坑。

(2)软土在路基坡脚范围以内全部清除。路基穿过沼泽地时只需要清除路基坡角范围以内的软土。护坡道以外，对于小滑塌的软土，可挖成 1∶(1～2)的坡度。

问题：

(1)改正项目部制定的该区段基底开挖方案中注意事项的错误。

(2)进一步补充完善上述注意事项。

2.华通公司承包某段公路的路基工程施工，原地基有软基 12～15m 不等。按设计文件要求，用袋装砂井对软基进行处理。

问题：

简述承包商袋装砂井的主要施工机械与施工工艺。

项目七　路基防护与加固工程施工

知识目标

(1)掌握路基坡面防护及冲刷防护的施工方法及技术要求。

(2)掌握挡土墙构造形式、布置及施工要求。

能力目标

(1)能够对路基坡面进行相应的防护处治。

(2)能够进行石笼防护的施工指导。

(3)能独立完成挡土墙的施工放样工作。

(4)具有重力式挡土墙的施工能力。

内容概要

本项目主要包括路基边坡防护工程施工、路基冲刷防护工程施工和路基支挡工程施工等内容。

引导案例

一、工程概况

某山区一级公路全长 215.23km,路堑边坡高陡,边坡高度多为 15～40m,最大高度在 60m 以上,岩质边坡坡度多在 70°以上,土质边坡坡度多在 40°以上。公路沿线地质条件复杂,岩层产状复杂多变,岩体十分破碎且风化严重,风化深度可达数十米,形成厚度大于 20m 的残积层。残积物颗粒为松散的砂泥质结构。沿线雨量充足,年平均降雨量在 1700mm 以上。

该公路石方工程 23830000m^3,施工时采用大爆破,施工质量不高,施工后期坡顶残留物、危岩和浮石未彻底清理。路堤填筑时考虑石料较多,强度较大,适当加陡坡度但严格按照设计宽度填筑碾压。通车至今,该路发生大量路基边坡病害,大量高边坡路段出现密集的鸡爪状纵向水沟,中下部冲刷成直径 1～5m、深 5～7m 的落水洞,上下落水洞相连,坡面支离破碎。其中，K26＋500～K26＋650 路段右侧边坡顶部厚约 10m 的残积层在雨后顺坡向下坍滑，越过下挡墙淤埋侧沟，部分淤埋路面影响行车安全。

二、案例分析要求

分析路基边坡防护和加固的主要措施和施工技术要点，并制定相应的技术交底和方案。

三、案例分析要点

本案例主要讲述路基边坡防护的加固问题，主要涉及路基边坡防护和冲刷防护等问题，要求根据《公路路基路面施工技术规范》(JTG F10—2006)、《公路工程质量检验评定标准》(JTG F80/1—2012)的要求，正确分析本工程路基边坡防护的施工质量控制要点，并制定针对性防护措施。因此，在案例分析之前，我们需要结合规范和标准学习路基边坡防护不同任务下的质量控制要求及技术措施。

任务一　路基边坡防护工程施工

任务描述

本任务为路基边坡防护的植被防护、工程防护和锚杆与锚索防护的施工方法及技术要求。通过学习，使学生掌握不同防护措施的技术要求，并能够根据路基的具体情况合理选择防护措施。

知识准备

路基边坡防护是保证路基强度和稳定性的重要措施之一。

边坡防护即通常指得护坡工程，主要是保护路基边坡表面免受雨水冲刷，减缓温差及湿度变化的影响，防止和延缓软弱岩土表面的风化、碎裂、剥蚀演变进程，从而保护路基边坡的整体稳定性，在一定程度上还可兼顾路基美化和协调自然环境的作用。坡面防护设施不承受外力作用，必须要求坡面岩土整体稳定牢固。

常用的坡面防护设施有植物防护(种草、铺草皮、植树等)、工程防护(抹面、喷浆、勾缝、砌石、护面墙等)和锚杆与锚索防护等。植物防护可视为有“生命”防护，工程防护为无机物防护。有“生命”防护以土质边坡为主，无机物防护以石质路堑边坡为主。在一定程度上，有“生命”防护在边坡稳定和改善路容方面优于无机物防护。

一、常用坡面防护措施的选择原则

路基边坡坡面防护类型、结构形式，应根据边坡的岩土性质、水文地质条件、边坡高度、边坡坡率及地区气候条件等按表 7-1 的规定选择确定。

表 7-1 坡面防护类型及其适用条件

防护类型	结构形式	适用条件
植物防护	植草或喷播植草	植草和喷播植草适用于土质边坡，边坡坡率不陡于1∶1。当边坡较高时，植草可与土工网、土工网垫结合防护
	草灌结合	一般土质边坡及全风化的岩石、强风化的软岩块边坡，边坡坡率不陡于1∶1。当地气候宜于草和灌木的生长
	种植灌木	宜于草木生长的各种土质边坡及全风化的岩石边坡，边坡坡率等于或缓于1∶0.75。当地气候宜于草木生长
	客土植生	各种不宜于植物生长的砂类土、碎石类土等土质贫瘠的边坡及强风化的软质岩、强风化至全风化的硬质岩路堑边坡或由其弃渣填筑的路堤边坡。边坡坡率不陡于1∶1
	喷混植生	各种不宜于植物生长的砂类土、碎石类土等土质贫瘠的路堑边坡及强风化至弱风化的岩石路堑边坡。边坡坡率不陡于1∶0.75
土工合成材料与植草复合防护	土工网（垫）植草护坡	宜于草生长的各种土质边坡和全风化的岩质边坡，边坡坡率不陡于1∶1。当地气候宜于草的生长。一般边坡可采用土工网植草防护，当边坡冲蚀较严重或土质较差时，应选用土工网垫植草防护
	土工网垫与含草籽无纺布植草护坡	宜于草生长的各种土质边坡及全风化的岩石边坡。边坡较高、坡面冲刷较严重、易发生溜坍，直接种草易被冲毁脱落等。边坡坡率等于或缓于1∶1，当地气候宜于草的生长
	边坡土工格栅加筋与坡面植草护坡	边坡较高、填料性质较差的各种土质路堤边坡。一般坡面可采用植草防护，当边坡较高时，可用土工网、土工网垫与植草结合防护。边坡坡率等于或缓于1∶1.5，当地气候和填料、土壤宜于草的生长
空心砖内植草护坡		各种宜于草生长的土质边坡和铺填5～10cm厚黏性土（客土）后草能很好生长的砂类土、碎石类土等土质贫瘠的边坡及强风化至全风化的岩石边坡。边坡坡率等于或缓于1∶1，当地气候宜于草的生长。尤其适用于石料缺乏地区，可替代浆砌片石骨架内植草护坡。边坡较高或土质较差时，可与边坡土工格栅加筋形式结合使用
骨架护坡	浆砌片石或混凝土骨架护坡	各种土质边坡及强风化至全风化的岩石边坡，边坡较高或岩土性质较差、比较潮湿、含水量较大、易发生溜坍或比较严重的坡面冲刷。骨架内可采用植草、空心砖内植草或客土植生及喷混植生、干砌片石、喷浆或喷混凝土等防护形式。植草或客土植生的边坡坡率不应陡于1∶1；空心砖内植草、喷混植生、干砌片石、喷浆或喷混凝土等边坡坡率一般不应陡于1∶0.75
	卵石方格护坡	土质路基边坡冲刷防护及沙漠路基风蚀防护。边坡坡率缓于1∶1.5，当地有丰富的卵石材料来源
	锚杆框架梁植草护坡	土质边坡和坡体中无不良结构面、风化破碎的岩石路堑边坡。混凝土框架内采用的防护类型同浆砌片石或混凝土骨架内采用的类型，边坡坡率一般不应陡于1∶0.75

续表

防护类型	结构形式	适用条件
喷护	喷浆及喷射混凝土护坡	易风化但未遭强风化、全风化的岩石路堑边坡，边坡高度不限制，边坡地下水不发育，坡面较干燥。边坡坡率等于或缓于1∶0.5。由成岩作用很差的黏土岩组成的边坡不宜采用
	喷掺砂水泥土	易受冲刷的土质路堑边坡，边坡坡率不陡于1∶0.75，地下水不发育
	喷射钢纤维混凝土	易风化但未遭强风化、全风化的岩石路堑边坡，边坡地下水不发育，坡面较干燥。边坡坡率和高度不受限制，由成岩作用很差的黏土岩组成的边坡不宜采用
挂网喷护	挂网喷浆或喷射混凝土	强风化至弱风化的岩石路堑边坡，且岩体切割破碎。边坡地下水不发育，坡面较干燥，边坡坡率等于或缓于1∶0.5
	挂网喷混植生	强风化至弱风化的岩石路堑边坡，边坡较高、坡率陡于1∶1且岩体切割破碎。当地气候宜于草的生长
砌石防护	干砌片石护坡	土质路堤边坡、经常有少量地下水渗出的局部堑坡以及局部土质堑坡的嵌补。边坡坡率等于或缓于1∶1.25，当地有石料来源，可就地取材
	浆砌片石护坡	各种易于风化的岩石路堑边坡和土质边坡，边坡坡率等于或缓于1∶1。当地有石料来源，可就地取材
	浆砌片石护墙	土质边坡和易风化剥落的岩石边坡，及用于堑坡上的危岩露头支顶，边坡坡率等于或缓于1∶0.5。当边坡为土质或破碎岩石时，采用实体护墙；当边坡坡率等于或缓于1∶0.75时，可采用空窗护墙；当整个边坡岩层较完整，且坡率较陡时采用肋式护墙

二、常见防护施工工艺及要点

（一）骨架植物防护

骨架植物防护主要指浆砌片石骨架植物防护，适用于缓于1∶0.75的土质和全风化岩石边坡。当坡面受雨水冲刷严重或潮湿时，坡度应缓于1∶1。应视边坡坡率、土质和当地情况确定骨架形式，并与周围景观相协调。框架内应采用植物或其他辅助防护措施。降雨量较大且集中的地区，骨架宜做成截水沟型。截水沟断面尺寸由降雨强度计算确定。

1. 施工工艺

浆砌片石（混凝土预制块）防护施工工序如图7-1所示。

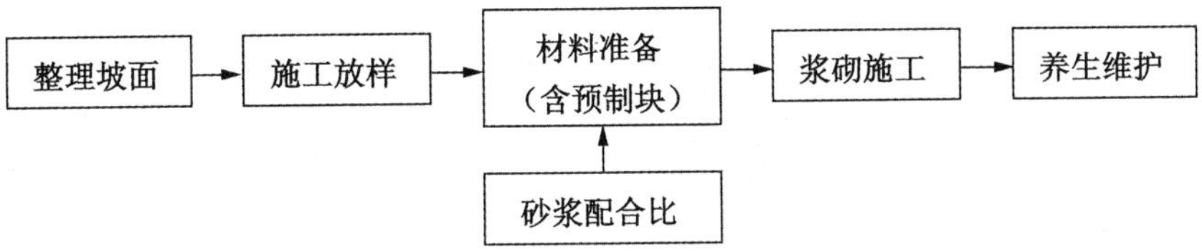

图 7-1 浆砌片石(混凝土预制块)防护施工工序

2.施工要点

(1)路堤边坡防护在完成刷坡后由下往上分级砌筑，路堑边坡防护的砌筑应在每级边坡完成后由下往上砌筑。路堤边坡防护应在路堤沉降稳定后施工。

(2)砌筑前，坡面整平、拍实，凸出部分人工凿除，低洼处用浆砌片石找平。

(3)砌筑石料表面干净，无风化、裂缝和其他缺陷，石料符合规范要求；砌筑时平铺卧砌，石料的大面朝下，坡脚、坡顶等外露面选用较大的石块，并加以修整。

(4)混凝土预制块集中统一预制。预制场地按照场地建设相关规定布置。预制块防护采用嵌入式槽防护(在坡面开挖槽)，必要时打入支撑钢筋，防止预制块移位；不得在防护后回填土石方。坡面找平采用厚度不小于 10cm 厚的碎石或沙砾垫层。预制块要错缝砌筑。

(5)所用砂浆由项目部统一安排供应，每个施工段落采用有电子计量设备的强制式拌和机集中拌和砂浆，砂浆保持适宜的和易性和流动性，随拌随用，使用时放置在钢板上。

(6)砌筑时，砂浆饱满密实，采用坐浆挤密施工；做到接缝交错、坡面平整、勾缝严密、养护及时。

(7)进行路堤边坡预制块铺砌时，铺砌层的沙砾垫层材料粒径一般不大于 50mm，含泥量不超过 5%。垫层应与铺砌层配合铺砌，随铺随砌；铺砌时分段施工，按图纸要求设置伸缩缝、沉降缝，并留好泄水孔。伸缩缝、沉降缝要顺直，宽度控制在 2cm，两侧壁顺直、齐平，无搭接。沉降缝每 10～15m 或在岩质变换处预留一道；泄水孔采用∅10cm 的 PVC 管，外露短边长度为 5cm，切口采用 60°角，反滤层严格按照设计要求执行。遇渗水或泉水较大时，根据流量适当增大泄水孔孔径。

(8)砌筑骨架时，先砌筑衔接处，再砌筑其他部分骨架；骨架底部和顶部以及两侧范围内，镶边加固，骨架嵌入坡面，与坡面密贴。骨架完成后及时种草或铺种草皮，骨架流水面与草皮表面平顺。

(9)勾缝采用凹缝，勾缝前冲洗干净，砂浆嵌入缝中与石料牢固结合。

(10)砂浆初凝后，及时进行养生，砂浆终凝前砌体覆盖保湿，保湿养护不少于养生期。

(二)砌石防护

砌石防护有干砌和浆砌两种，可用于土质或风化岩质路堑或土质路堤边坡的坡面防护，也可用于浸水路堤及排水沟渠，作为冲刷防护，如图 7-2 所示。

易遭受雨、雪、水流冲刷的较缓土质边坡，风化较重的软质岩石坡，受水流冲刷较轻的河岸和路基，均可采用干砌片石防护。这些边坡应符合路基边坡稳定要求，坡度一般为 1∶(1.5～2)。干砌片石防护一般有单层铺砌、双层铺砌和网格内铺砌，流速较大时宜采用网格内铺石的防护。单层铺砌厚度为 0.25～0.35m，双层的上层为 0.25～0.35m，下层为 0.15～0.25m。

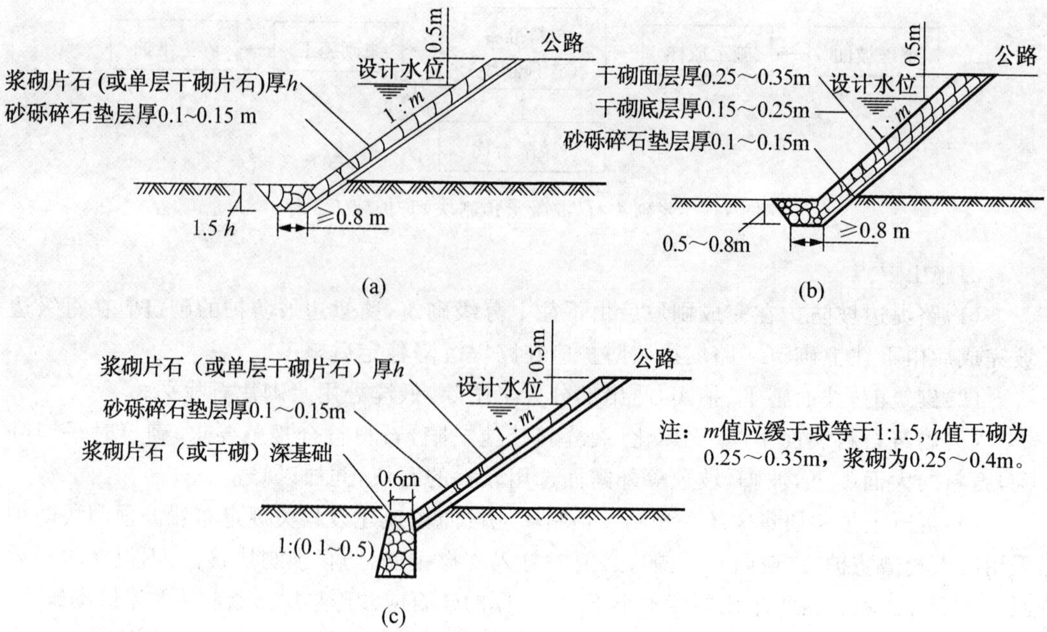

图 7-2　砌石防护示意图

当干砌片石护坡效果不好时，或水流速度较大，波浪作用强，有漂浮物冲击时，可采用浆砌片石护坡。其厚度一般为 0.25～0.35m，用于冲刷防护时最小厚度一般不小于 0.35m。浆砌片石护坡较长时，应在每隔 10～15m 处设置沉降缝，缝宽约 2cm，内填沥青麻筋或沥青木板；护坡的中下部设 10cm×10cm 的矩形或∅10cm 的圆形泄水孔。其间距为 2～3m，孔后 0.5m 范围内设置反滤层。

1. 施工准备

(1)砌体砌筑前先行测量放样、立杆挂线，确保线形顺直，砌体平整。

(2)先清除边坡松动岩石，清出新鲜面，边坡上的凹陷部分挖成台阶，以便施工时用同标号的圬工砌补。

2. 操作要点

(1)分段跳槽开挖基坑，开挖的断面尺寸符合设计要求，并报监理工程师检查合格后，方可进行基础砌筑。

(2)砌筑基础、坡面时，均采用人工挤浆法操作，拌制水泥砂浆严格按照施工配合比配料。

(3)砌筑基础的第一层砌块时，如基底为土质，夯填密实后，则可直接坐浆砌筑；如基底为岩层，则必须将其表面湿润后再坐浆砌筑。

(4)每隔 2～3m，上下左右交错设置泄水孔，孔径 0.1m，墙身沿线路方向每隔 10～15m 设沉降缝，缝宽 2cm。护坡下设沙砾垫层，顶部应用原土夯填，以免水流冲刷。

3. 护面墙

如图 7-3 所示，护面墙指为覆盖各种软质岩层和较破碎岩石的挖方边坡，以免其受自然因素影响，防止雨水渗入而修的墙。护面墙应紧贴边坡坡面修建，只承受自重，不承受墙背土侧压力，故要求挖方边坡必须符合稳定性要求。

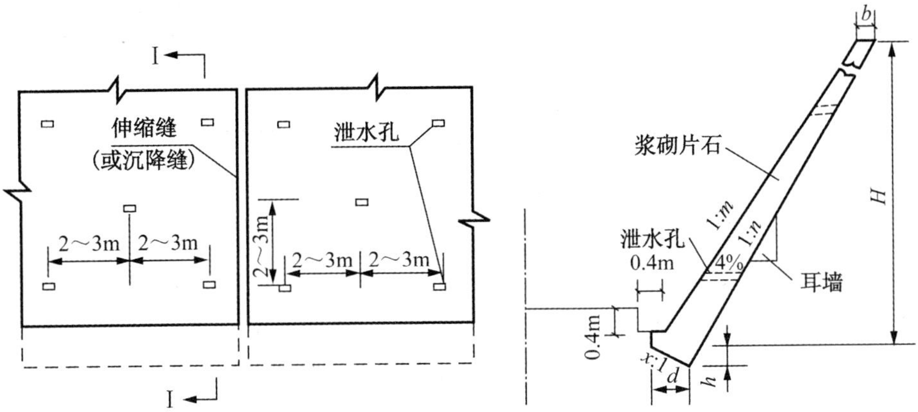

(a) 立面图 (b) 剖面图

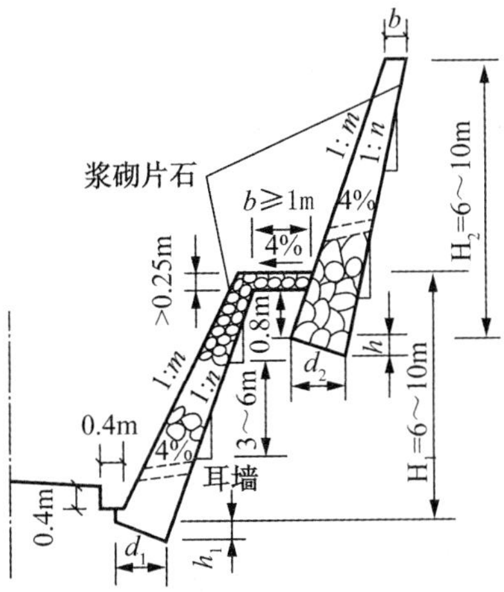

(c) 二级护面墙

图 7-3 护面墙示意图

护面墙分为实体、窗孔式、拱式等类型，应根据边坡地质条件合理选用。护面墙厚度尺寸的设定可参照表 7-2。

墙基要求设置在可靠地基上，在底面做成向内斜的反坡。冰冻地区墙背应埋置在冰冻线 0.25m 以下。

护面墙较高时，应分级修筑，每级 6～10m，每一分级设不小于 1m 的平台，墙背每 4～6m 高设耳墙，耳墙一般宽 0.5～1.0m。沿墙长每 10m 设一条伸缩缝，宽 2cm，填以沥青麻筋。

墙身应预留 6cm×6cm 或 10cm×10cm 的泄水孔，并在其后作反滤层。若坡面开挖后形成凹陷，应以石砌圬工填塞平整，称为“支补墙”。

对缓于 1∶1.25 或 1∶1 的路堑边坡，也可采用干砌片石或浆砌片石的形式防护。

表 7-2　　护面墙厚度参考表

护面墙高 H(m)	路堑边坡	护面墙厚度(m)	
		顶宽 b	底宽 d
≤2	1∶0.5	0.40	0.40
≤6	>1∶0.5	0.40	$0.40+H/10$
$6<H\leqslant10$	1∶(0.5～0.75)	0.40	$0.40+H/20$
$10<H\leqslant16$	1∶(0.75～1)	0.60	$0.60+H/20$

坡面护墙防护施工应符合下列要求：

(1)坡面应平整、密实，线形顺滑。局部有凹陷处，应挖成台阶后用与墙身相同的圬工材料找平。

(2)墙基应坚固可靠，并埋至冰冻线以下 0.25m。当地基软弱时，应采取加深或加强措施。

(3)墙面及两端面砌筑平顺，墙背与坡面密贴结合，墙顶与边坡间缝隙应封严。局部坡面砌时，应切入坡面，使表面与周边平顺衔接。

(4)砌体石质坚硬，浆砌砌体砂浆和干砌咬扣都必须顶密、错缝，严禁通缝、叠砌、贴砌和浮塞。砌体勾缝应牢固、美观。

(5)每隔 10～15m 宜设一道伸缩缝，做好泄水孔。

三、锚杆防护

锚杆混凝土框架植草防护(见图 7-4)是近年来在总结了锚杆挂网喷浆(混凝土)防护的经验教训后发展起来的，它既保留了锚杆对风化破碎岩石边坡主动加固作用，防止岩石边坡经开挖卸荷和爆破松动而产生的局部楔形破坏，又吸收了浆砌片石(混凝土块)骨架植草防护的造型美观、便于绿化的优点。

图 7-4　锚杆混凝土框架植草防护

锚杆防护适用于土质边坡和坡体中无不良结构面、风化破碎的岩石路堑边坡。锚杆采用非预应力的全长黏结型锚杆。框架应采用钢筋混凝土，混凝土强度不应低于 C25。

(一)锚杆框架施工工序

锚杆框架施工工序如图 7-5 所示。

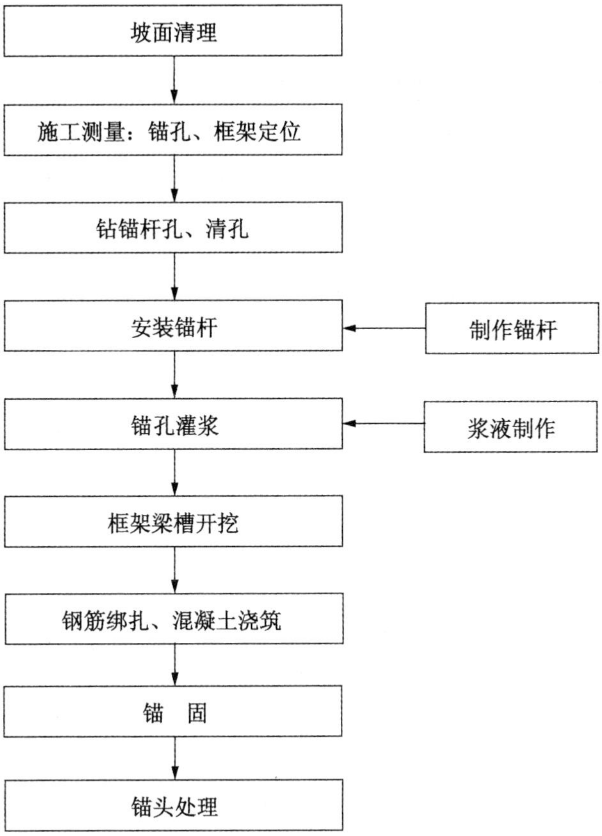

图 7-5　锚杆框架施工工序

(二)施工要点

(1)锚孔位置及框架精确定位,并挖出竖梁、横梁肋轮廓,坡面必须刻槽,深度满足设计要求。

(2)锚孔钻进应采用无水干钻,以防因钻孔施工使坡体地质条件恶化。

(3)钻孔过程应由专人负责,对地质情况及钻进情况详细记录,如与设计不符,须立即停钻并及时反馈、采取措施。

(4)钻孔结束后用高压风进行清孔,孔壁不得有黏土或粉砂。

(5)框架模板拼装要平整、严密,净空尺寸要准确,符合设计要求。模板表面应刷隔离剂,便于脱模。浇注混凝土时,模板应加支撑固定。

(6)框架应分片施工,每片由 2～3 根立柱及其横梁、顶梁组成。

同步训练

一、选择题

(1)下列结构设施中,可用于路基挖方边坡支撑的是(　　)。

A. 护肩　　B. 护面墙　　C. 支垛护脚　　D. 护坝

(2)植树适用于各种土质边坡和风化极严重的岩石边坡,边坡坡度不陡于(　　)。

A. 1∶1.5　　B. 1∶2.5　　C. 1∶1　　D. 1∶2

(3)喷射混凝土护坡适用于(　　)。

A. 直面为完整结构的硬岩　　B. 直面为碎裂结构的硬岩

C. 层状结构的不连续地层　　D. 片状结构的不连续地层

E. 块状结构的不连续地层

(4)护面墙的类型有(　　)。

A. 实体式　　B. 窗孔式

C. 衡重式　　D. 锚杆式

E. 拱式

二、简答题

(1)常用的路基坡面防护包括植物防护和工程防护两种,分别说明具体包括什么形式的防护措施。

(2)路基坡面防护有哪些种类?并简要说明各种防护措施的适用条件。

任务二　路基冲刷防护工程施工

任务描述

本任务为路基冲刷防护的直接防护和间接防护的防护要求和施工方法。通过学习,使学生掌握不同防护措施的技术要求,并能够根据路基的具体情况合理选择防护措施。

知识准备

冲刷防护与加固主要针对沿河滨海路堤、河滩路堤及水泽区路堤,亦包括桥头引道以及路基边坡的防护堤岸等。此类堤岸常年或季节性浸水,受流水冲刷、拍击和淘洗,造成路堤浸湿、坡角淘空或水位骤降时路基内细粒料流失,致使路基失稳,边坡崩坍。所以,堤岸冲刷防护与加固,主要针对水流的破坏作用而设,起防水治害和加固堤岸双重功效。

冲刷防护措施有两种:一种是加固岸坡的直接防护,如坡面防护、抛石防护、石笼防护等;另一种是改变水流性质的间接防护,主要指导治结构物,如丁坝、顺坝、防洪堤、拦水坝等。

一、直接防护

直接防护包括植物防护和砌石防护与加固两种，常用的有植树、铺石、抛石或石笼等，此法直接加固、稳定边坡，很少干扰或不干扰原来水流的性质。植物防护和砌石防护与坡面防护相近，只是要求更高。

当水流速度达到3.0～5.0m/s，路基经常浸水且水流方向平顺，河床承载力较好，无严重冲刷时，宜采用抛石防护。一般在枯水季节施工。附近盛产大块砾石、卵石以及废石方较多的路段，应优先考虑采用此种方法。缺乏石料的地区可用混凝土预制块代替。抛石防护不受气候条件限制，季节性浸水或长期浸水亦可采用。抛石垛的边坡坡度，不应陡于抛石浸水后的天然休止角。抛石粒径应大于0.3m，并小于设计抛石厚度的1/2。抛石厚度一般为粒径的3～4倍，或为最大粒径的2倍。

如果缺乏大石块或水流速度达到或超过5.0m/s时，可改用石笼防护，如图7-6所示。为防铁丝被磨损而破坏，可在石笼内浇灌混凝土，可用钢筋混凝土框架石笼。临时工程可用石笼代替。

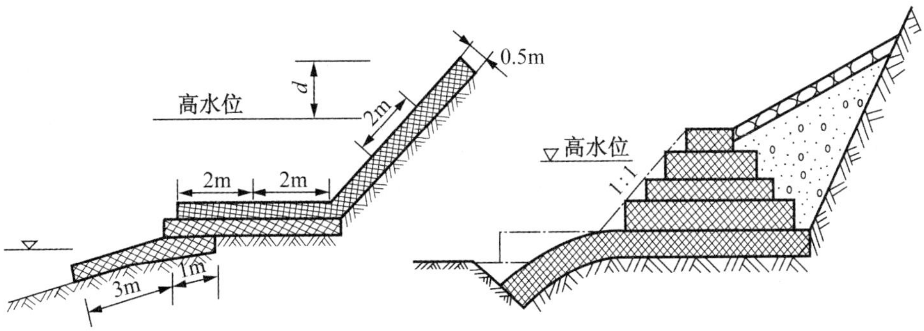

图7-6 石笼防护

石笼是用铁丝编织成框架，内填石料，设在坡脚处，以防急流和大风浪破坏堤岸，也可用来加固河床，防止淘刷。铁丝框架可以为箱形或圆形。笼内填石最好为密度大、坚硬且未风化的石块，粒径不能小于石笼网孔，最小不小于4cm，一般为5～20cm。外层应使用大石块并使棱角突出网孔，内层用较小石块填充。石笼应平铺并与坡角线垂直，必要时底层各角可用铁棒固定于基底土中。

二、间接防护

间接防护是设置导治结构物改变水流方向，消除和减缓水流对堤岸直接破坏，同时可减轻堤岸近旁淤积，彻底解除水流对局部堤岸的损害作用，起安全保护作用。导治结构物是桥涵和路基的重要附属工程，由于涉及水流改向，影响范围较大，工程费用亦较高，务必慎重。用于防护堤岸的改河工程，一般限于小型工程，如裁弯取直、挖滩改道、清除孤石等，可在小河的局部段落上进行。

导治结构物主要是设坝，按其与河道的相对位置，一般可分为丁坝、顺坝和格坝，如图7-7所示。

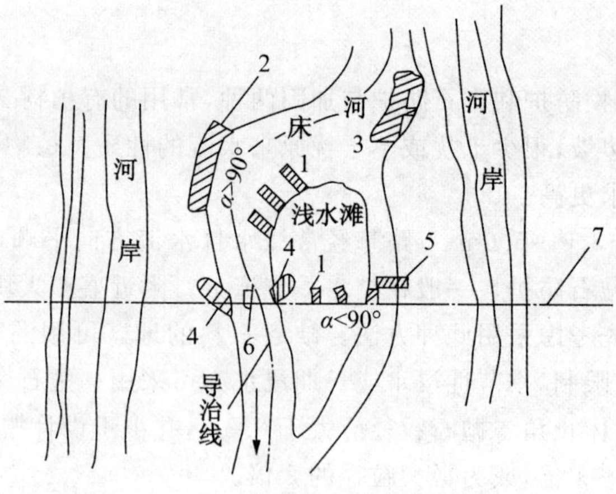

图 7-7 河流导治构造物布置示意图

1—丁坝 2—顺坝 3—格坝 4—导流坝 5—拦水坝 6—桥墩 7—路中线

丁坝也叫“挑水坝”，是指坝根与岸滩相接，坝头伸向河槽，坝身与水流方向成某一角度，能将水流挑离河岸的结构物。丁坝一般用来束水归槽，改善水流状态，保护河岸。

顺坝为坝根与岸滩相接，坝头大致与堤岸平行的结构物。主要用于导流、束水，调整河道，改变流态，也可称作“导流坝”“顺水坝”。

格坝为建于顺坝与河岸之间，一端与河岸相连，另一端与顺坝坝身相连的横向导治结构物。格坝的作用是将水流反射入主河床，同时防止洪水溢入顺坝冲刷坝后河床与河岸，并促进其间的淤积。

导治结构物的构造与要求以及具体计算方法，可查阅有关设计手册。

同步训练

一、选择题

(1)下列防护工程中属于直接防护的是(　　)。

A. 植树　　B. 铺石

C. 顺坝　　D. 砌石

(2)下列沿河河堤冲刷防护工程中属于间接防护的是(　　)。

A. 石笼　　B. 顺坝

C. 挡土墙　　D. 砌石

二、简答题

路基冲刷防护措施有哪两种？试举例说明。

任务三　路基支挡工程施工

任务描述

本任务为路基支挡工程的基本构造和施工方法。通过学习，使学生掌握不同支挡措施的技术要求，并能够根据路基的具体情况合理选择支挡措施。

知识准备

路基支挡工程的主要功能是支撑天然护坡或人工边坡，以保持土体稳定或加强路基强度和稳定性，以及防护边坡在水温变化方面免遭破坏。

一、常用路基挡土墙的分类

挡土墙是指承受土体侧压力的墙式构造物。在路基工程中，挡土墙可用以稳定路堤和路堑边坡，减少土石方工程量和占地面积，防止水流冲刷路基，并经常用于整治塌方、滑坡等路基病害。在山区公路中，挡土墙的应用更为广泛。

挡土墙各部分的名称如图 7-8 所示。墙身靠填土（或山体）一侧称为“墙背”，大部分外露的一侧称为“墙面”（或墙胸），墙的顶面部分称为“墙顶”，墙的底面部分则称为“墙底”，墙背与墙底的交线称为“墙踵”，墙面与墙底的交线称为“墙趾”。墙背与竖直面的夹角称为“墙背倾角”，一般用 α 表示，工程中常用单位墙高与其水平长度之比来表示，即可表示为 $1:n$。墙踵到墙顶的垂直距离称为“墙高”，用 H 表示。

按照挡土墙在路基横断面上的位置，可分为路肩墙、路堤墙、路堑墙、浸水墙、山坡墙及抗滑墙等类型，如图 7-8 所示。

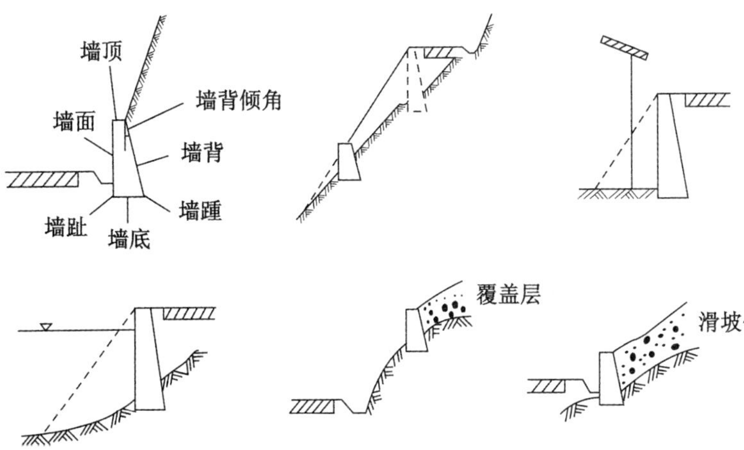

图 7-8　挡土墙的分类

按照挡土墙的墙体材料，可分为石砌挡土墙、砖砌挡土墙、混凝土挡土墙、钢筋混凝土挡土墙、钢板挡土墙等类型。

按照挡土墙的结构形式，可分为重力式挡土墙、加筋土挡土墙、锚定式挡土墙、薄壁式挡土墙、桩板式挡土墙等类型。

挡土墙结构类型及构造特点如表 7-3 所示。

表 7-3　　挡土墙结构类型及构造特点

挡土墙类型	结构示意图	结构特点
重力式	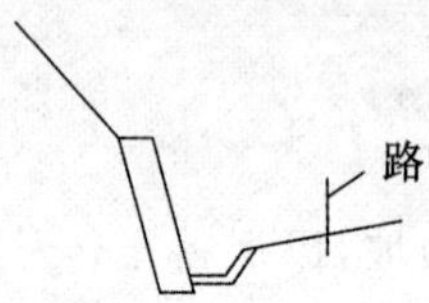	依靠墙身自重抵挡土压力作用 一般用浆砌片石砌筑，缺乏石料地区可用混凝土浇筑 形式简单，取材容易，施工简便
重力式	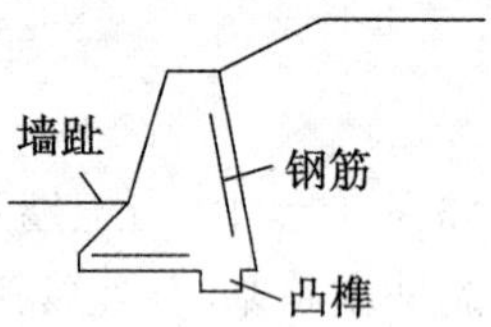	在墙背设少量钢筋，并将墙趾展宽（必要时设少量钢筋），或基底设凸榫抵抗滑动 可减薄墙身，节省混凝土用量
衡重式	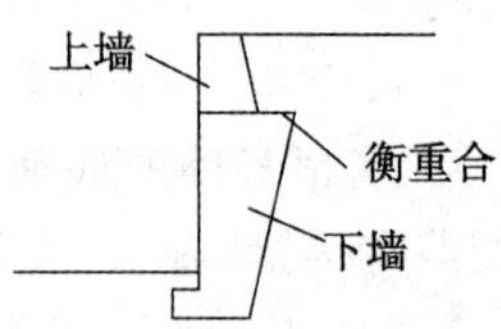	上墙利用衡重台上填土的下压作用和全墙重心的后移增加墙身稳定性 墙胸坡陡，下墙倾斜，可降低墙高，减少基础开挖
钢筋混凝土悬臂式	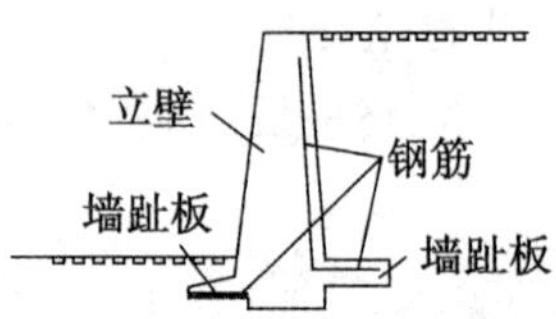	采用钢筋混凝土材料，由立壁、墙趾板、墙踵板三部分组成 墙高时，立壁下部弯矩大，费钢筋，不经济
钢筋混凝土扶壁式	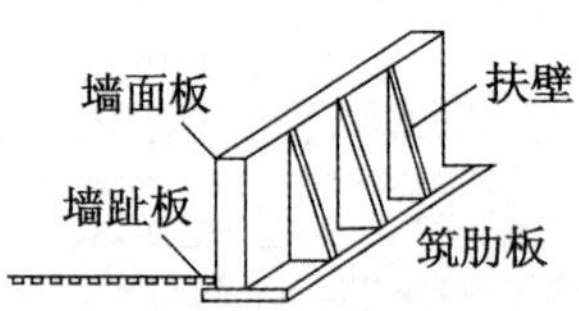	沿墙长，隔相当距离加筑肋板（扶壁），使墙面与墙踵板连接 比悬臂式受力条件好，在高墙时较悬臂式经济
带卸荷板的柱板式	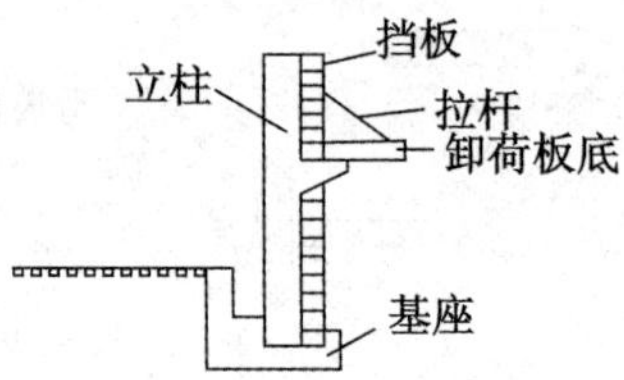	由立柱、底梁、拉杆、挡板和基座组成，借卸荷板上的土重平衡全墙 基础开挖较悬臂式少 可预制拼装，快速施工

续表

挡土墙类型	结构示意图	结构特点
锚杆式	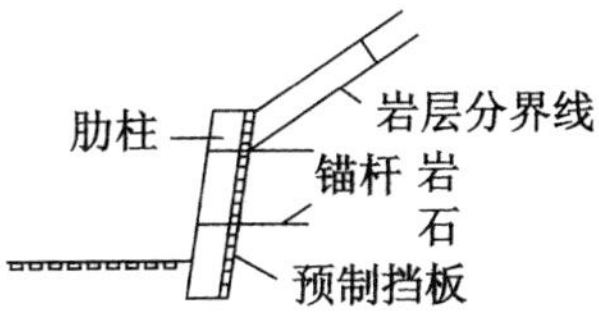	由肋柱、挡板和锚杆组成，靠锚杆固定在岩体内拉住肋柱 锚头为楔缝式或砂浆锚杆
锚定板	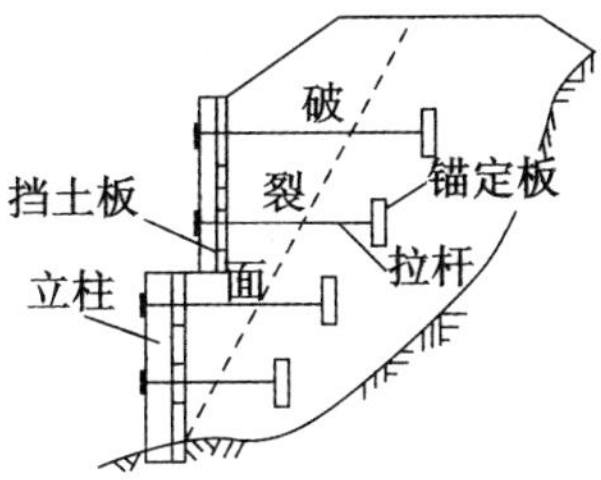	由拉杆、挡板、立柱、锚锭板组成，靠填土本身和拉杆、锚定块形成整体稳定 结构轻便，工程量节省，可以预制、拼装、快速施工 基础处理简单，有利于地基软弱处进行填土施工，但分层碾压需慎重，土也要有一定选择
加筋土	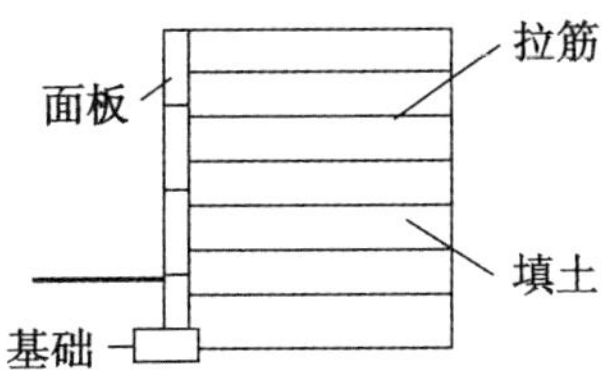	加筋土挡墙是填土、拉筋和面板三者的结合体。拉筋与土之间的摩擦力及面板对填土的约束，使拉筋与填土结合成一个整体的柔性结构，能适应较大变形，可用于软弱地基，耐震性能好于刚性结构 可解决很高的垂直填土（国内有 3.6～12m 的实例），减少占地面积 挡土面板、加筋条定型预制，现场拼装，土体分层填筑，施工简便、快速，工期短 造价较低，为普通挡墙（结构）造价的 40%～60%

二、常用路基挡土墙工程施工技术

（一）重力式挡土墙工程施工技术

重力式挡土墙是依靠圬工墙体的自重抵抗墙后土体的侧向推力（土压力），以维持土体的稳定，是我国目前最常用的一种挡土墙形式。多用浆砌片（块）石浇筑，在缺乏石料的地区有时可用混凝土预制块作为砌体，也可直接用混凝土浇筑，一般不配钢筋或只在局部范围配制少量钢筋。这种挡土墙形式简单、施工方便，可就地取材，适应性较强，故被广泛应用。但其圬工数量较大，对地基的承载能力要求较高。适用于一般地区、浸水地区和地震地区的路肩、路堤和路堑等支挡工程。墙高不宜超过 12m，干砌挡土墙的高度不宜超过 6m。高速公路、一级公路不应采用干砌挡土墙。

1. 一般要求

（1）挡土墙施工前，做好截排水及防渗设施。

（2）在岩体破碎、土质松软或地下水丰富地段修建挡土墙，要避开雨季施工。

（3）地面有纵坡时，沿纵向挖成台阶。

(4)砌筑基础的第一层时，如基底为基岩或混凝土基础，先将其表面加以清洗、湿润、坐浆砌筑。

(5)分层砌筑，砌筑上层时不得振动下层。

(6)砌石分层错缝，坐浆挤紧，嵌填饱满密实，无空洞。

(7)每隔 10～15m 或在岩质变化处设置沉降缝；伸缩缝两侧壁要顺直、平齐，无搭接。严格按照设计要求设置泄水孔，统一采用∅10cm 的 PVC 管，外露短边长度为 5mm，切口采用 60°角，反滤层材料级配符合设计要求。遇渗水或泉水较大时，根据流量适当增大泄水孔孔径。

(8)每层砌筑完成后要及时用土工布覆盖喷淋养生，保证养生期。

(9)浆砌片石挡土墙墙顶可采用 C25 以上混凝土抹面封水，抹面厚度应不小于 5cm；块石挡土墙墙顶勾缝封水，路缘石和墙顶间采用厚度应不小于 5cm 的 C25 以上混凝土封水。

(10)砌缝宽度不大于 2cm，均采用宽度、深度为 5mm 的凹缝勾缝。

(11)挡土墙端部外露时，顺直平整；伸入岩体时，与岩体结合部位要嵌紧，并用砂浆挤密

2. 挡土墙施工工序

挡土墙施工工序如图 7-9 所示。

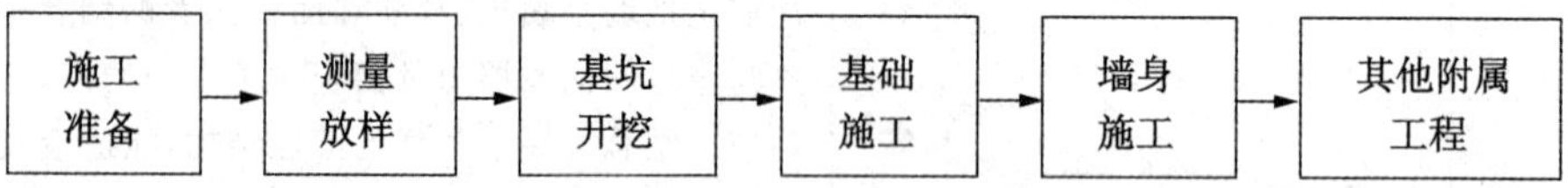

图 7-9　挡土墙施工工序

3. 施工要点

(1)基坑开挖。

①基坑开挖时进行详细的测量定位，标出开挖线。基坑分段跳槽开挖，边坡稳定性差或基坑开挖较深时，设置临时支护。

②基坑开挖时，核对地质情况，对基底进行承载力检测，达到设计要求时，方可进行下一道施工工序。

③基坑开挖前做好临时防、排水措施，做到坑内积水随时排干，确保基坑不受水的侵害。

(2)挡土墙基础。

①基础施工前，土质基坑要保持干燥，受水浸泡的基底土全部清除，并以满足填筑要求的土体回填(或以砂、砾石夯填)至设计高程。

②硬质岩石基坑中的基础，宜满坑砌筑。

③当基底设有向内倾斜的稳定横坡时，采取临时排水措施，并在基底设置泄水孔，坐浆后砌筑基础。

④当挡土墙基础设置在有横坡的岩石上时，清除岩石表面风化层，并按设计凿成台阶；当沿墙长度方向有纵坡时，沿纵向按设计要求做成台阶。

⑤基坑随砌筑分层回填夯实，并在表面留 3%的向外斜坡。有渗透水时，及时排除；在岩体或土质松软、有水地段，避开雨季，分段集中施工。

(3)挡土墙墙身。

①浆砌片(块)石挡土墙砌筑时，两面立杆或样板挂线，外面线顺直整齐，逐层收坡，内

外线顺直。在砌筑过程中，经常校正线杆，以保证砌体各部尺寸符合设计要求。

②砌筑墙身时，先将基础表面加以清洗、湿润，坐浆砌筑。砌筑工作中断后再进行砌筑时，应将砌层表面加以清扫和湿润。

③砌体分层坐浆砌筑。砌筑上层时，不得振动下一层，不得在已砌好的砌体上抛掷、滚动、翻转和敲击石块。砌筑完后，及时进行勾缝。

④挡土墙分段砌筑，分段位置设在伸缩缝或沉降缝。各段水平缝应一致。

⑤挡土墙的泄水孔预先埋设，向排水方向倾斜，保证排水顺畅。

⑥砌体石块应互相咬接，砌缝砂浆饱满。砌缝宽度一致（浆砌块石），上下层错缝（竖缝）距离不小于 8cm，使每层石料顶面自身形成一个较平整的水平面。

⑦混凝土挡土墙的浇筑符合设计和规范要求。当进行分层浇筑时，注意预埋石笋，连接处混凝土面必须凿毛，并在浇筑前清洗干净。浇筑结束后，用土工布覆盖喷淋养生，保证养生期。

(4)墙背填料、填筑。

①墙背填料选用水稳定性和透水性良好的碎石类土、砂类土。填料中严禁含有有机物、草皮、树根、冰块等杂物及生活垃圾。

②挡土墙的墙体达到设计强度的 75%以上时，方可进行墙后填料施工。挡土墙顶面做成与路肩一致的横坡度，以便排除路面水。

③墙后回填均匀、摊铺平整，填料顶面按设计要求设置横坡。在墙后 1m 范围内，不得有大型机械行驶或作业。墙后填筑时，分层填筑，松铺厚度不超过 20cm，压实度应满足规范和设计文件的要求。

（二）加筋土挡土墙工程施工技术

1. 构造及特点

加筋土挡土墙是填土、拉筋、面板三者的结合体，如图 7-10 所示。填土和拉筋之间的摩擦力改善了土的物理力学性质，从而使得填土与拉筋结合为一个整体。在这个整体中，起控制作用的是填土与拉筋之间的摩擦力。面板的作用是阻挡填土塌落挤出，迫使填土与拉筋结合为整体。加筋土挡土墙按设置位置分为路堤式、路肩式，按设置方式分为双面交错式、双面分离式、台阶式等（见图 7-11）。

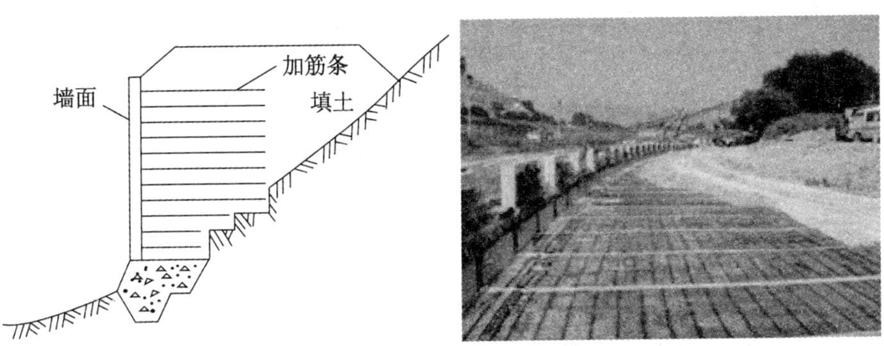

图 7-10　加筋土挡土墙

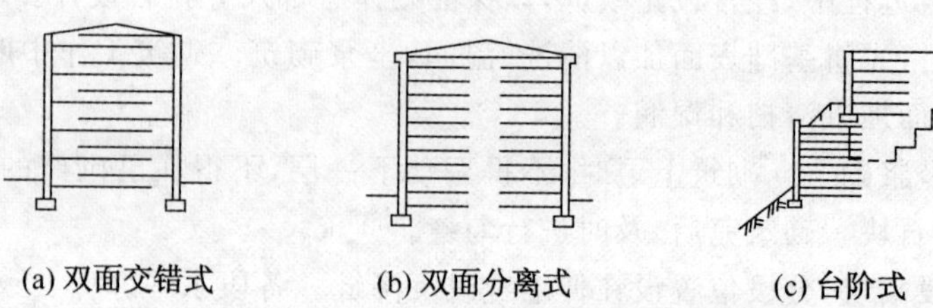

图 7-11　加筋土挡土墙的形式

加筋土挡土墙属于柔性结构，对地基变形适应性大，建筑高度大，具有省工、省料、施工方便、快速等优点，适用于一般地区的路肩式挡土墙、路堤式挡土墙，但不应修建在滑坡、水流冲刷、崩塌等不良地质地段。高速公路、一级公路墙高不宜大于 12m，二级及以下公路墙高不宜大于 20m。当采用多级墙时，每级墙高不宜大于 10m，上下级墙体之间应设置宽度不小于 2m 的平台。加筋土挡土墙具有圬工工程量少、地基强度要求不高、抗震性能好、造价低、施工方便、进度快等特点，在公路工程中广泛应用于挡土墙和桥台部位（见图 7-12）。

图 7-12　加筋土挡土墙施工

2. 施工准备

（1）面板形式及预制。面板一般采用混凝土预制板，预制构件可以在工厂进行机械化操作、批量生产。预制模板时采用定型钢模，这种模板专门设计，一次成本大，但综合效益高。

（2）筋带选择。筋带采用强度高、受力变形小、能与土料产生足够摩擦力、耐腐蚀的材料制成，一端通过预留孔与面板连接，另一端拉直锚固定在压实的土料上。

（3）填料分类及选用。回填土要求有较好的稳定性和较高的抗剪强度，一般采用中低液限黏土、砂类土、砾碎石土和各种稳定土，对于满足要求的工业废渣也可采用。填料的选用宜根据当地土源情况，尽可能选择力学性能好的土料。

（4）排水滤水构件。为了保证土体稳定，必须控制土壤含水量。施工中通过埋设滤水管网和铺设滤水粒料，及时排除加筋体内积水或渗水。

3. 施工方法

加筋土工程施工一般包括基坑开挖、基底处理、基础浇注、构件准备、面板安装、筋带布设、填料摊铺及压实、封闭压顶、附属构件安装等。

(1)基础施工。加筋土挡土墙的基底处理措施与其他挡土墙一样，一般是钢筋混凝土条基，不仅要承受荷载，还是作为加筋土挡土墙面板施工的起点和控制点，所以顶面要水平整齐。

(2)控制放线。加筋土挡土墙墙面垂直，平面上随现场条件做成直线或曲线。第一层面板安装准备后，每层只需用垂线控制即可。

挡土墙的美观主要体现在线条上，要求平顺整齐，接缝大小一致。安装每层面板前，都应准确画出每块面板的位置，精确对线。

(3)施工技术要点。

①面板施工要点：

a. 面板安装以外缘定线，高程、位置和接缝都以外缘为测量点。

b. 为防止相邻面板错位，可采用螺栓夹木或斜撑固定。

c. 相邻段面板的沉降缝施工应明显错开，以保证沉降缝顺直、等宽和贯通。施工缝与沉降缝宜设在一起，且填缝料应在后一段施工前放入。

②筋带铺设施工要点：

a. 筋带铺设应与面板的安装同步，进行铺设的底料应平整密实。

b. 筋带不得弯曲，接头和防锈处理应符合标准规定。

c. 筋带或面板间的钢筋连接，可采用焊接、拉环连接或螺栓连接，且连接处应浇混凝土保护。

d. 筋带应成扇形辐射状铺设在硬基上，不得与硬质棱角填料直接接触。

③填料施工要点：

a. 面板安装、筋带铺设和埋地排水管完成到位并检查验收合格后，用准备充足的合格填料进行填料施工。

b. 运土机具不得在未覆盖填料的筋带上行驶，且要离面板 1.5m 以上。

c. 填料可用机械或手工摊铺，摊铺应厚度均匀，表面平整，并有不小于 3% 的向外倾斜横坡。

d. 填料采用机械碾压。禁止使用羊足碾，不得在填料上急转弯和急刹车，以免破坏筋带。碾压前，应确定最佳含水量及碾压标准，碾压过程应随时检测填料的含水量和密实度。

④其他工程施工要点：

a. 加筋土的排水管、反滤层及沉降缝等设施应同时施工。排水设施施工中应注意水流通道，不得有碍水流或积水等。

b. 压顶的目的是封固边口，防止外界作用造成面板松动脱落。一般用 C15 混凝土现浇，厚度为 20～50cm。但加筋土挡土墙更注重外观，所以压顶应线条平整，与墙体一致。

c. 错层施工应有明显停顿，一层完工后，再进行第二层施工。错台护板的主要作用是防水。

(三)锚定式挡土墙工程施工技术

1. 形式及特点

锚定式挡土墙可分为锚杆式和锚定板式两种。

锚杆式挡土墙是指由钢筋混凝土墙板和锚杆组成，依靠锚固在岩层内的锚杆的水平拉力来承受土体侧压力的挡土墙，如图 7-13(a)所示。锚杆的一端与立柱连接，另一端被锚固在山坡深处的稳定岩层或土层中。墙后侧向土压力由挡土板传给立柱，由锚杆与稳定岩层或土层之间的锚固力使墙获得稳定。它适用于缺乏石料的地区和挖基困难的地段，一般用于岩质路堑路段，但其他只有锚固条件的路堑墙也可使用。可用作抗滑挡土墙，可采用肋柱式或板壁式单级墙或多级墙，每级墙高不宜大于 8m，多级墙的上下级间应设置宽度不小于 2m 的平台。

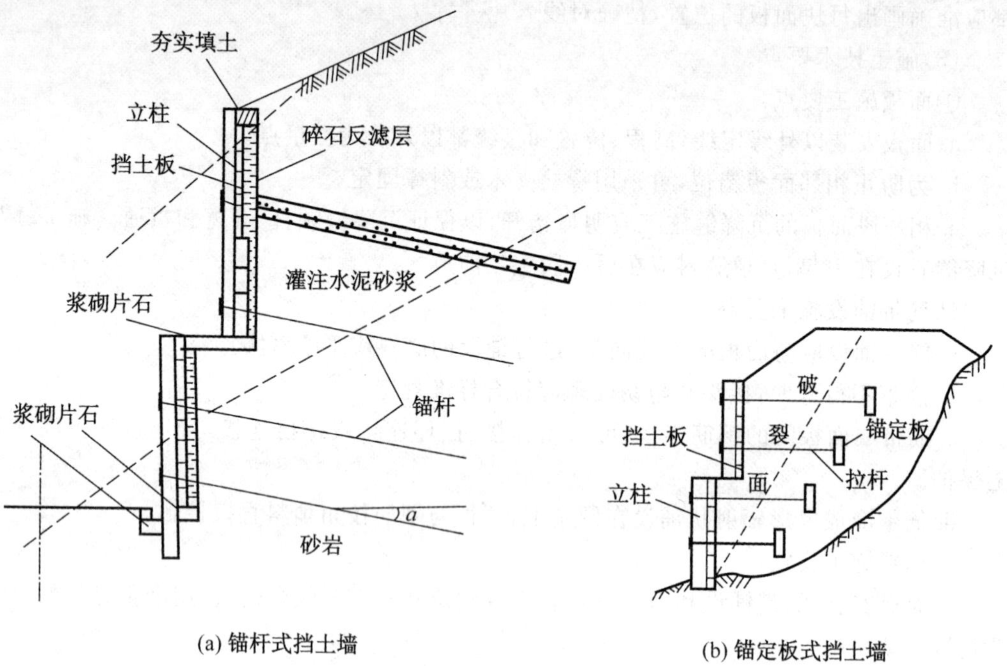

图 7-13　锚定式挡土墙

锚定板式挡土墙是指由钢筋混凝土墙板、拉杆、锚定板以及其间的填土共同形成的一种组合挡土结构，如图 7-13(b)所示。它借助于埋在填土内的锚定板的抗拔力抵抗侧向土压力，保持墙的稳定。锚定板式挡土墙的特点在于构件断面小，工程量小，不受地基承载力的限制，构件可预制，有利于实现结构轻型化和施工机械化。它适用于缺少石料地区的路肩墙或路堤墙，但不应修建于滑坡、坍塌、软土及膨胀土地区。可采用肋柱式或板壁式，墙高不宜超过 10m，肋柱式锚定板挡土墙可采用单级墙或多级墙，每级墙高不宜超过 6m，上下级墙体之间应设置宽度不小于 2m 的平台，上下两级墙的肋柱宜交错布置。

2. 施工方法及工艺流程

(1)整平场地，预制构件，制作拉杆并对其进行防锈处理。

(2)测量放线。

(3)开挖基础，验槽签收。

(4)灌注基础混凝土。

(5)搭设辅助脚手架。

(6)汽车起重机吊装立柱。

(7)填筑卵石土,随填土的升高,安装挡土板,同时于板后铺设土工布。

(8)开挖锚定板及拉杆沟槽。

(9)安装锚定板。

(10)加拉杆拧紧螺帽。

(11)锚定板槽内孔隙灌注混凝土,填塞密实。

(12)由下至上逐层填筑砂卵石土,直至完成全部拉杆的安装。

(13)调试检查。

(14)安装人行道板及栏杆扶手。

(15)包封拉杆外露端头。

3.施工要点

(1)锚杆挡土墙的施工按图纸要求和规范有关规定进行挡土板、立柱的预制浇筑。

(2)做好施工场地清理,平整夯实;场内注意排水畅通;锚孔孔位正确,并经监理工程师检验认可后,方能进行下一工序。

(3)施工前,承包人应将锚杆挡地土墙的施工方法的全部细节报请监理工程师,批准后方可进行施工。

(4)锚杆挡土墙的施工,应由有经验的施工人员主持,掌握锚孔处地层、地质和水文情况。钻孔设备完好,施工时作好记录。

(5)锚孔轴线应准确,锚孔直径及锚孔深应不小于图纸规定。孔口位置允许偏差±50cm,钻孔轴线与设计轴线的偏差应小于3%孔长,孔深允许偏差+200mm,相邻锚孔间距应符合图纸规定。

(6)锚孔钻孔时,不应损伤岩体结构,以避免岩层裂隙扩大,造成坍孔和灌浆困难。

(7)锚孔成孔后,应将孔内岩粉屑等杂物排除干净,保持孔内干燥及孔壁干净粗糙。

(8)为增加锚杆的抗拔能力,在钻孔过程,可将锚固部分或锚孔底部用小药量炸药爆破成葫芦状。

(9)锚杆式挡土墙不宜在雨天施工。锚孔钻孔、放置锚杆、锚孔灌浆各工序应连续完成,以一根桩、一个孔为工作单元。锚杆放入锚孔后应检验灌浆孔及排气孔是否畅通、完好。

(10)锚孔的灌浆工艺影响锚固能力,灌浆前应用水冲洗孔壁,清除孔中碎渣岩粉。灌浆时在孔口深0.5m范围内先用1∶3水泥砂浆封闭。灌浆过程中,应随时注意排气孔不被堵塞,待灌满浆,抽出灌浆管,封闭排气孔及灌浆孔。

(11)锚孔灌浆应符合图纸要求,采用抗压强度30MPa以上水泥砂浆。水泥砂浆配合比应经试验确定,细集料粒径不宜大于2mm。为加快进度,提高砂浆强度,可适当掺加外加剂,掺加品种和数量经试验确定。

(12)为判定锚杆能否满足图纸要求,应进行锚杆确认试验。锚杆极限抗拔力试验数量不少于锚杆总数量的5%,且不得少于3根,应在灌浆水泥砂浆强度达到设计强度后进行。试验中若变位量不断增加,直到2h后仍不稳定,即认为该锚杆已被破坏,或变位过大,超过图纸规定控制的变位值,或极限抗拔力小于图纸规定值,也可认为锚杆已破坏。

试验可使用 YC-60 型穿心千斤顶或其他相适应的设备。

(13)立柱、挡土板及锚杆按图纸要求安置完毕，墙背应立即进行回填，填料宜选择砂类土、碎砾石土，严禁使用腐殖质土和树皮、草根等杂物，并按图纸要求的压实度进行碾压和夯实。墙背回填时，应特别注意不得将锚杆钢筋压弯，造成立柱、挡土板的损坏。

(14)墙背回填时，应按图纸规定的位置和要求设置防、排水设施。

(四)薄壁式挡土墙工程施工技术

薄壁式挡土墙属于钢筋混凝土结构，可以分为悬臂式和扶壁式两种。

悬臂式挡土墙是指由立壁、趾板和踵板三个钢筋混凝土悬臂式构件组成的挡土墙，如图 7-14(a)所示。扶壁式挡土墙是指沿悬臂式挡土墙的立壁，每隔一定距离加设一道扶壁(肋板)，将立壁与踵板连接起来的挡土墙，如图 7-14(b)所示。薄壁式挡土墙结构的稳定不是依靠本身的重量，主要依靠踵板上的填土重量。它们具有断面尺寸小、自重轻、能修建在较弱的地基上等优点，适用于城市或缺乏石料的地区及地基承载力较低的填方地段。悬臂式墙高不宜超过 5m，扶壁式墙高不超过 15m。其缺点是需耗用一定数量的水泥和钢筋，施工工艺较为复杂。

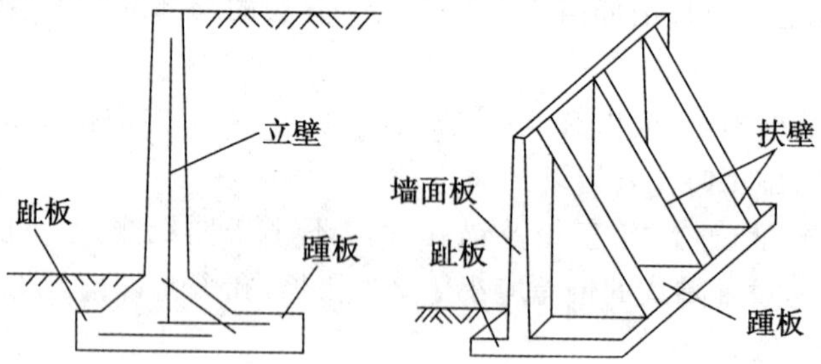

(a) 悬臂式挡土墙　(b) 扶壁式挡土墙

图 7-14　薄壁式挡土墙

(五)混凝土挡土墙工程施工技术

混凝土挡土墙的特点是墙身断面小、自重轻、圬工省，适用于石料缺乏、地基承载力较低的路堤和路肩墙。

1. 基础施工

(1)基底处理。与砌石挡土墙基础基本相同。若为软基，可以采用桩基础、加固结剂等加固措施。

(2)桩基础。挡土墙的桩体规模不大，常用挤密振冲桩或沉桩。

(3)施工方式。混凝土底板可以在地基上直接立模；钢筋混凝土底板则需先浇注垫层，在垫层上放线扎钢筋立模。钢筋混凝土基础施工时，要注意钢筋的保护层厚度，并有可靠的固定措施。混凝土的施工缝应尽量避免设置在基础与墙体的分界面，基础混凝土成型面设置在墙体以上 10cm 处，其界面做成毛面。

2. 墙体模板

(1)基本要求。挡土墙分段施工时，相邻段应错开间断施工。

(2)整体模板。整体模板是目前发展比较快的一种模板技术，它的特点是整体设计、工厂加工、整体拼装。整体模板成型混凝土质量高，功效也大大提高。

(3)其他辅助施工。需做排水、渗水和接缝处理。

3. 墙体钢筋及混凝土施工

(1)墙体钢筋安装。墙体钢筋安装应在立模前进行。安装模板时，必须控制钢筋的位置。对于每根钢筋，控制上下准确位置，拉紧固定。

(2)墙体混凝土。钢筋混凝土挡土墙截面较小，钢筋密。混凝土浇筑时，坍落度可适当增大。另外，混凝土应分层浇注，分层振捣。

同步训练

一、选择题

(1)(　　)形式简单、施工方便，可就地取材，适应性较强，故被广泛用于陡坡地段或岩石风化路段。

A. 重力式挡土墙　B. 锚定式挡土墙　C. 薄壁式挡土墙　D. 加筋土挡土墙

(2)(　　)适用于一般地区的路肩、桥台、匝道和地形较为平坦的填方边坡挡土墙，不适用于滑坡或坍塌变形较大的路段。

A. 重力式挡土墙　　B. 锚定式挡土墙

C. 薄壁式挡土墙　　D. 加筋土挡土墙

二、复习思考题

(1)挡土墙的形式有哪几种？

(2)重力式挡土墙的施工要点是什么？

(3)混凝土挡土墙有何施工特点？

(4)加筋土挡土墙的施工工艺有何特点？

典型案例

[案例描述]

某桥梁重力式桥台，基础尺寸为10m×8.0m×1.0m，地质条件为覆盖层厚3.5m的含水量较大的黏性土和1.5m厚的强风化泥岩，下为中风化泥岩，基础嵌入中风化泥岩1m。地下水位处于原地面以下100cm。根据该桥台的水文地质，施工单位在基坑开挖过程中采取了挡板支护的加固措施，防止边坡不稳造成塌方。

[案例问题]

(1)施工单位在基坑开挖过程中采取了挡板支撑的加固措施是否合理，为什么？

(2)用挡板支护坑壁的基坑开挖适用于什么条件？

(3)在该基坑开挖过程中，还应采取哪些施工措施？

(4)采用混凝土加固坑壁的基坑开挖是否合适？为什么？

学习工作单

课程名称	公路工程施工	学习项目	路基防护与加固工程施工
任务内容与目标			
知识	技能	态度	
1. 路基防护的主要措施。 2. 挡土墙的类型和施工技术要求。	1. 能区分不同类型的路基防护措施。 2. 能进行路基防护和加固工程的识别与不同防护措施的选择。	1. 使用规范指导施工能力。 2. 信息收集能力。 3. 团结协作精神。 4. 良好的语言表达能力。	
工作任务			

一、思考题

1. 路基防护与加固工程，按作用不同，可分为哪几种？各类的作用是什么？

2. 简述加筋挡土墙的特点？

二、选择题

(1)路基防护与加固的重点是(　　)。

A. 边沟　　B. 路肩　　C. 路基边坡　　D. 路基本体

(2)某路堑边坡属于风化的岩石，且坡面不平整，应采用的防护措施是(　　)。

A. 喷浆　　B. 抹面　　C. 植被防护　　D. 灌浆

(3)为了防止路基边坡发生滑塌，可采用的防护措施是(　　)。

A. 植物防护　　B. 设挡土墙　　C. 砌石防护　　D. 设护面墙

(4)护面墙的主要作用是(　　)。

A. 防护土质边坡　　B. 防护软质岩石边坡

C. 防护土质及岩石边坡　　D. 加固边坡，防止塌方

(5)坡面处治主要用于(　　)。

A. 较陡的土质路堑边坡　　B. 陡峭的岩石路堑边坡

C. 软质岩石和破碎岩石路堑边坡　　D. 松散的碎石土类路堑边坡

(6)防护水下部分路基边坡时，不宜采用(　　)。

A. 铺草皮　　B. 抛石　　C. 浆砌片石　　D. 石笼

(7)对于风化岩石坡面进行喷浆防护时，喷浆材料不宜选用(　　)。

A. 纯水泥浆　　B. 水泥砂浆

C. 水泥石灰砂浆　　D. 水泥混凝土

三、判断题

(1)路基中把防止冲刷和风化，主要起隔离作用的措施称为“防护工程”。(　　)

(2)对路基进行坡面防护时，路基本身应是稳定的。(　　)

续表

(3)路基边坡常年浸水，水流较深、流速较大，而又缺乏大块石料时，对河岸或路基边坡可采用石笼防护。(　　)

(4)防护水下部分的边坡和坡脚，采用抛石防护路基边坡效果较好。(　　)

(5)抛石垛的边坡坡度不应陡于所抛石料浸水后的天然休止角。(　　)

(6)植物防护可以减缓地面水流速度，根系起固结作用，所以它可用于防护流速大的浸水路堤边坡。(　　)

四、识图并回答问题

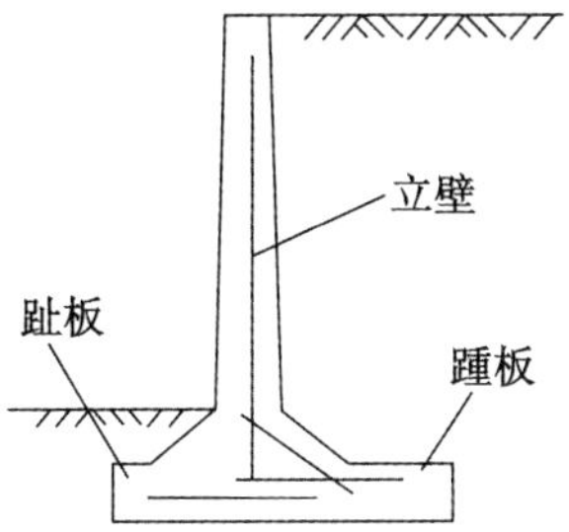

(a)

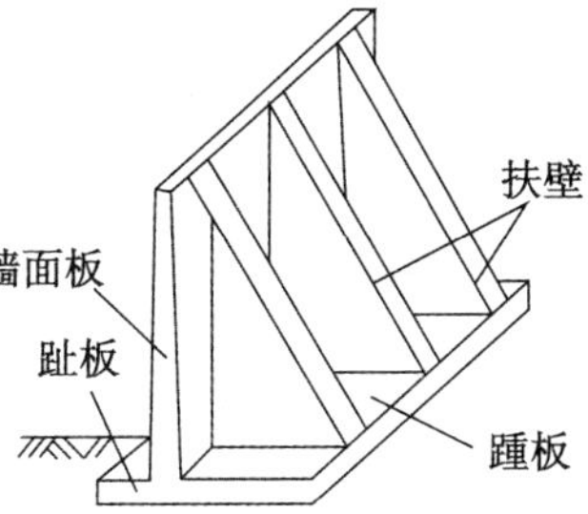

(b)

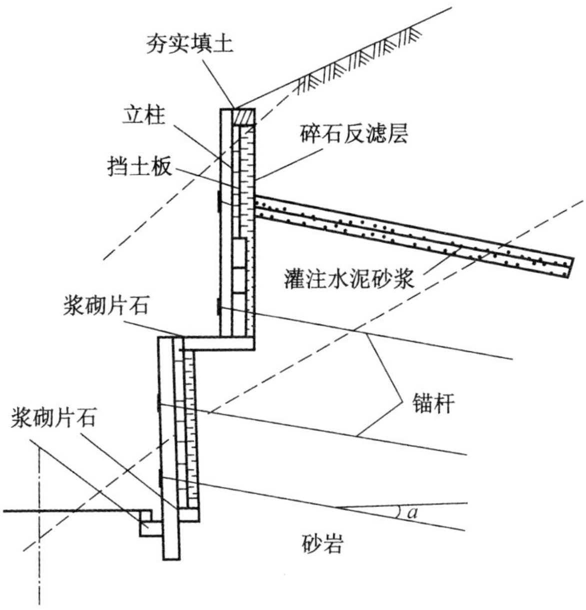

(c)

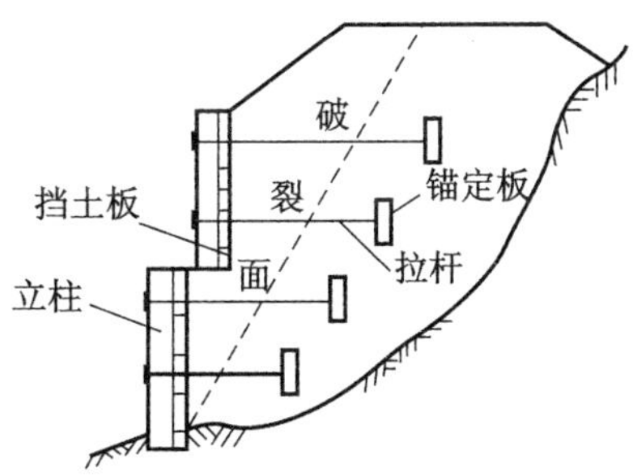

(d)

以上各图分别属于哪种支挡设施？

项目八　路基排水工程施工

知识目标

(1)掌握地面排水设施的类型、构造及使用范围。

(2)掌握地下排水设施的类型、构造及使用范围。

(3)掌握路基排水设施的施工技术要点。

能力目标

(1)能够根据图纸进行排水设施的施工。

(2)能够根据施工技术要点指导排水设施的施工。

内容概要

本项目主要包括地面排水设施的类型、使用范围、施工要点和地下排水设施的类型、使用范围、施工要点等内容。

引导案例

一、案例背景材料

某高速公路第九合同段起点里程K110+600,终点里程K122+700,全长12.1km,本合同段属山丘区,地形复杂,山峰起伏,沟谷较深,山坡陡峻,山体剥蚀、侵蚀严重,地形起伏大,夏季降水丰富,路基断面有路堤、路堑、半路堤半路堑三种形式。路基施工工期为6个月。施工单位为保证路基排水,制定了详细的施工方案,主要施工方案要点如下:

(1)路堤坡脚外2.0m处设置边沟,边沟采用梯形断面,底宽0.6m,沟深0.6m,两侧坡率为1∶1,边沟采用M7.5浆砌片石砌筑,沟壁厚30cm,砌体底部设10cm厚沙砾垫层。

(2)挖方路段均设置暗埋式边沟,边沟采用0.5m×0.6m的矩形横断面,沟身采用M7.5浆砌片石加固,厚度为30cm,砌体底部设10cm厚沙砾垫层,上设钢筋混凝土盖板。

(3)当地面横坡陡峻时,堑顶截水沟采用矩形横断面,沟宽0.6m,沟深0.8m,底部设

10cm 厚沙砾垫层，采用 M7.5 浆砌片石加固，厚度为 0.3m；其他地段采用梯形横断面，底宽 0.6m，深 0.6m，两侧坡率为 1∶1.0，其下设 10cm 厚沙砾垫层，采用 M7.5 浆砌片石加固，加固厚度为 0.3m。

(4)边沟、排水沟、截水沟出水口受地形限制落差较大时，设置急流槽。急流槽断面形式为矩形，槽深 0.7m，槽宽 0.4m，槽身采用 30cm 厚 M7.5 号浆砌片石砌筑。

(5)路基下设置盲沟，盲沟采用矩形断面，在盲沟的底部和中部用较大碎石或卵石(粒径 30～50mm)填筑，在碎石或卵石的两侧和上部，按一定比例分层(层厚约 150mm)，并填较细颗粒的粒料(中砂、粗砂、砾石)，做成反滤层，逐层的粒径比例，大致按 4∶1 递减，在盲沟顶部做封闭层，用双层反铺草皮铺成，并在其上夯填厚度不小于 0.5m 的黏土防水层。

二、案例分析要求

分析路基排水类型及特点，以及施工控制要点。

三、案例分析要点

本案例主要讲述路基排水施工措施，主要涉及路基地表排水及地下排水等问题，要求根据《公路路基施工技术规范》(JTG F10—2006)、《公路工程质量检验评定标准》(JTG F80/1—2012)的要求，正确分析本工程路基排水施工方案。因此，在案例分析之前，我们需要结合规范和标准学习路基排水类型、构造、适用范围及施工技术要点。

任务一 地面排水施工

任务描述

本任务为路堤边沟、路堑边沟、截水沟、急流槽的施工。通过学习，使学生掌握地面排水设施的种类及施工要点。

知识准备

一、地面排水设施的种类

地面排水设施主要有边沟、截水沟、排水沟、跌水与急流槽等(见表 8-1 和表 8-2)。

表 8-1 地面排水设施设置位置及作用

地面排水类型	设置位置	作用
边沟	边沟设置在挖方路堑、矮路堤、零填零挖路基及陡坡路堤坡脚外侧	汇集和排除流向路基范围内的少量地表水

续表

地面排水类型	设置位置	作　用
截水沟	挖方路基的堑顶截水沟应设置在坡口 5m 以外，填方路基上侧的路堤截水沟距填方坡脚的距离应不小于 2m	拦截路基上方流向路基的地面水流，保护挖方边坡和填方坡脚不受水流冲刷
排水沟	排水沟的布置可根据需要并结合当地地形条件而定，距路基尽可能远一点，一般距路基坡脚不宜小于 3m。其连续长度一般不宜超过 500m，线形要求平顺，需要转弯时可作成弧形，其半径尽量采用较大值，不宜小于 20m	排水沟主要作用是引水，将边沟、截水沟、取土坑所汇集的水流或路基附近的积水，引致桥涵或路基范围以外的天然河流、低洼地
跌水	跌水设置于需要排水的高差较大而距离较短或坡度陡峻的地段的阶梯形构筑物	降低流速和消减水的能量
急流槽	在陡坡或深沟地段设置的坡度较陡，水流不离开槽底的沟槽	在很短的距离内，水面落差很大的情况下进行排水

表 8-2　　　　地面排水设施构造特点

地面排水设施	构造特点	构造图示
边沟	横断面形式：边沟的横断面形式有梯形、矩形、三角形断面、流线型等，一般采用梯形 横断面尺寸：底宽、深度不应小于 0.6m，其他等级公路不应小于 0.4m。梯形边沟的内侧边坡一般为 1：(1～1.5)；岩石边坡一般为 1：(0～0.5)；浆砌边沟内侧边坡可直立；三角形边沟内侧边沟一般为1：(2～3)	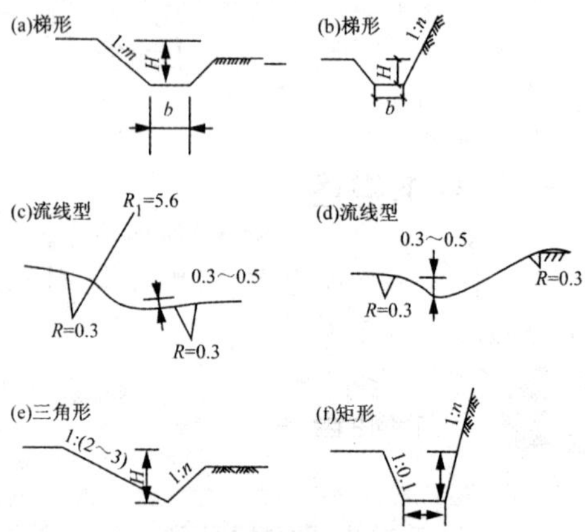
截水沟	挖方路段：路堑段挖方边坡上方设置的截水沟，$d \geqslant 5.0$m，土质不良地段可取 10.0m 或更大。截水沟下方一侧，可堆置挖沟的土方，要求做成顶部向沟倾斜 2%的土台 断面形式一般为梯形	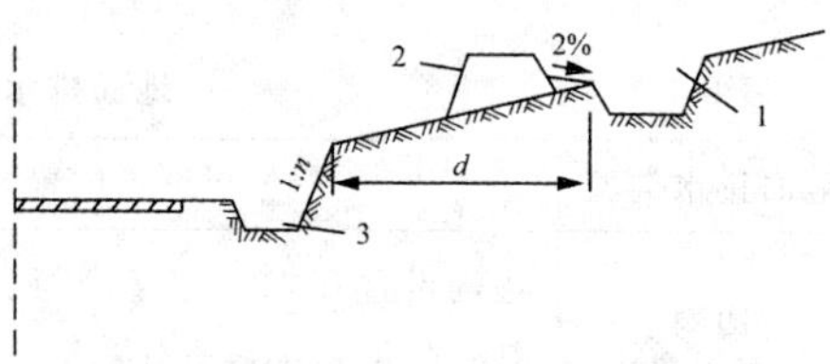 1—截水沟　2—弃土堆　3—边沟

续表

地面排水设施	构造特点	构造图示
截水沟	填方路段：山坡路段可能遭到上方水流的破坏作用，此时必须设截水沟，以拦截山坡水流保护路堤。截水沟与坡脚之间距离应不小于2.0m，并做成2%向沟倾斜横坡，确保路堤不受水害 断面形式一般为梯形	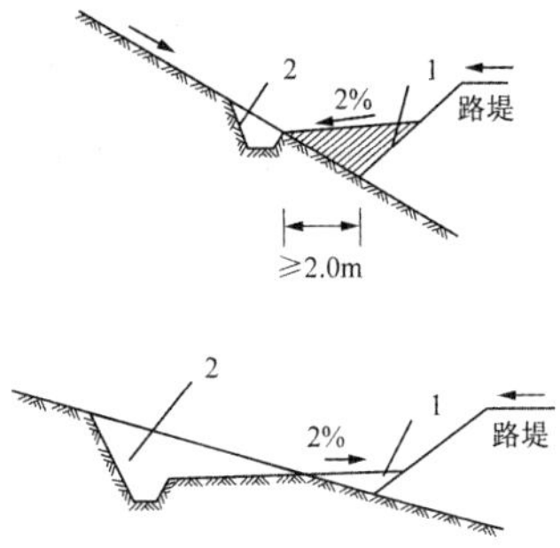 1—土台　2—截水沟
排水沟	排水沟的横断面形式一般采用梯形，尺寸大小应通过水利计算选定，底宽、沟深均不宜小于0.5m，边坡坡度一般定为1∶(1～1.5)。	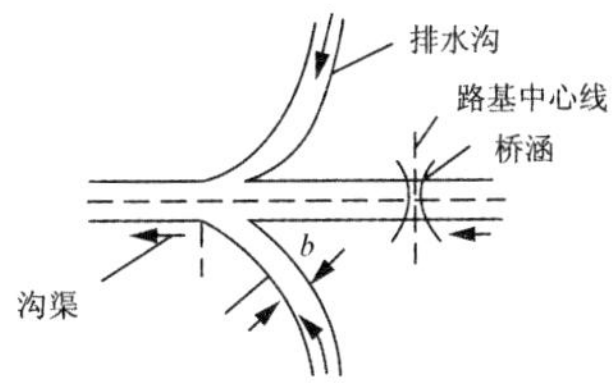
跌水	构造分为进水口、消力池和出水口三部分	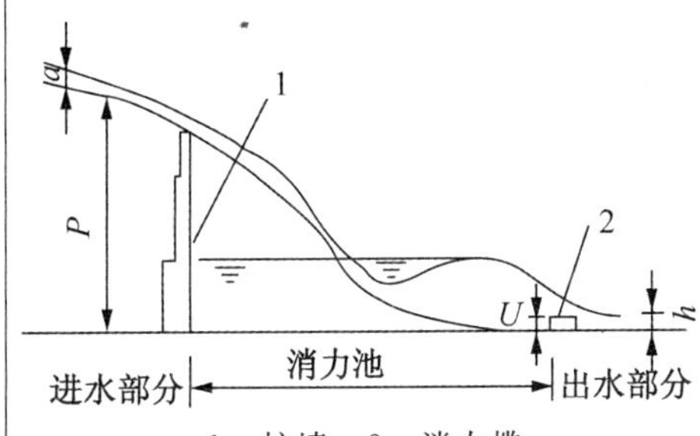 1—护墙　2—消力槛
急流槽	进水口与出水口应予以加固。若急流槽较长时，应分段砌筑，每段长度不宜超过10m，预留伸缩缝，接头处用防水材料填缝。进水口与槽身连接处因断面不同需设过渡段，为使出水口水流流速与下游的容许流速相适应，槽底可用几个坡度，上坡较陡，向下逐渐放缓，若流速过大，可在出水口处设置消力池或与跌水联合使用	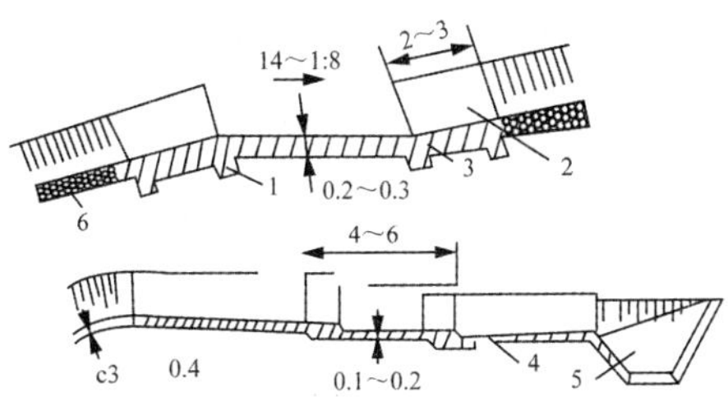 1—耳墙　2—消力池　3—混凝土槽底 4—钢筋混凝土槽底　5—横向沟底 6—砌石护底

二、地面排水设施施工要点

(一)地面排水设施施工工序

地面排水设施施工工序如图 8-1 所示。

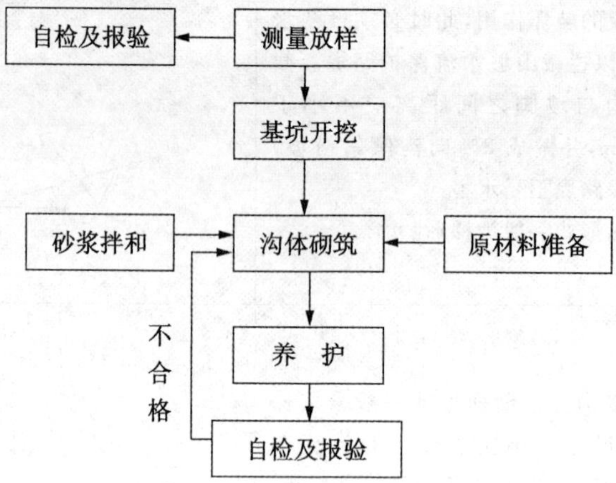

图 8-1　地面排水设施施工工序

(二)施工要点

1.边　沟

(1)边沟沟底纵坡应衔接平顺。

(2)土质地段的边沟纵坡大于 3%时应采取加固措施。

边沟完工示意图如图 8-2 所示。

图 8-2　边沟完工示意图

2.截水沟

(1)截水沟应先施工,与其他排水设施应衔接平顺。

(2)截水沟应按设计要求进行防渗及加固处理。地质不良地段、土质松软路段、透水性大或岩石裂隙较多地段,截水沟沟底、沟壁、出水口都应进行加固处理,防止水流渗漏和冲刷。

截水沟完工示意图如图 8-3 所示。

图 8-3　截水沟完工示意图

3. 排水沟

(1)排水沟线形要平顺,转弯处宜为弧线形。

(2)排水沟的出水口应设置跌水和急流槽,将水流引出路基或引入排水系统。

4. 跌　水

无消力池的跌水,其台阶高度应小于 600mm,每阶高度与长度之比应与原地面坡度相协调,其完工示意图如图 8-4 所示。

5. 急流槽

(1)片石砌缝应不大于 40mm,砂浆饱满,槽底表面粗糙。

(2)急流槽分节长度宜为 5～10m,接头处应用防水材料填缝。混凝土预制块急流槽,分节长度宜为 2.5～5.0m,接头采用榫接。

急流槽完工示意图如图 8-5 所示。

图 8-4　跌水完工示意图

图 8-5　急流槽完工示意图

同步训练

一、选择题

(1)为了排除路基范围内及流向路基内的少量地表水,可设置(　　)。

A. 急流槽　　B. 排水沟　　C. 边沟　　D. 渗沟

(2)路基边沟、截水沟、路基附近的积水主要通过(　　)排到路基以外的天然河沟。

A. 盲沟　　B. 跌水　　C. 涵洞　　D. 排水沟

(3)路基排水的目的是保证路基的(　　)。

A. 强度　　B. 稳定性　　C. 干燥　　D. 强度和稳定性

(4)在陡坡或深沟地段设置的沟底为阶梯形,水流呈瀑布跌落式通过的沟槽称为(　　)。

A. 跌水　　B. 排水沟　　C. 边沟　　D. 渗沟

(5)在气候干燥地区的排水困难地段,在公路两侧每隔一定的距离,为汇集边沟流水,设置的排水构造是(　　)。

A. 蒸发池　　B. 倒虹吸　　C. 渗井　　D. 渗沟

二、判断题

(1)截水沟可用以汇集和排除路基范围内和流向路基的地面水。(　　)

(2)边沟和涵洞拼接处应与涵洞洞口建筑配合,以便水流通畅进入涵洞。(　　)

(3)截水沟离开挖方路基顶面的距离根据土质和路堑深度确定。(　　)

(4)在陡坡或深沟地段设置的坡度较陡,水流不离开槽底的沟槽为急流槽。(　　)

(5)截水沟不需要进行防渗和加固。(　　)

任务二　地下排水设施施工

任务描述

本任务为暗沟的施工,通过学习引出渗沟、渗井等其他地下排水设施,使学生掌握地下排水设施的种类及施工要点。

知识准备

一、地下排水设施的种类

地下排水设施能够拦截、汇集、排除地下水或降低地下水位。公路路基常用的地下排水设备有暗沟、渗沟及渗井等(见表 8-3 和表 8-4)。

表 8-3　地下排水设施设置位置及作用

地面排水类型	设置位置	作　用
暗沟	暗沟设置在路基范围泉眼,或高速公路、一级公路中央分隔带雨水口的下面。	将路基范围内的泉水或渗沟所拦截、汇集的水流,排到路基范围以外,而其本身无汇水、渗水的作用
渗沟	渗沟设置在边沟、路肩、路基中线以下或路基上侧山坡适当位置,当地下水埋藏较浅或有固定含水层时宜采用渗沟	汇集和拦截流向路基的地下水,并将其排除路基范围之外,使路基土保持干燥,不致被地下水破坏

续表

地面排水类型	设置位置	作　用
渗井	在平坦地区，当路基附近的地面水或浅层地下水无法排除，如距离地面不深处有渗透性土层，而且地下水背离路基或较深，可设置渗井	当地下存在多层含水层，其中影响路基的上部含水层较薄，排水量不大，且平式渗沟难以布置，采用立式（竖向）排水，设置渗井，穿过不透水层，将路基范围内的上层地下水，引入更深的含水层中去，以降低上层的地下水位或全部予以排除

表 8-4　　**地下排水设施构造特点**

地面排水类型	构造特点	构造图示
暗沟	暗沟可分成洞式和管式两大类；盖板周围用碎（砾）石做成反滤层，颗粒直径自上而下，由外及里，逐渐增大。即上面和外层铺砂，中间铺砾石，下面和内层铺碎石，每层厚度不小于 15cm，反滤层顶部设双层反铺草皮，再用黏土夯实，以免地面水下渗和黏土颗粒落入反滤层	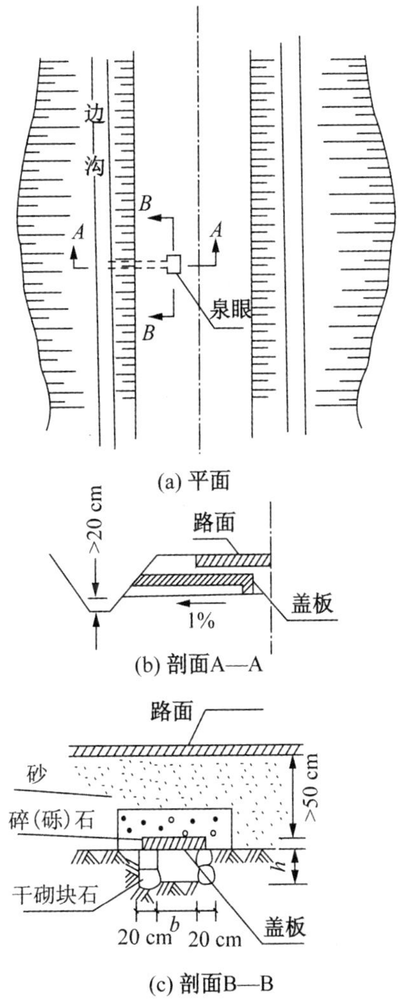 (a) 平面 (b) 剖面A—A (c) 剖面B—B

续表

地面排水类型	构造特点	构造图示
渗沟	渗沟可分为填石渗沟(盲沟)、管式渗沟和洞式渗沟三类 由排水层(石缝、管、洞)、反滤层和封闭层所组成 封闭层:防止地面水下渗(浆砌片石)和土粒落入石料的空隙 反滤层:汇集水流,防止水层中的土粒堵塞 排水层:大小均匀的砂石材料,分层填埋	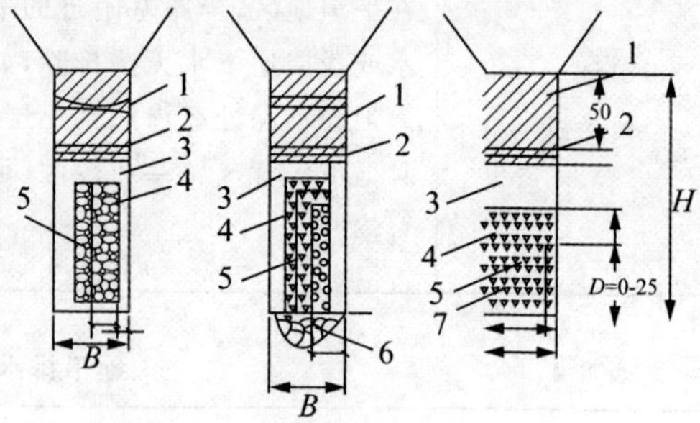 (a)盲沟式 (b)洞式 (c)管式 1—黏土夯实 2—双层反铺草皮 3—粗砂 4—石屑 5—碎石 6—浆砌片石沟洞 7—预制混凝土管
渗井	渗井上部为集水结构,下部为排水结构。井内由中心向四周,按层次分别填入由粗而细的砂石材料,粗料渗水,细料反滤 ①上部构造:渗井断面一般采用直径为 0.7m 圆形,或 0.6～1.0m的方形。渗水井的顶部四周(进口除外)用黏土夯实筑堤围护,顶部加筑混凝土盖 ②下部结构:必须穿过不透水层而深达透水层,井内填充砂石料	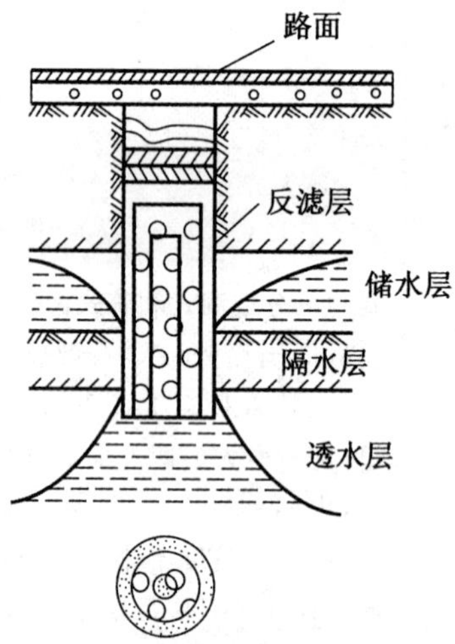

二、地下排水设施的施工要点

(一)暗　沟

(1)沟底必须埋入不透水层内,沟壁最低一排渗水孔应高出沟底至少 200mm。

(2)暗沟设在路基旁侧时,宜沿路线方向布置;设在低洼地带或天然沟谷处时,宜顺山坡的沟谷走向布置。沟底纵坡应大于 0.5%,出水口处应加大纵坡,并高出地表排水沟常水位 200mm 以上。

(3)寒冷地区的暗沟应按照设计要求做好防冻保温,出口处也应进行防冻保温处理,坡度宜大于 5%。

(4)采用混凝土或浆砌片石砌筑时,在沟壁与含水层接触面以上高度应设置一排或多排向沟中倾斜的渗水孔，沟壁外侧应填筑粗粒透水性材料或土工合成材料形成反滤层。沿沟槽底每隔 10～15m 或在软硬岩层分界处，设置沉降缝和伸缩缝。

(5)暗沟顶面必须设置混凝土盖板或石料盖板，板顶上填土厚度应大于 500mm。

(二)渗　沟

(1)各类渗沟均应设置排水层、反滤层和封闭层。

(2)填石渗沟。

①石料应洁净、坚硬、不易风化。砂宜采用中砂，含泥量应小于 2%，严禁用粉砂、细砂。

②渗水材料的顶面(指封闭层以下)不得低于原地下水位。当用于排除层间水时，渗沟底部应埋置在最下面的不透水层内。在冰冻地区，渗沟埋置深度不得小于当地最小冻结深度。

③填石渗沟纵坡不宜小于 1%。出水口底面标高应高出渗沟外最高水位 200mm。

(3)管式渗沟。

①管式渗沟长度大于 100m 时，应在其末端设置疏通井，并设横向泄水管，分段排除地下水。

②泄水孔应在管壁上交错布置，间距不宜大于 200mm。渗沟顶标高应高于地下水位。管节宜用承插式柔性接头连接。

(4)洞式渗沟。

①洞式渗沟填料顶面宜高于地下水位。

②洞式渗沟顶部必须设置封闭层，厚度应大于 500mm。

(5)边坡渗沟。

①边坡渗沟的基底应设置在潮湿土层以下的干燥地层内，阶梯式泄水坡坡度宜为 2%～4%，基底应铺砌防渗。

②沟壁应设反滤层，其余部分用透水性材料填充。

(6)支撑渗沟。

①支撑渗沟的基底宜埋入滑动面以下至少 500mm，排水坡度宜为 2%～4%。当滑动面较缓时，可做成台阶式支撑渗沟，台阶宽度宜大于 2m。

②渗沟侧壁及顶面宜设反滤层。寒冷地区的渗沟出口应进行防冻处理。

③渗沟的出水口宜设置端墙。端墙内的出水口底标高，应高于地表排水沟常水位 200mm 以上，寒冷地区宜大于 500mm。承接渗沟排水的排水沟应进行加固。

(7)反滤层。

①在渗沟的迎水面设置粒料反滤层时，粒料反滤层应用颗粒大小均匀的碎、砾石，分层填筑。

②土工布反滤层采用缝合法施工时，土工布的搭接宽度应大于 100mm。铺设时应紧贴保护层，但不宜拉得过紧。土工布破损后应及时修补，修补面积应大于破坏面积的 4～5 倍。

③坑壁土质为黏性土或粉细砂土，采用无砂混凝土板作反滤层时，在无砂混凝土板的外侧，应加设 100～150mm 厚的中粗砂或渗水土工织物反滤层。

(8)渗沟基底应埋入不透水层，沟壁的一侧应设反滤层汇集水流，另一侧用黏土夯实或浆砌片石拦截水流。如渗沟沟底不能埋入不透水层时，两侧沟壁均应设置反滤层。

(9)渗沟顶部应设置封闭层，封闭层宜采用浆砌片石或干砌片石水泥砂浆沟缝，寒冷地区应设保温层，并加大出水口附近纵坡。保温层可采用炉渣、砂砾、碎石或草皮等。

(10)渗沟宜从下游向上游开挖，开挖作业面应根据土质选用合理的支撑形式，并应随挖随支撑，及时回填，不可暴露太久。支撑渗沟应分段间隔开挖。

(三)渗　井

(1)填充料含泥量应小于5%，按单一粒径分层填筑，不得将粗细材料混杂填塞。下层透水层范围内宜填碎石或卵石，上层不透水范围内宜填砂或砾石。井壁与填充料之间应设反滤层。

(2)渗井顶部四周用黏土填筑围护，井顶应加盖封闭。

(3)渗井开挖应根据土质选用合理的支撑形式，并应随挖随支撑，及时回填。

同步训练

一、选择题

(1)设置在路基两侧的盲沟，其目的是拦截或降低(　　)，有时也设置在路基的填挖方交接处，用于拦截和排除路堑下面层间水或小股泉水；以保持路基的稳定。

A. 边沟的水　　　　B. 地下水

C. 排水沟的水　　　　D. 地表水位

(2)汇集路基下含水层的水并将它引至更下一层含水层，用于疏干路基的地下排水结构物的是(　　)。

A. 渗井　　　　B. 暗沟

C. 盲沟　　　　D. 渗沟

(3)按排水通道构成，可将渗沟分为管式渗沟和(　　)。

A. 填石渗沟　　　　B. 管式渗沟

C. 有压力渗沟　　　　D. 洞式渗沟

(4)路基下有泉水时，可采用(　　)引导水流到路基之外。

A. 排水沟　　　　B. 暗沟

C. 渗水井　　　　D. 渗沟

二、判断题

(1)适用于地下水引水较长、流量较大地区的渗沟类型是管式渗沟。(　　)

(2)当路基附近的地面水和浅层地下水无法排除，影响路基稳定时，可设置渗井来排除。(　　)

(3)暗沟可以拦截排除地下水。(　　)

(4)管式渗沟的泄水管可用钢材制作。(　　)

学习工作单

<table>
<tr><td>课程名称</td><td>公路工程施工</td><td>学习项目</td><td>路基排水工程施工</td></tr>
<tr><td colspan="4">任务内容与目标</td></tr>
<tr><td>知识</td><td colspan="2">技能</td><td>态度</td></tr>
<tr><td>1. 地面排水设施的类型、构造及施工要点。
2. 地下排水设施的类型、构造及施工要点。</td><td colspan="2">1. 能够依据规范正确识别地面排水设施并能正确指导施工。
2. 能够正确选择地下排水设施并指导施工。</td><td>1. 良好的职业行为。
2. 团结协作精神。
3. 良好的语言表达能力。</td></tr>
<tr><td colspan="4">工作任务</td></tr>
</table>

一、思考并回答以下问题。

1. 地面排水设施类型有哪些？

2. 地下排水设施类型有哪些？

二、识图回答问题。

1. 渗沟的设置部位、构造特点及施工注意事项有哪些？

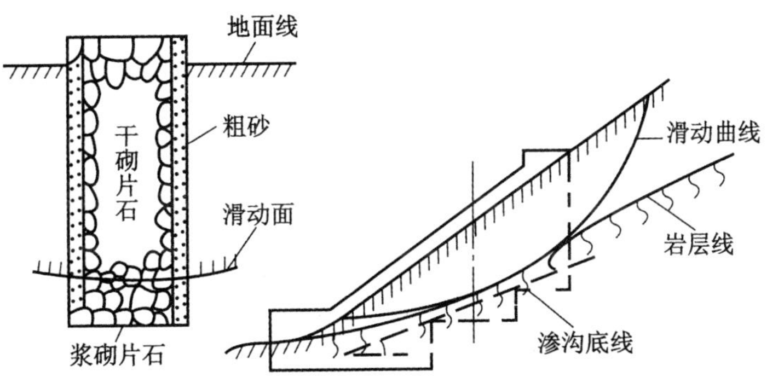

支撑渗沟

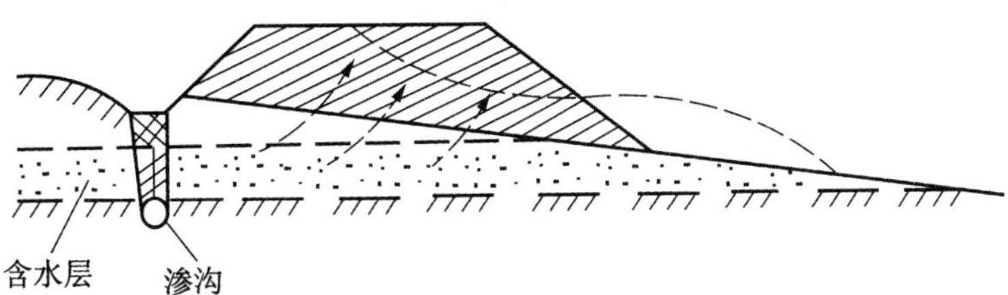

截水渗沟

续表

2.路基综合排水需重点考虑哪些方面?

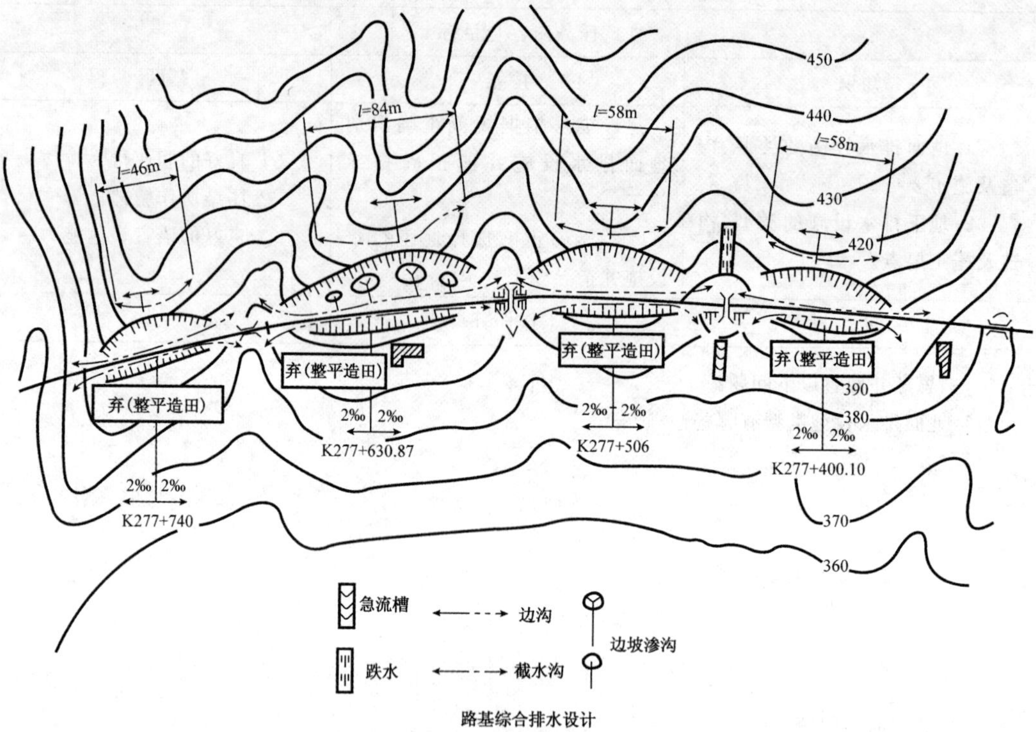

路基综合排水设计

三、案例分析试题。

[训练目标]

路基排水施工要点。

[案例描述]

东北平原某高速公路位于地下水丰富地区,为保证路基稳定,采用了多种排水设施,具体如下:

(1)在填方路基边坡坡脚3m外设置浆砌片石排水沟。

(2)为降低地下水位,设置管式渗沟,并在100~300m管式渗沟末端设横向泄水管。

(3)低填方路段设边沟,当沟底纵坡大于3%时,采用浆砌片石铺砌加固。

(4)为避免高路堤边坡被路面水冲毁,在路肩上设拦水缘石,在拦水带开口处设急流槽引离路基,与高路堤急流槽连接处设喇叭口。

续表

[案例问题]

(1)该工程中采用的多种排水设施哪些属于排除地面水设施？除这些排除地面水设施外，还有其他哪些设施？

(2)为保证浆砌片石排水沟正常使用，应在什么位置增设哪些设施？

(3)管式渗沟的泄水管可用哪些材料？管式渗沟和填石渗沟能否互相替代？为什么？

项目九　路基整修与交工验收

知识目标

(1)掌握路基整修的内容及整修方法。

(2)掌握交工验收的内容及验收标准。

能力目标

(1)能够根据公路路基施工技术规范,完成路基整修施工技术作业。

(2)能够根据公路路基施工技术规范进行交工验收。

内容概要

本项目的主要内容包括路基整修内容、整修方法、路基的检查与验收、施工质量验收的内容及标准。

引导案例

一、案例背景材料

某高速公路第一标段起点里程 K0+000,终点里程 K6+320,全长 6.32km,根据合同工期要求,路基整修计划在本月全部完成,下个月路基交工验收。路基整修包括路基表面、边坡及边和排水沟、截水沟的修整。本标段路基边坡修整采用长臂挖掘机初刷、人工精修的方案施工。路基面采用平地机和压路机整修、人工辅助、逐段成型的施工方案。排水沟、截水沟采用人工挂线进行整修。路基交工验收的内容包括每 200m 测 4 处压实度,每千米测5 个弯沉点,每 200m 测 4 点中线偏位,每 200m 测 2 处平整度,每 200m 测 4 个断面横坡,每 200m 测 4 处纵断高程,每 200m 测 4 处边坡坡度。

二、案例分析要求

分析路基整修的内容及方法,以及路基交工验收的内容和方法。

三、案例分析要点

本案例主要讲述路基整修及交工验收,主要涉及路基整修内容及交工验收标准、评定等问题，要求根据《公路路基施工技术规范》(JTG F10—2006)、《公路工程质量检验评定标准》(JTG F80/1—2012)的要求，正确分析本工程路基整修及验收要点。因此，在案例分析之前，我们需要结合规范和标准学习路基整修的内容及方法，并分析路基交工验收的标准。

任务一　路基整修

任务描述

本任务为路基顶面、边坡及排水设施的整修方案。通过学习，使学生掌握路基整修的内容及方法。

知识准备

路基工程基本完成后，在交工验收前，应对外观质量和局部缺陷进行整修或处理。路基整修由施工单位会同监理单位按设计文件和施工规范要求检查路线中线、高程、宽度、边坡、防护与支挡、排水系统和临时工程等，并根据检查结果制订整修计划及进行整修。整修工作应在检查结果及整修计划经监理工程师核查与批准后方能动工。

一、路堤整修

一般情况下，由于路面与路基施工的不连续性，路基顶面表层在多种因素下会产生不同类型的局部质量缺陷。为保证路床与路面的整体性，防止出现“夹层”，故应有针对性的处理措施。表层的整修，应根据质量缺陷的具体情况采用合理的方案、工艺进行。

(一)路堤交验工序

路堤交验工序如图 9-1 所示。

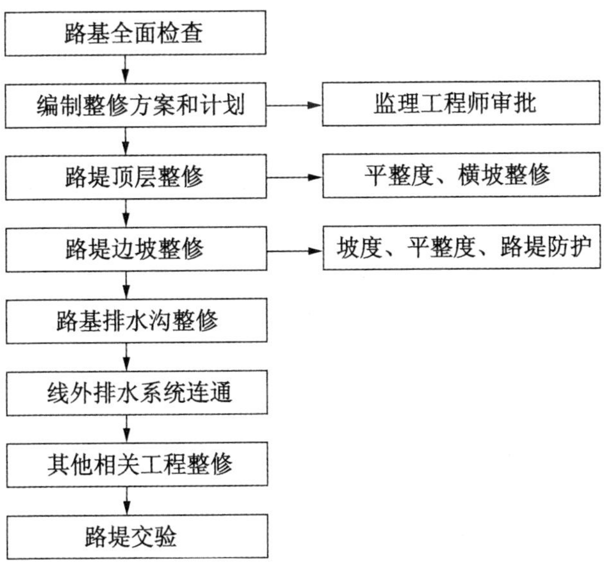

图 9-1　路堤交验工序

(二)整修要点

(1)填土路堤应用机械刮土或补土的方法整修成形,配合压路机碾压。补填的土层压实厚度应不小于100mm,压实后表面应平整,不得松散、起皮;石质路基表面应用石屑嵌缝紧密、平整,不得有坑槽和松石。

(2)测量放样,撒白灰标示出路堤两侧超填宽度。填土路堤两侧超填的部分,采用机械粗刷、人工刷坡到位。当坡面填土不足时,应自下而上将边坡挖成台阶,分层填补、夯实,再按设计坡面刷坡。

(3)修整的路基表层厚150mm以内,松散的或半埋的尺寸大于100mm的石块,应从路基表面层移走,并按规定填平压实。

(4)边沟整修挂线进行,如遇边沟缺损,补砌部分与原有部分衔接顺畅。

(三)质量要求

(1)各实测项目满足《公路工程质量检验评定标准》(JTG F80/1—2012)和《公路路基施工技术规范》(JTG F10—2006)的要求。

(2)整修后的坡面应顺适、美观、牢固,坡度符合设计要求,不得亏坡。取土坑、护坡道整齐稳定。

(3)永久性排水系统的沟、槽,表面应整齐,沟底平整,排水畅通、不渗漏,临时排水设施与现有沟渠连通。

二、路堑整修

(一)路堑交验工序

路堑交验工序如图9-2所示。

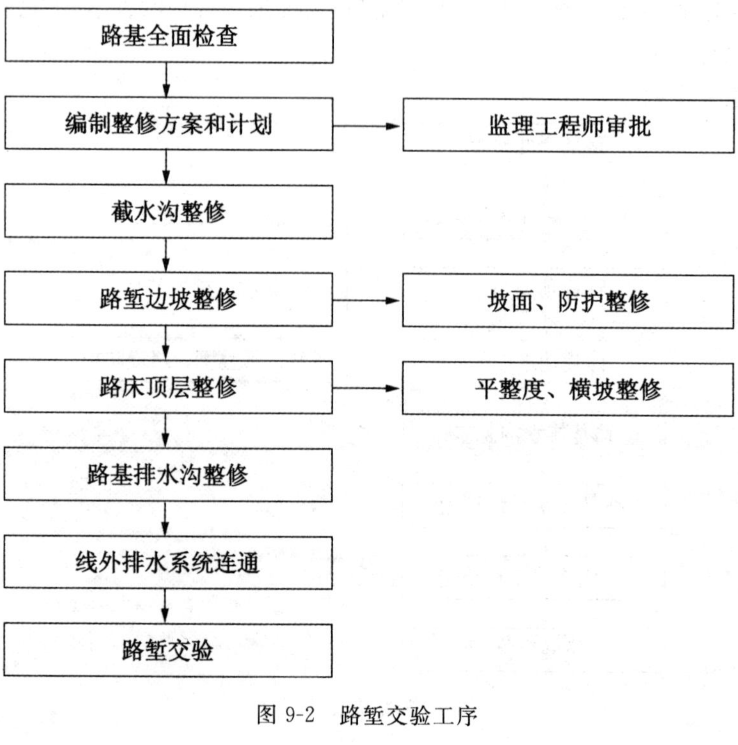

图9-2 路堑交验工序

（二）整修要点

（1）土质路基路床应用人工或机械刮土或补土的方法整修成形。

（2）深路堑边坡整修应按设计要求的坡度，自上而下进行刷坡。

（3）在整修加固坡面时，应预留加固位置。当边坡受雨水冲刷形成小冲沟时，应将原边坡挖成台阶，分层填补、夯实。

（4）边沟整修应挂线进行，如遇边沟缺损，补砌部分与原有部分衔接顺畅。

（5）路堑边坡如出现过量超挖，应用浆砌片石填补超挖坑槽。

（三）质量要求

（1）各实测项目满足《公路工程质量检验评定标准》（JTG F80/1—2012）和《公路路基施工技术规范》（JTG F10—2006）的要求。

（2）路堑边坡坡度不低于设计要求，坡面平顺稳定，不得亏坡，石质边坡无险石、悬石和浮石。

同步训练

判断题

（1）路基整修在路基交工验收后进行。（　　）

（2）路基整修工作应在检查结果及整修计划经监理工程师核查与批准后方能动工。（　　）

（3）深路堑土质边坡整修自上而下按坡度进行边坡整修，必要时在边坡上以土贴补。（　　）

（4）路基整平和边坡整修是路基填筑八流程中的最后一个流程。（　　）

任务二　路基交工验收

任务描述

本任务为路基交工验收的内容。通过学习，使学生掌握路基交工验收的内容及验收标准。

知识准备

一、路基的检查与验收

（1）当每一分项工程、分部工程、单位工程完成时，应按批准的设计图纸、设计文件技术规范的要求，对施工质量进行中间检查。中间检查验收是保证工程质量的重要环节，出现的质量事故、质量问题要按规定程序进行处理，发现的质量缺陷根据规范要求或设计要求进行返工或者处理。具体质量检查、交工验收程序如图 9-3 所示。

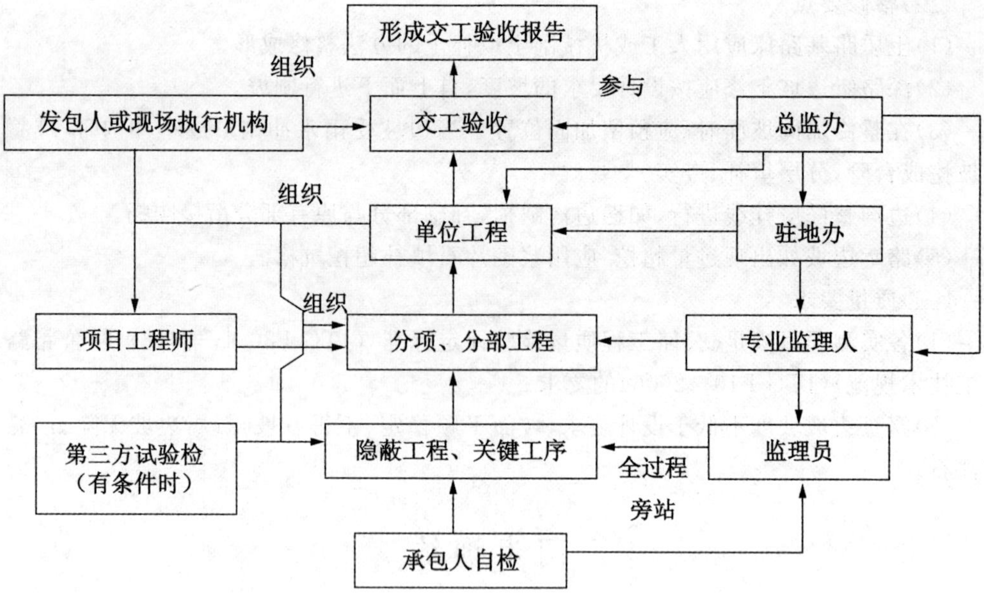

图 9-3　质量检查、交工验收程序

(2)路基施工过程中如有下列情况，应进行中间检查：

①地基准备工作完成后，及在斜坡上完成台阶后(清除地面杂草、淤泥等)。

②边坡加固前，应对其加固方法、形式、填挖方边坡加固的适用性，以及边坡坡度是否适当进行检查。

③发现已完工的土方工程及竣工后的路基被地面水浸淹损坏时。

④取土坑及弃土堆超过原设计的数量时。

⑤遇意外的填土下陷及填挖方的边坡坍塌需增加土方及边坡加固工程数量时。

⑥在进行计划以外的附加土方工程(排水沟、截水沟、疏导工程等)时。

⑦遇下列隐蔽工程时，必须按照设计要求和规范的有关规定进行中间检查验收，凡不符合有关规定的项目不得进入下一工序：

a. 路基渗沟回填土以前。

b. 填方或挖方地段，按设计规定所作的换土工作完成后。

c. 对需采取特殊措施才能保证填方稳定的路基，在地基处理后(如泉水、溶洞、地下水处理后)。

d. 路基隔离层上填土以前。

(3)各类防护加固工程基础开挖后，应检查基底地质、标高、地下水情况。

(4)交工验收前应恢复施工段内的导线点、水准点，以及验收中要求和可能需要的其他标志桩。

(5)交工验收前应按路基施工技术规范和《公路工程质量检验评定标准》(JTG F80/1—2012)的要求进行自检，自检合格后，编制符合要求的交工资料，申请进行交工验收。

(6)交工竣工验收时，应对下列项目进行检查、验收：

①路基的平面位置。

②路基宽度、标高、横坡和平整度。

③边坡坡度及边坡加固。

④边沟和其他排水措施的尺寸及底面纵坡。

二、土方路基施工质量验收标准

(一)基本要求

(1)在路基用地和取土坑范围内,应清除地表植被、杂物、积水、淤泥和表土,处理坑塘,并按规范和设计要求对基底进行压实。

(2)路基填料应符合规范和设计的规定,经认真调查、试验后合理选用。

(3)填方路基需分层填筑压实,每层表面平整,路拱合适,排水良好。

(4)临时排水系统应与设计排水系统结合,避免冲刷边坡,勿使路基附近积水。

(5)在设定取土区内合理取土,不得滥开滥挖。完工后应按要求对取土坑和弃土场进行修整,保持合理的几何外形。

(二)实测项目

土方路基检测项目、土方路基允许偏差及检查方法如表 9-1 所示。

表 9-1　　土方路基实测项目

<table>
<tr><th rowspan="3">项次</th><th rowspan="3" colspan="3">检查项目</th><th colspan="3">规定值或允许偏差</th><th rowspan="3">检查方法和频率</th><th rowspan="3">权值</th></tr>
<tr><th rowspan="2">高速公路、一级公路</th><th colspan="2">其他公路</th></tr>
<tr><th>二级公路</th><th>三、四级公路</th></tr>
<tr><td rowspan="5">1</td><td rowspan="5">压实度(%)</td><td rowspan="2">零填及挖方(m)</td><td>0～0.30</td><td></td><td></td><td>94</td><td rowspan="5">检查方法:灌砂法、环刀法、水袋法、蜡封法等
检查频率:每200m 每压实层测4处或按要求的检测频率</td><td rowspan="5">3</td></tr>
<tr><td>0～0.80</td><td>≥96</td><td>≥95</td><td></td></tr>
<tr><td rowspan="3">填方(m)</td><td>0～0.80</td><td>≥96</td><td>≥95</td><td>≥94</td></tr>
<tr><td>0.80～1.50</td><td>≥94</td><td>≥94</td><td>≥93</td></tr>
<tr><td>>1.50</td><td>≥93</td><td>≥92</td><td>≥90</td></tr>
<tr><td>2</td><td colspan="3">弯沉(0.01mm)</td><td colspan="3">不大于设计要求值</td><td>贝克曼梁或自动弯沉仪:每一双车道评定路段(≤1km)检查 80～100 个点,多车道公路必须按车道数与双车道相比,相应增加测点</td><td>3</td></tr>
</table>

续表

项次	检查项目	规定值或允许偏差			检查方法和频率	权值
		高速公路、一级公路	其他公路			
			二级公路	三、四级公路		
3	纵断高程(mm)	+10,−15	+10,−20		水准仪：每 200m 测 4 断面	2
4	中线偏位(mm)	50	100		经纬仪：每 200m 测 4 点，弯道加 HY、YH 两点	2
5	宽度(mm)	不小于设计			米尺：每 200m 测 4 处	2
6	平整度(mm)	15	20		3m 直尺：每 200m 测 2 处×10 尺	2
7	横坡(%)	±0.3	±0.5		水准仪：每 200m 测 4 个断面	1
8	边坡	不陡于设计值			尺量：每 200m 测 4 处	1

注：(1)压实度以重型击实试验法为准，评定路段内的压实度平均值下置信界限不得小于规定标准，单个测定值不得小于极值(表列规定值减 5 个百分点)。小于表列规定值 2 个百分点的测点，按其数量占总检查点的百分率计算减分值。

(2)采用核子仪检验压实度时应进行标定试验，确认其可靠性。

(3)特殊干旱、特殊潮湿地区或过湿土路基，可按交通部颁发的路基设计、施工规范所规定的压实度标准进行评定。

(4)三级公路修筑沥青混凝土或水泥混凝土路面时，其路基压实度应采用二级公路标准。

(三)外观鉴定

(1)路基表面平整，边线直顺，曲线圆滑。

(2)路基边坡坡面平顺、稳定，不得亏坡，曲线圆滑。

(3)取土坑、弃土堆、护坡道飞碎落台的位置适当，外形整齐、美观，防止水土流失。

三、石方路基施工质量验收标准

(一)基本要求

(1)石方路堑的开挖宜采用光面爆破法。爆破后应及时清理险石、松石，确保边坡安全、稳定。

(2)修筑填石路堤时应进行地表清理，逐层水平填筑石块，摆放平稳，码砌边部。填筑层厚度及石块尺寸应符合设计和施工规范规定，填石空隙用石渣、石屑嵌压稳定。上下路床填料和石料最大尺寸应符合规范规定。采用振动压路机分层碾压，压至填筑层顶面石块稳定，18t 以上压路机振压两遍，无明显标高差异。

(3)路基表面应整修平整。

(二)实测项目

石方路基实测项目、允许偏差及检查方法如表 9-2 所示。

表 9-2　石方路基实测项目

项次	检查项目		规定值或允许偏差		检查方法和频率	权值
			高速公路、一级公路	其他公路		
1	压实		层厚和碾压遍数符合要求		查施工记录	3
2	纵断高程(mm)		+10，−20	+10，−30	水准仪：每 200m 测 4 断面	2
3	中线偏位(mm)		50	100	经纬仪：每 200m 测 4 点，弯道加 HY、YH 两点	2
4	宽度(mm)		不小于设计		米尺：每 200m 测 4 处	2
5	平整度(mm)		20	30	3m 直尺：每 200m 测 2 处×10 尺	2
6	横坡(%)		±0.3	±0.5	水准仪：每 200m 测 4 断面	1
7	边坡	坡度	不陡于设计值		每 200m 抽查 4 处	1
		平顺度	符合设计要求			

注：土石混填路基压实度或固体体积率可根据实际可能进行检验，其他检测项目与石方路基相同。

(三)外观鉴定

(1)上边坡不得有松石。

(2)路基边线直顺，曲线圆滑。

同步训练

一、选择题

(1)下列指标中，对土方路基质量评定影响最大的指标是(　　)。

A. 平整度　B. 纵断高程　C. 边坡坡度　D. 压实度

(2)石方路基交工验收时不需要检测的项目是(　　)。

A. 平整度　B. 纵断高程　C. 弯沉　D. 压实

(3)在土方路基与石方路基中，共有的检查项目为(　　)

A. 厚度　B. 弯沉　C. 纵断高程　D. 压实度

(4)工程质量检验评分中,分项工程质量检验内容不包括(　　)。

A. 基本要求　B. 实测项目　C. 外观鉴定　D. 合同文件

(5)三级公路修筑沥青混凝土或水泥混凝土路面时,其路基压实度应采用(　　)公路标准。

A. 一级　B. 二级　C. 三级　D. 四级

二、判断题

(1)路基压实度需分层检验,路基其他检测项目均在路基顶面进行检查测定。(　　)

(2)石方路基不需要测压实度。(　　)

(3)砂浆强度是锚喷防护实测项目中的关键项目。(　　)

(4)断面尺寸不是砌体挡土墙中实测项目中的关键项目。(　　)

(5)中线偏位是指公路中线的实际位置与设计位置之间的偏移量。(　　)

学习工作单

<table>
<tr><td>课程名称</td><td>公路工程施工</td><td>学习项目</td><td>路基整修与交工验收</td></tr>
<tr><td colspan="4">任务内容与目标</td></tr>
<tr><td>知识</td><td colspan="2">技能</td><td>态度</td></tr>
<tr><td>1. 路基整修的流程及要点。
2. 路基交工验收质量控制。</td><td colspan="2">1. 能够依据规范对路堤、路堑、排水等工程进行整修。
2. 能够正确地进行交工验收。</td><td>1. 良好的职业行为。
2. 团结协作精神。
3. 良好的语言表达能力。</td></tr>
<tr><td colspan="4">工作任务</td></tr>
</table>

一、思考并回答以下问题。

1. 土方路基交工验收实测项目有哪些?

2. 石方路基交工验收实测项目有哪些?与土方路基实测项目有什么不同?

续表

二、案例分析

[案例描述]

某施工单位承接了某二级公路E3标段(K15+000～K25+000)路基工程施工。由于该标段工程量集中，工期紧张，项目部对工程质量管理与控制尤其重视，要求项目总工对质量控制负总责，对技术文件、报告、报表进行全面深入的审核与分析，并采取测量、试验、分析、监督等各种方法对现场质量进行检查控制。该标段作为一个单位工程，划分了分部、分项工程，依据质量检验评定标准对分项工程进行评分，项目部按优、良、合格、不合格四个等级来评定工程质量。

项目部还根据不同管理层次和职能对采用新技术、新材料、新工艺的各环节设置了质量控制关键点，以便进行重点监控。

项目部在抓质量的同时，也注重安全生产。在K23+200～K24+100路段拟采用大型综合爆破进行石方路基施工。项目部编制了爆破设计书，并提交监理工程师审批后，成立了现场指挥机构并组织人员实施，在危险边界设置了明显标志，撤离了警戒区内的人员、牲畜，并在警戒区四周安排警戒人员，最后成功完成了大型综合爆破。石方路基施工完成后，项目部实测了压实度、纵断高程、中线偏位、宽度、横坡、边坡平顺度，各项指标均满足相应标准和要求。

[案例问题]

1. 指出背景中项目部的两处错误做法，并给出正确做法。

2. 根据质量控制关键点的设置原则，除背景提及的在"新技术、新材料、新工艺各环节"设置质量控制关键点处，还应在哪些情况下设置?

续表

3. 项目部在 K23＋200～K24＋100 段施工时，是否符合爆破安全规程的相关要求？说明理由。

4. 补充石方路基实测项目。

学习领域二 路面施工

项目十　路面构造认知

知识目标

(1)了解路面工程的特点、面层类型及适用范围。

(2)掌握路面功能要求、结构及组成。

能力目标

(1)能正确识别路面结构层。

(2)能描述路面各结构层的功能及要求。

内容概要

本项目的主要内容包括路面类型与分类、路面各结构层及其功能、路面基本要求等。

任务描述

通过学习路面基本要求等内容,使学生掌握在路面施工过程中各项标准的要求,为后续路面工程施工打下基础。

知识准备

一、路面的类型与分类

路面是在路基顶面的行车部分、用各种混合料铺筑而成的层状结构物。

路基和路面是道路的主要工程结构物。路面结构层保护了路基,使其避免了直接经受车辆和大气的破坏作用,长久处于稳定状态。而坚强又稳定的路基,为路面结构长期承受汽车荷载提供了重要的保证。由此可见,路基和路面是相辅相成的、不可分离的整体,应综合考虑它们的工程特点,综合解决两者的强度、稳定性等工程技术问题。

(一)路面类型

现行的《公路工程技术标准》(JTG B01—2014)规定:路面类型应根据公路功能、技术等级、交通量、环境保护、工程造价等因素进行综合论证后选用;路面结构形式应根据当地气候条件、交通荷载、当地材料,并结合路面结构耐久性、资源循环利用等因素进行全寿命周期经济分析后合理确定。

(二)路面分类

路面类型可以从不同角度来划分,一般都按面层所用的材料区划,如水泥混凝土路面、沥青路面、砂石路面等。但是在路面结构设计中,主要从路面结构在行车荷载作用的力学特性和设计方法的相似性出发,将路面划分为柔性路面、刚性路面和半刚性路面三类。

1. 柔性路面

柔性路面的总体结构刚度较小,在车辆荷载作用之下产生较大的弯沉变形,路面结构本身的抗弯拉强度较低,它通过各结构层将车辆荷载传递给土基,使土基承受较大的单位压力。路基路面结构主要靠抗压强度和抗剪强度承受车辆荷载的作用。柔性路面主要包括各种未经处理的粒料基层和各类沥青面层、碎(砾)石面层或块石面层组成的路面结构。

2. 刚性路面

刚性路面主要指用水泥混凝土作面层或基层的路面结构。水泥混凝土的强度高,与柔性路面相比,它的抗弯拉强度高,并且有较高的弹性模量,故呈现出较大的刚性。因此,在车辆荷载作用下,水泥混凝土结构处于板体工作状态,竖向弯沉较小,路面结构主要靠水泥混凝土板的抗弯拉强度承受车辆荷载。通过板体的扩散分布作用,传递给基础上的单位压力较柔性路面小得多。

3. 半刚性路面

用水泥、石灰、粉煤灰等无机结合料处治的土或碎(砾)石及含有水硬性结合料的工业废渣修筑的基层,在前期具有柔性路面的力学性质,后期的强度和刚度均有较大幅度的增长,但是最终的强度和刚度仍远小于水泥混凝土。由于这种材料的刚性处于柔性路面与刚性路面之间,因此把这种基层和铺筑在它上面的沥青面层统称为"半刚性路面",这种基层称为"半刚性基层"。

刚性路面、柔性路面和半刚性路面,这种以力学特性为标准的分类方法主要是为了便于从功能原理和设计方法出发进行区分,并没有绝对的定量分界界限。近年来,材料科学的发展正在逐步改变这种属性,如水泥混凝土的增塑研究正在使它的刚性降低而保留它的高强性质,沥青的改性研究使得沥青混凝土随气候而变化的力学性质趋向于稳定,大幅度提高其刚度。这些说明,不同的路面类型是处于发展和相互转化中的。

二、路面的结构组成

(一)路拱横坡度

为了保证路面上雨水及时排出,减少雨水对路面的浸润和渗透,进而减弱路面结构强度,路面表面应做成中间高、两边低的直线形或抛物线形的路拱。等级高的路面,平整度和水稳定性较好,透水性也小,通常采用直线形路拱和较小的路拱横坡度。等级低的路面,为了有利于迅速排除路表积水,一般采用抛物线形路拱和较大的路拱横坡度。表10-1

列出了各种不同类型路面的路拱平均横坡度。

表 10-1　　各类路面的路拱平均横坡度

路面类型	路拱平均横坡度(%)
沥青混凝土、水泥混凝土	1～2
沥青贯入式、沥青碎石、沥青表面处治	1.5～2.5
砂石路面	3～4

选择路拱横坡度，应充分考虑有利于平稳行车和横向排水两方面的要求。在干旱和有积雪、浮冰地区，应采用低值；多雨地区应采用高值；当道路纵坡较大或路面较宽，或行车速度较高，或交通量和车辆载重较大，或常有拖挂汽车行驶时，应采用平均横坡度的低值，反之则应采用高值。

高速公路和一级公路设有中央分隔带。通常采用两种方式布置路拱横断面。若分隔带未设置排水设施，则做成中间高、两侧路面低，由单向横坡向路肩方向排水。若分隔带设置排水设施，则两侧路面分别单独做成中间高、两边低的路拱，向中间和路肩两个方向排水。

路肩横坡度一般较路面横坡大1%。但是高速公路和一级公路的硬路肩采用与路面行车道相同的结构时，应采用与路面行车道相同的路面横坡度。

(二)路面结构分层及层位功能

行车荷载和自然因素对路面的影响，随深度的增加而逐渐减弱。因此，对路面材料的强度、抗变形能力和稳定性的要求也随深度的增加而逐渐降低。为了适应这一特点，路面结构通常是分层铺筑的，按照使用要求、受力状况、土基支承条件和自然因素影响程度的不同，分成若干层次。通常按照各个层位功能的不同，划分为面层、基层和垫层，如图10-1所示。

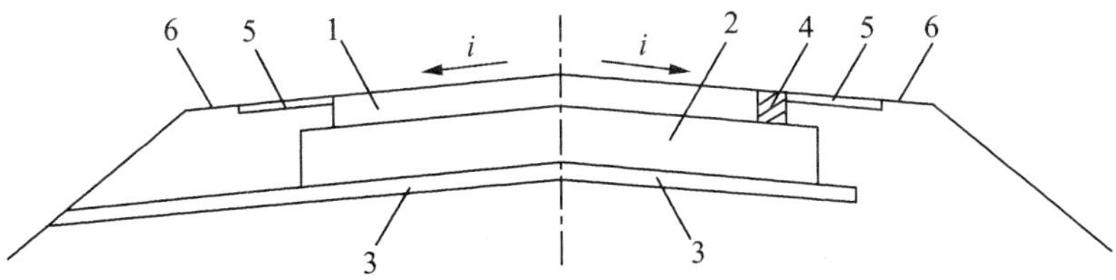

图 10-1　路面结构层次示意图

i—路拱横坡度　1—面层　2—基层(有时包括底基层)　3—垫层

4—路缘石　5—加固路肩　6—土路肩

1. 面　层

面层是路面结构最上面的一个层次，它承受较大的行车荷载的垂直力、水平力和冲击力的作用，同时还受到降水的侵蚀和气温变化的影响。因此，同其他层次相比，面层应具备较高的结构强度、抗变形能力、较好的水稳定性和温度稳定性，而且应当耐磨、不透水，其表面还应有良好的抗滑性和平整度。

修筑面层所用的材料主要有水泥混凝土、沥青混凝土、沥青碎(砾)石混合料、沙砾或碎石掺土或不掺土的混合料以及块料等。

面层有时分两层或三层铺筑,如高速公路沥青面层总厚度为 18～20cm,可分为上、中、下三层铺筑,并根据各分层的要求采用不同的级配等级。水泥混凝土路面也可分上、下两层铺筑,分别采用不同标号的水泥混凝土材料。水泥混凝土路面上加铺 4cm 沥青混凝土的复合式结构也是常见的。需要指出的是,用做封闭表面空隙,防止水分侵入面层的封层、砂石路面上所铺的 2～3cm 厚的磨耗层或 1cm 厚的保护层,以及厚度不超过 1cm 的简易沥青表面处治,不能作为一个独立的层次,应看作面层的一部分。

2.基　层

基层是面层的下承层,主要承受由面层传来的车辆荷载的垂直力,并将其扩散到下面的垫层和土基中去。实际上,基层是路面结构中的承重层,它应具有足够的强度和刚度,并应具有良好的扩散应力的能力。虽然基层位于面层之下,遭受大气因素的影响比面层小,但是仍然有可能经受地下水和通过面层渗入的雨水的侵蚀,所以,基层结构应具有足够的水稳定性。基层表面虽不直接供车辆行驶,但仍然要求有较好的平整度,这是保证面层平整性的基本条件。

修筑基层的材料主要有各种结合料(如石灰、水泥或沥青等)稳定土或稳定碎(砾)石、贫水泥混凝土、天然沙砾、各种碎石或砾石、片石、块石或圆石,以及各种工业废渣(如煤渣、粉煤灰、矿渣、石灰渣等)和土、砂、石所组成的混合料等。

高等级公路的基层一般较厚。当基层太厚时,为保证工程质量,可分为两层或三层铺筑。位于基层的最下层称为“底基层”。对底基层材料质量的要求较低,可使用当地材料来修筑。

3.垫　层

垫层介于土基与基层之间,直接与土基接触,它的功能是改善土基的湿度和温度状况,以保证面层和基层的强度、刚度和稳定性不受土基水温状况变化所造成的不良影响。另外,可以将基层传下的车辆荷载应力加以扩散,以减小土基产生的应力和变形。同时也能阻止路基土挤入基层中,影响基层结构的性能。

修筑垫层的材料,强度要求不一定高,但水稳定性和隔温性能要好。常用的垫层材料分为两类:一类是由松散粒料如砂、砾石、炉渣等组成的透水性垫层;另一类是用水泥或石灰稳定土等修筑的稳定类垫层。

为了保护路面面层的边缘,一般公路的基层宽度应比面层每边至少宽出 25cm,垫层宽度应比基层每边至少宽出 25cm,或与路基同宽,以利排水。

三、路面的基本要求

为保证公路最大限度地满足车辆运行的要求,提高车速,增强安全性和舒适性,降低运输成本和延长道路使用年限,要求路面具有足够的下述一系列的性能。

(一)具有足够的强度和刚度

行驶在路面上的车辆,通过车轮把垂直力和水平力传给路面。在水平力中,又分为纵向的和横向的两种。此外,由于汽车发动机的机械振动和悬挂系统与车身的相对运动,路面还会受到车辆的振动力和冲击力作用，在车身后面还会产生真空吸力作用。

在上述各种外力的综合作用下，路面会出现断裂、沉陷、波浪和磨损等破坏，从而会影响道路的使用质量，严重时还可能中断交通。因此，路面结构整体及其各组成部分必须具备足够的强度，以抵抗在行车作用下所产生的各种应力，如压应力、拉应力、剪应力等，保证不发生压碎、拉断、剪切等各种破坏。

刚度是指路面抵抗变形的能力。路面结构整体或某一组成部分刚度不足，即使强度足够，在车轮荷载作用下也会严重过量的变形，而形成车辙、沉陷或波浪等破坏。因此，路面结构整体及其各组成部分必须具备足够的刚度，把路面结构整体及其各组成部分的变形量控制在容许范围内。

（二）具有足够的稳定性

路面的稳定性是指路面保持其本身结构强度的性能，也就是指在外界各种影响因素的作用下，路面强度的变化幅度。

大气降水使路面结构内部的湿度发生变化。水泥混凝土路面，如果不能及时将水分排出结构层，会发生唧泥现象，冲刷基层，导致结构层提前破坏；沥青混凝土路面中水分的侵蚀，会引起沥青结构层剥落，结构松散；雨季时，砂石路面会因雨水渗入路面结构而强度下降，产生沉陷、松散等病害。因此，防水、排水是确保路面稳定的重要方面。

大气温度周期性的变化对路面结构的稳定性有重要影响。高温季节沥青路面软化，在车辆荷载作用下产生车辙和推挤，冬季低温时又可能因收缩或变脆而开裂；水泥混凝土路面在高温时会发生拱胀破坏，温度急骤变化时会因翘曲而产生破坏。

（三）具有足够的耐久性

路面结构要承受车辆荷载的反复作用和大气水温周期性的重复作用，路面材料的各项性能也可能老化衰变，路面使用性能将逐年下降，从而引起路面结构的损坏，缩短路面的使用年限。因此，必须精心设计、精心施工、精选材料，并且要把长年的养护、维修、恢复路用性能的工作放在重要的位置，提高路面的耐久性，保持其强度、刚度、几何形态经久不衰。

（四）具有良好的表面平整度

路面表面平整度是影响行车安全、行车舒适性以及运输效益的重要使用性能。特别是高速公路，对路面的平整度要求更高。不平整的路表面会增大行车阻力，并使车辆产生附加的振动作用。这种振动作用会造成行车颠簸，影响行车的速度和安全、驾驶的平稳和乘客的舒适。同时，振动作用还会对路面施加冲击力，从而加剧路面和汽车机件的损坏和轮胎的磨损，并增大油料的消耗。而且不平整的路面还会积滞雨水，加速路面的破坏。因此，为了减小振动冲击力，提高行车速度和增进行车舒适性、安全性，路面应保持一定的平整度。道路等级越高，设计车速越快，对路面平整度的要求也越高。

优良的路面平整度，要依靠优良的施工装备、精细的施工工艺、严格的施工质量控制以及经常和及时的养护来保证。同时，路面的平整度还同整个路面结构和面层材料的强度以及抗变形能力有关。强度和抗变形能力差的路面结构和面层混合料，经不起车轮荷载的反复作用，极易出现沉陷、车辙和推挤等破坏，从而形成不平整的路面表面。

(五)具有良好的表面抗滑性能

路面表面要求平整,但不宜光滑。汽车在光滑的路面上行驶时,车轮与路面之间缺乏足够的附着力或摩擦阻力。在雨天高速行车,或紧急制动,或突然启动,或爬坡、转弯时,车轮也易产生空转或打滑,致使行车速度降低,油料消耗增多,甚至引起严重的交通事故。通常用摩擦系数表征抗滑性能。摩擦系数越小,则抗滑能力越小,易引起滑溜事故。因此,路面应具有足够的抗滑性能,特别是行车速度较高时,对抗滑性能要求应越高。

路表面的抗滑能力可以通过采用坚硬、耐磨、表面粗糙的骨料组成路面表层材料来实现,有时也可采用一些工艺性措施来实现,如水泥混凝土路面的刷毛或刻槽等。此外,路面上的积雪、浮冰或污泥等,也会降低路面的抗滑性,必须及时予以清除。

(六)具有良好的环保性

砂石路面在车辆行驶时引起的灰尘以及行车时车辆在各类路面上产生的噪音,对旅客、沿路居民的环境卫生、货物和路旁农作物以及车辆本身均带来不良影响。因此,要求路面在行车过程中尽量减少扬尘,降低噪音。

(七)符合规范要求

路面断面形式及尺寸应符合交通部的有关规定。

同步训练

一、填空题

(1)路面的基本要求是:有足够的强度和刚度、足够的________、足够的________、表面平整度、抗滑性等。

(2)路面的结构层可分为________、________和________。

(3)路面的横断面形式有________式和________式。

二、简答题

(1)路面工程具有哪些特点?

(2)按照各个层位功能的不同,路面工程可划分为几个层次?各具有什么特点?

(3)要求路面工程具有哪些功能?

三、名词解释题

(1)路面

(2)面层

(3)基层

(4)垫层

学习工作单

课程名称	公路工程施工	学习项目	路面构造认知
任务内容与目标			
知识	技能	态度	
1. 路面工程的特点、面层类型及适用范围。 2. 路面功能要求、结构及组成。	1. 能正确识别路面结构层。 2. 能描述路面各结构层的功能及要求。	1. 良好的职业行为。 2. 团结协作精神。 3. 良好的语言表达能力。	
工作任务			

类别	项目	城市支路	
城市道路等级		城市支路	
交通等级		轻交通	
设计车	标准轴载累计作用次数Ne	30000	10000
水泥混凝土	温度标准 (MPa)	4.0	4.0
设计基准期(年)		20	20
可靠度系数γ		1.07	1.07
路面结构组合	面层(mm)	190(普通混凝土)	180(普通混凝土)
路面结构组合	基层 上基层(mm)	150(二灰碎石)	150(二灰碎石)
路面结构组合	基层 底基层(mm)	150(二灰土)	150(二灰土)
路面结构组合	垫层(mm)	150(石灰土)	150(石灰土)
路面结构组合	路面结构总厚(mm)	640	630
路床顶面回弹模量E_0(MPa)		25.0	25.0
基层顶面当量回弹模量E_t(MPa)		188.274	188.274
水泥混凝土拉弹性模量E_c(MPa)		27000	27000
荷载疲劳应力	接缝传荷能力应力折减总数	0.87	0.87
荷载疲劳应力	荷载疲劳应力系数k	1.79	1.69
荷载疲劳应力	综合影响数kc	1.10	1.10
荷载疲劳应力	荷数疲劳应力σ	2.521	2.555
温度疲劳应力	公路自然区别	Ⅶ	Ⅶ
温度疲劳应力	最大温度梯度(℃/m)	98	98
温度疲劳应力	温度梯度疲劳应力σ_{tr}	1.184	1.134
$\gamma r(\sigma+\sigma_{tr})$		3.966	3.947

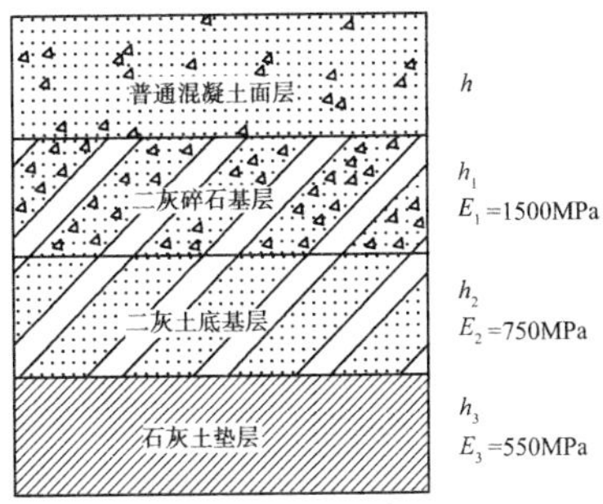

路面结构图

注：工程项目所在地区自然区划为Ⅱ、Ⅳ、Ⅴ、Ⅵ区时，水泥混凝土面层厚度可减薄100mm，最小厚度不应小于180mm。

1. 该工程路面结构层总厚度为多少？面层类型属于哪种类型？

2. 该工程基层类型属于哪种？该种基层的特点是什么？

项目十一　路面基层(底基层)施工

知识目标

(1)熟悉各类基层对材料的质量要求。

(2)掌握石灰稳定土基层的施工方法。

(3)掌握水泥稳定土基层的施工方法。

(4)掌握石灰、粉煤灰稳定粒料基层的施工工序及生产工艺。

能力目标

(1)具有石灰稳定土基层施工及缺陷处理能力。

(2)具有水泥稳定土基层施工过程的指导能力。

(3)具有石灰粉煤灰稳定粒料基层施工的能力。

内容概要

本项目的主要内容为半刚性基层的分类、特点及施工控制，讲述了石灰稳定土、水泥稳定碎石、二灰稳定碎石的施工质量控制。

引导案例

一、案例引入

北京附近某高速公路，是国家的重点建设项目，全长199km，为双向六车道高速公路，路面全宽22.5m，表面层为沥青混凝土。结构为：20cm厚石灰稳定土底基层，20cm厚石灰粉煤灰稳定碎石基层，20cm厚水泥稳定碎石基层，4cm厚沥青混凝土表面层，5cm厚沥青混凝土中面层，6cm厚沥青混凝土底面层。施工单位为保证半刚性基层施工工程质量，制定了详细的施工方案，主要施工方案要点如下：

(1)各种原材料的检测控制。

(2)石灰稳定土底基层路拌法施工质量控制。

(3)水泥稳定碎石基层施工质量控制。

(4)二灰碎石施工质量控制。

(5)底基层、基层检测验收。

二、案例分析要求

分析沥青路面基层、底基层施工每道工序的施工质量控制要点，并制定相应的技术交底和方案。

三、案例分析要点

本案例主要讲述沥青路面承重层施工质量控制问题，主要涉及石灰稳定土底基层施工和二灰、水泥稳定碎石基层施工质量控制等问题，要求根据《公路路面基层施工技术规范》(JTJ 034—2000)、《公路工程质量检验评定标准》(JTG F80/1—2012)的要求，正确分析本工程路面基层、底基层施工质量控制要点并制定针对性施工方案。因此，在案例分析之前，我们需要结合规范和标准，学习基层、底基层不同任务下的质量控制要求及技术措施。

任务一　路面基层(底基层)施工认知

任务描述

本项目路面基层为水泥稳定土无机结合料基层，根据工程实际情况及施工单位人力、设备条件，施工单位采用了中心站集中拌和法施工工艺，其中某一路段具体施工过程如下：

(1)施工放样，恢复中线。

(2)对水泥稳定土基层施工所需的土料、集料、水泥等按要求进行备料。

(3)混合料的拌和在中心站用厂拌设备进行集中拌和，未采用专用稳定土集中拌和机械。

(4)混合料的运输采用的是8t的翻斗车。为防阳光照射和雨淋，备有覆盖苫布。

(5)确定松铺系数后，进行混合料的摊铺。

(6)进行碾压，用轻型压路机配合重型振动压路机进行碾压。直线和平曲线段，由两侧路肩向路中心碾压，设超高的平曲线段，由外侧路肩向内侧路肩碾压。

(7)接缝处理。

请运用所学知识，正确回答以下问题：

(1)无机结合料稳定基层根据使用材料分为哪几类？水泥稳定土无机结合料可用于高速公路的基层吗？

(2)无机结合料稳定基层根据施工方法分为哪几种？

(3)本项目中心站集中拌和法施工准备工作是否完备？为什么？

(4)对水泥稳定土基层施工所需的土料、集料、水泥有何具体要求？

(5)请指出本项目具体施工过程中存在哪些问题，并进行纠正。

知识准备

路面基层可分为基层和底基层。直接位于沥青面层或水泥混凝土面板下面、用高质量材料铺筑的主要承重层称为“基层”。在沥青路面或水泥混凝土路面基层下、用较次质量材料铺筑的次要承重层或辅助层称为“底基层”。

一、基层(底基层)材料类型

路面的基层(底基层)可分为柔性基层、刚性基层、半刚性基层(见表 11-1)。

表 11-1　路面基层类型

基层种类	常见材料类型
柔性基层	级配碎石、级配砾石、填隙碎石、大碎石沥青混合料
刚性基层	贫混凝土
半刚性基层	无机结合料稳定类又称“半刚性基层”,一般包括水泥稳定类、石灰稳定类和石灰工业废渣稳定类

二、半刚性基层

(一)概　念

在粉碎的或原状松散的土中掺入一定量的无机结合料(包括水泥、石灰或工业废渣等)和水,经拌和得到的混合料在压实与养生后,其抗压强度符合规定要求的材料称为“无机结合料稳定材料”,以此修筑的路面称为“无机结合料稳定路面”。

由于无机结合料稳定材料的刚度介于柔性路面材料和刚性路面材料之间,常称为“半刚性材料”,以此修筑的基层或底基层亦称为“半刚性基层(底基层)”。

(二)特　点

半刚性基层具有较高的刚度,具备较强的荷载扩散能力。半刚性基层起着结构承载能力作用,而沥青面层只起着功能层作用,因此,半刚性基层沥青路面结构的主要破坏形式是半刚性基层的弯拉疲劳损坏。半刚性基层采用防水下渗措施是十分重要的。

优点:半刚性基层具有一定的板体性、刚度,扩散应力强,具有一定的抗拉强度、抗疲劳强度和良好的水稳定特性。使得路面基层受力性能良好,并且保证了基层的稳定性,广泛用于修建高等级公路或城市道路的基层或底基层。

缺点:半刚性基层抗变形能力差,在温度或湿度变化时易收缩开裂,及由此引起沥青路面的反射性裂缝。

三、半刚性基层的分类

半刚性基层按照结合料的种类和强度形成的机理不同,其材料包括水泥稳定类、水泥粉煤灰稳定类、石灰粉煤灰稳定类等。稳定土的分类和适用范围如表 11-2 所示。

表 11-2　　稳定土的分类和适用范围

无机结合料成分	土的粒径	高速公路和一级公路	二级和以下公路
水泥稳定类	水泥土	底基层	基层、底基层
	水泥砂	基层、底基层	基层、底基层
	水泥碎石	基层、底基层	基层、底基层
	水泥沙砾	基层、底基层	基层、底基层
石灰稳定类	石灰土	底基层	基层、底基层
	石灰砂土	底基层	基层、底基层
	石灰碎石	底基层	基层、底基层
石灰工业废渣稳定类	二灰土	底基层	基层、底基层
	二灰沙砾	基层、底基层	基层、底基层
	二灰碎石	基层、底基层	基层、底基层
	二灰矿渣	基层、底基层	基层、底基层

四、半刚性基层施工技术要求

(1)有足够的强度和刚度。

(2)有足够的水稳性和冰冻稳定性。

(3)有足够的抗冲刷性能。

(4)收缩性小。

(5)有足够的平整度。

(6)与面层结合良好

任务二　石灰稳定土基层施工(路拌法)

任务描述

本任务为石灰稳定土低基层施工质量控制。施工期间气候干燥，气温较低。全路段的土质有黏质粉土、砂土、重黏土，但当地石灰产量很多。路面底基层采用了石灰稳定土无机结合料底基层、二灰碎石和水泥稳定碎石基层，面层为沥青混凝土。施工单位采用路拌法施工底基层。为了保证石灰稳定土底基层的强度，施工中对压实度进行了控制。在上基层施工前，在 K1＋500～K6＋800 段发现已成形的石灰稳定底基层表面产生大量裂缝。

[问题]

(1)上述石灰稳定类基层分类及适用范围各是什么？

(2)基层中石灰原材料的技术要求有哪些？

(3)石灰土基层实测的项目有哪些?

(4)过湿路段和冰冻潮湿地段允许直接铺筑石灰土底基层吗?为什么?

①背景材料中全路段有三类土质,哪些土质改善后可以作为路基填料?简述改善方法。

②石灰稳定土基层施工工艺流程有哪些?

③简述石灰稳定土基层裂缝的主要防治措施。

知识准备

一、石灰稳定土

在粉碎的或原来松散的土(包括各种粗、中、细粒土)中,掺入足量的石灰和水,经拌和、压实及养生后得到的混合料,当其抗压强度符合规定要求时,称为“石灰稳定土”。

用石灰稳定细粒土得到的强度符合规定要求的混合料,称为“石灰土”。石灰稳定土适用于各级公路的底基层以及二级和以下公路的基层。在冰冻地区的潮湿路段以及其他地区的过分潮湿路段,不宜采用石灰土作基层。当只能采用石灰土时,应采取措施防止水分浸入石灰土层。

(一)石灰稳定土强度形成的原理

在土中掺入适当的石灰,并在最佳含水量下压实后,既发生了一系列的物理力学作用,也发生了一系列的化学与物理化学作用,从而使土的性质发生根本的改变。在初期,主要表现在土的结团、塑性降低、最佳含水量增大和最大密实度减小等。后期变化主要表现在结晶结构的形成,从而提高其板体性、强度和稳定性。

石灰稳定土强度形成主要依靠离子交换作用、火山灰作用、碳酸化作用、结晶作用。

(二)影响石灰土强度的因素

1.土　质

各种成因的亚黏土、亚砂土、粉土类土、黏土类土都可以用石灰来稳定,但生产实践表明,黏质土较好,其稳定的效果显著,强度也高。当采用塑性指数过高的土时施工不易粉碎,且增加干缩裂缝;采用塑性指数偏小的土时容易拌和,但难以碾压成形,稳定效果不显著。选用土质,既要考虑其强度,还要考虑到施工时易于粉碎便于碾压成形。一般选用塑性指数 I_P 为 15～20 的黏质土。塑性指数偏大的黏质土,要加强粉碎。粉碎后,土中 15～25mm 的土块不宜超过 5%。经验表明,塑性指数低于 12 的土不宜用石灰稳定。对于硫酸盐类含量超过 0.8%或腐殖质含量超过 10%的土,对强度有显著影响,不宜直接采用。

2.灰　质

石灰的等级愈高(即活性 CaO 和 MgO 的含量愈高)时,稳定效果愈好;石灰的细度愈大,其表面积愈大,在相同剂量下与土粒的作用愈充分,因而效果愈好。同时,石灰消解后不能在空气中存放过久,以免碳化,降低活性。

3.石灰剂量

石灰剂量是指石灰质量占全部粗细土颗粒(即砾石、碎石、沙砾、粉粒和黏粒)干质量的百分率。

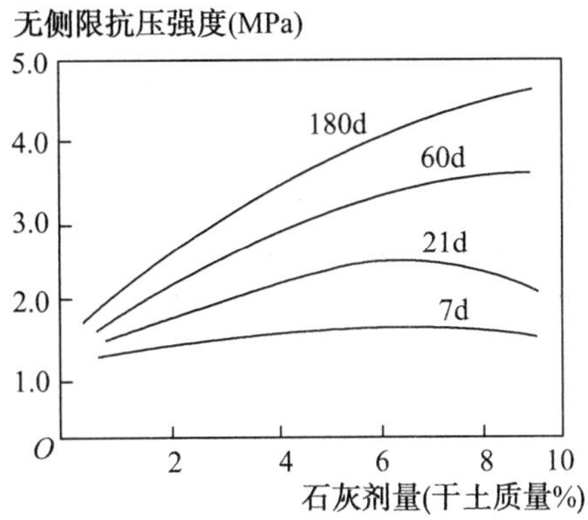

图 11-1 石灰土强度同石灰剂量的关系

石灰剂量对石灰稳定土强度影响显著(见图11-1)。石灰剂量较低(低于4%)时,石灰主要起稳定作用,土的塑性、膨胀、吸水量减小,使土的密实度、强度得到改善。随着剂量的增加,强度和稳定性均提高,但剂量超过一定范围时,强度反而降低。生产实践中常用的最佳剂量范围:对于黏质土及粉质土,为8%～14%;对于细粒土,为9%～16%。剂量的确定应根据结构层技术要求进行混合料组成设计。

4.含水量

水是石灰稳定土的重要组成部分,具有以下作用:

(1)使石灰与土发生物理—化学反应,从而提高强度。

(2)水是土的粉碎、拌和与压实的必要条件,在最佳含水量下可达到最佳压实效果。

(3)养生时需保持一定湿度。

不同土质的石灰稳定土有不同的最佳含水量,需通过标准击实试验确定,并用以控制施工中的实际加水量。

5.压实度

石灰稳定土的强度随压实度的增加而增长。实践证明,石灰稳定土的压实度每增减1%,强度增减4%左右。而且密实的石灰稳定土,其抗冻性、水稳定性也好,缩裂现象也少。

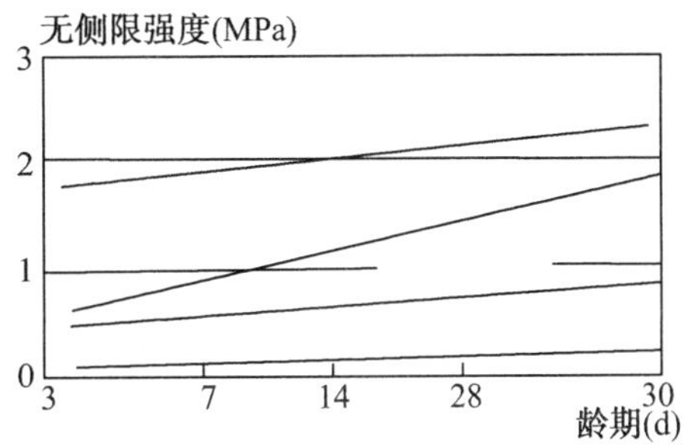

图 11-2 石灰稳定土强度随龄期增长

6.龄　期

石灰稳定土强度具有随龄期增长的特点(见图11-2)。石灰稳定土初期强度低,随着时间的逐渐增长而趋于稳定。一般情况下,石灰稳定土的强度在90d以前增长比较显著,以后就比较缓慢。石灰稳定土的这种特性,对施工程序的衔接有相当的灵活性。

7.养生条件

养生条件主要指温度与湿度。养生条件不同,其强度也有差异。当温度高时,物理化学反应、硬化、强度增长快,反之增长慢,在负温条件下甚至不增长。因此,要求施工的最低温度应在5℃以上。经验表明,夏季施工的石灰稳定土强度高,质量可以保证。湿度条件对石灰稳定土的强度有很大影响,在一定潮湿条件下养生,强度的形成比在一般空气中养生要好。

二、石灰稳定土施工

在路面的基层、底基层的施工中,混合料的拌和方式主要有路拌法和厂拌法,其摊铺方式有人工和机械两种。这里主要讲解路拌施工。

(一)石灰稳定土施工工艺流程

石灰稳定土施工工艺流程如图 11-3 所示。

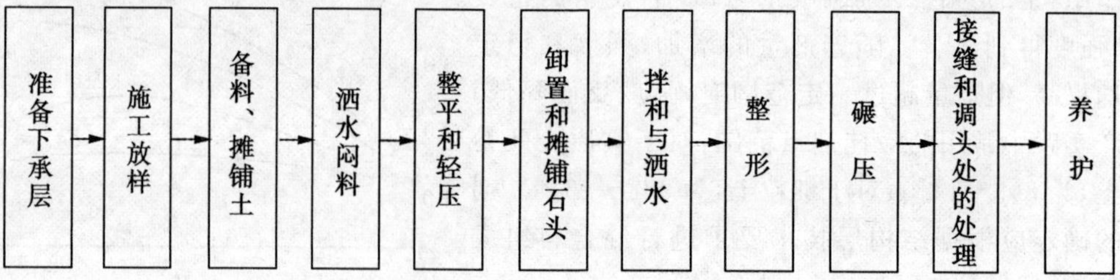

图 11-3　石灰稳定土施工工艺流程

(二)石灰稳定土施工工艺

石灰稳定土施工工艺如表 11-3 所示。

表 11-3　石灰稳定土施工工艺

序号	施工工序	工艺要求
1	准备下承层	石灰稳定土的下承层表面应平整、坚实,具有规定的路拱。当石灰稳定土用作基层时,要准备底基层;当石灰稳定土用作底基层时,要准备土基。无论土基还是底基层,都必须按规范规定进行验收。凡验收不合格的路段,必须采取措施,使其达到标准后,方能在上铺筑石灰稳定土层 在槽式断面的路段,两侧路肩上每隔一定距离(如 5～10m)应交错开挖泄水沟(或做盲沟)
2	施工放样 	在底基层或土基上恢复中线,直线段每 15～20m 设一桩,平曲线段每 10～15m 设一桩,并在对应断面的路肩外侧设指示桩。在两侧指示桩上用红漆标出石灰稳定土层边缘的设计高

续表

序号	施工工序	工艺要求
3	备料、摊铺土 	根据各段石灰稳定土层的宽度、厚度及预定的压实度(换算为压实密度),计算各路段需要的干集料质量。根据料场集料的含水量和运料车辆的吨位,计算每车料的堆放距离。根据石灰稳定土层的厚度和预定的干容量及石灰剂量,计算每平方米石灰稳定土需用的石灰质量,并计算每车石灰的摊铺面积,如使用袋装生石灰粉,则计算每袋石灰的摊铺面积。计算每车石灰的卸放位置,即纵向和横向间距,或计算每袋石灰的纵横间距 摊铺土应在摊铺石灰的前一天进行。摊料长度应与施工日进度相同,以够次日加石灰、拌和、碾压成形为准
4	洒水闷料 	摊铺石灰前,如黏性土过干,应事先洒水闷料,使土的含水量略小于最佳值。细粒土宜闷料一夜;中粒土和粗粒土,视细土含量的多少,可闷 1～2h
5	整平、轻压	对人工摊铺的土层整平后,用 6～8t 两轮压路机碾压 1～2 遍,使其表面平整,并有一定的压实度
6	摊铺石灰 	按计算的每车石灰的纵横间距,用石灰在集料层上作卸置石灰的标记,同时划出摊铺石灰的边线,用刮板将卸置的石灰均匀摊开。石灰摊铺完后,表面应没有空白位置。量测石灰的松铺厚度,根据石灰的含水量和松密度,校核石灰用量是否合适

续表

序号	施工工序	工艺要求
7	拌和(干拌) 	对二级及以上公路,应采用稳定土拌和机进行拌和,并设专人跟随拌和机,随时检查拌和深度并配合拌和机操作员调整拌和深度。拌和深度应达稳定层底并宜侵入下承层5～10mm,以利上下层黏结。严禁在拌和层底部留有素土夹层。通常应拌和2遍以上,在最后一遍拌和之前,必要时可先用多铧犁紧贴底面翻拌一遍。直接铺在土基上的拌和层也应避免素土夹层 对于三、四级公路,在没有专用拌和机械的情况下,可用农用旋转耕作机与多铧犁或平地机相配合进行拌和,但应注意拌和效果,拌和时间不能过长
8	加水并湿拌 	在上述拌和过程结束时,如果混合料的含水量不足,应用喷管式洒水车(普通洒水车不适宜用作路面施工)补充洒水 混合料拌和均匀后应色泽一致,没有灰条、灰团和花面,既无明显粗细集料离析现象,且水分合适和均匀
9	整形 	混合料拌和均匀后,先用平地机初步整平和整形。在直线段,平地机由两侧向路中心进行刮平。在平曲线段,平地机由内侧向外侧进行刮平。需要时,再返回刮一遍。用平地机或轮胎压路机快速碾压1～2遍

续表

序号	施工工序	工艺要求
10	碾压 	整形后，当混合料处于最佳含水量±1%时（如表面水分不足，应适当洒水），立即用 12t 以上三轮压路机、重型轮胎压路机或振动压路机在路基全宽内进行碾压。直线段，由两侧路肩向路中心碾压。平曲线段，由内侧路肩向外侧路肩进行碾压。碾压时后轮应重叠 1/2 的轮宽，后轮必须超过两段的接缝处 碾压过程中，石灰稳定土的表面应始终保持湿润。在碾压结束之前，用平地机再终平一次，使其纵向顺适，路拱和超高符合设计要求。终平应仔细进行，必须将局部高出部分刮除并扫出路外，对于局部低洼之处，不再进行找补，留待铺筑面层时处理
11	接缝和调头处的处理 	注意每天最后一段末端缝（即工作缝和调头处）的处理同日施工的两工作段的衔接处，应采用搭接。前一段拌和整形后，留 5～8m 不进行碾压，后一段施工时，前段留下未压部分，应再加部分水泥重新拌和，并与后一段一起碾压 纵缝的处理：石灰稳定土层的施工应该避免纵向接缝，在必须分两幅施工时，纵缝必须垂直相接，不应斜接
12	养生 	养生对于石灰稳定土成形期最为重要，不能及时覆盖上层结构层的灰土应及时洒水养生，保证基层表面处于潮湿状态，防止干晒，养生期不少于 7d，养生期内应封闭交通，除洒水车外禁止一切车辆通行

相关链接

石灰稳定土布料

一、布　土

(1)按批准的配合比中土的用量布土。每延米用土数量用车数控制,车数的计算如下:

$$n=\frac{bh\rho s(1+W)}{G}$$

式中:b——灰土摊铺宽度(cm);

n——每延米需要的车数;

h——灰土摊铺厚度(m);

ρ——灰土混合料最大干密度(10^3kg/m^3)

s——混合料中土的百分含量(%)

G——每车湿土的标准质量(10^3kg/m^3)

W——土的含水量(%)。

按每车土摊铺的面积作为一个方格,在路上画定方格网,将每车土卸在已画定的网格,然后用推土机摊土,初平并排压,使厚度基本一致。

(2)洒水预湿。当已摊铺好的土其含水量小于最佳含水量时,应根据每立方米土中的含水量进行计算,洒水车控制喷洒量一次补足到最佳含水量,并视具体情况高出1%~2%。细粒土宜闷一夜,中、粗粒土视细土含量可缩短闷料时间。

当土的含水量较大时,应摊开翻拌晾晒,当含水量合适后再整平,使厚度达到要求。

二、布　灰

(1)用机动车布灰。先在灰土作业层面的路中央画撒一条灰线,根据每延米使用的石灰剂量,将消解合格的石灰运至作业面,沿灰线码出一梯形灰带,每延米梯形石灰带的量,就是该延米路的石灰用量,待检验合格,用人工扣反锹逐次排列均匀布撒在相应段落上。

(2)手推车运布时,以一车石灰为单位计算摊铺面积,并按此面积大小画定网格,人工均匀布撒石灰。

(3)袋装灰宜以50kg或100kg为单位按比例计算摊铺面积,画定网格后人工均匀布撒。

拌和、整形、碾压和养生与石灰稳定土施工相同。

三、实　例

灰剂量为11%的石灰土基层,宽度6m,压实厚度15cm。试验得:石灰土最大密实度1680kg/m^3,消石灰天然松方密度495kg/m^3,土的天然密度1092kg/m^3,消石灰的含水量

28%，土的含水量4%。

(1)灰土体积比：

$$石灰:土=\frac{P_2}{\gamma_2}:\frac{P_1}{\gamma_1}=\frac{11}{\dfrac{495}{(1+0.28)}}:\frac{100}{\dfrac{1092}{(1+0.04)}}=1:3.35$$

(2)土的松铺厚度：

$$h_1=\frac{\gamma_0 h_0\dfrac{P_1}{P_1+P_2}}{\gamma_1}=\frac{1680\times 15\times\dfrac{100}{100+11}}{\dfrac{1092}{1.04}}=21.6\text{cm}$$

(3)每延米用灰量：

$$V_2=\frac{b_0 h_0\gamma_0\dfrac{P_2}{P_1+P_2}}{\gamma_2}=\frac{6\times 0.15\times 1680\times\dfrac{11}{100+11}}{\dfrac{495}{1.28}}=0.39\text{m}^3$$

附：石灰土路拌法施工铺土铺灰计算。

(1)消石灰与土的体积比：

$$石灰:土=\frac{P_2}{\gamma_2}:\frac{P_1}{\gamma_1}$$

式中：P_1、P_2——分别为消石灰和土的质量百分比($P_1=100\%$)；

γ_2——消石灰的天然松方干密度(kg/m^3)，$\gamma_2=\dfrac{天然松方密度}{1+W_2}$；

γ_1——土的天然松方干密度(kg/m^3)，$\gamma_1=\dfrac{天然松方密度}{1+W_1}$；

W_1、W_2——分别为土、消石灰的天然含水量(以小数计)。

(2)土(石灰)的松铺厚度：

$$h_1=\frac{\gamma_0 h_0\dfrac{P_1}{P_1+P_2}}{\gamma_1}\qquad\left(h_2=\frac{\gamma_0 h_0\dfrac{P_2}{P_1+P_2}}{\gamma_2}\right)$$

式中：$h_1(h_2)$——土(石灰)的松铺厚度(cm)；

γ_0——石灰土的最大密实度(kg/m^3)；

h_0——石灰土铺装层压实厚度(cm)。

(3)每延米铺装层的消石灰(土)天然松方体积用量：

$$V_2=\frac{b_0 h_0\gamma_0\dfrac{P_2}{P_1+P_2}}{\gamma_2}\qquad\left(V_1=\frac{b_0 h_0\gamma_0\dfrac{P_1}{P_1+P_2}}{\gamma_1}\right)$$

式中：$V_2(V_1)$——每延米铺装层的消石灰(土)天然松方体积用量(m^3)；

b_0——石灰土铺装层宽度(m)；

h_0——石灰土铺装层压实厚度(m)。

三、石灰稳定土质量检验

石灰稳定土质量检验按现行《公路工程质量检验评定标准》(JTG F80/1—2012)进行。

(一)基本要求

(1)土的性质应符合设计要求，土块要经粉碎。

(2)石灰质量应符合设计要求，块灰需经充分消解才能使用。

(3)石灰和土的用量按设计要求控制准确，未消解生石灰块必须剔除。

(4)路拌深度要达到层底。

(5)混合料处于最佳含水量状况下，用重型压路机碾压至要求的压实度。

(6)保湿养生，养生期要符合规范要求。

(二)外观鉴定

(1)表面平整密实，无坑洼。

(2)施工接茬平整、稳定。

(三)实测项目

石灰土基层和底基层实测项目如表 11-4 所示。

表 11-4　　石灰土基层和底基层实测项目

项次	检查项目		规定值或允许偏差				检查方法
			基层		底基层		
			高速公路、一级公路	其他公路	高速公路、一级公路	其他公路	
1	压实度(%)	代表值		95	95	93	按附录 B 检查，每 200m 每车道 2 处
		极值		91	91	89	
2	平整度(mm)			12	12	15	3m 直尺，每 200m² 处×10 尺
3	纵断高程(mm)			+5，−15	+5，−15	+5，−20	水准仪：每 200mm 测 4 断面
4	宽度(mm)		不小于设计值		不小于设计值		尺量：每 200m 测 4 处
5	厚度(mm)	代表值		−10	−10	−12	按附录 H 检查，每 200m 每车道 1 处
		极值		−20	−25	−30	
6	横坡(%)			±0.5	±0.3	±0.5	水准仪：每 200mm 测 4 断面
7	强度(MPa)		符合设计要求		符合设计要求		按附录 G 检查

注：附录 B、附录 H、附录 G 据《公路工程质量检验评定标准》(JTG F80/1—2012)中的附录相关计算及规定取得。

同步训练

选择题

(1)以下不能作为公路路面基层粒料的是(　　)。

A. 水泥稳定土　B. 级配砾石　C. 填隙碎石　D. 级配碎石

(2)属于嵌锁型粒料路面基层或底基层是(　　)。

A. 填隙碎石　B. 级配碎石　C. 石灰碎石　D. 水泥碎石

(3)属于路面基层粒料类级配型是(　　)。

A. 填隙碎石　B. 天然砾石轧制成碎石

C. 天然砾石　D. 符合级配的天然沙砾

(4)适用于各级公路粒料类基层和底基层的是(　　)。

A. 泥结碎石　B. 泥灰结碎石　C. 级配碎石　D. 级配砾石

(5)不属于公路基层中用无机结合料作为稳定材料的基层是(　　)。

A. 水泥稳定类基层　B. 石灰稳定类基层

C. 工业废渣稳定类基层　D. 沥青稳定类基层

(6)我们平时习惯称为“二灰土”的基层是属于(　　)。

A. 水泥灰稳定类　B. 石灰泥稳定类

C. 水泥石灰综合稳定类　D. 石灰工业废渣稳定类

典型案例

[案例描述]

某二级公路全长 68.53km，施工期气候干燥，气温较低。全路段的土质有粉质黏土、砂性土、重黏土，但当地石灰产量很多。设计单位根据相关情况在路面结构设计中采用了石灰稳定土无极结合料基层，面层为沥青混凝土。施工单位采用路拌法施工基层。为了保证石灰稳定土基层的强度，施工单位对土质进行了改善，施工中还对压实度进行了控制，在沥青混凝土面层施工前，在 K30＋500～K37＋800 段发现已成形的石灰稳定基层表面产生大量裂缝。施工单位提出，由于该路段基层用土是重黏土，出现裂缝是正常的。

[案例问题]

(1)石灰稳定土基层产生的裂缝有哪些类型，说明产生的机理及简述防治措施。

(2)背景材料中全路段有三类土质，哪些土质需要改善？简述改善方法？

(3)简述石灰稳定土基层裂缝主要防治措施。

任务三　水泥稳定土基层的施工(厂拌法)

任务描述

本任务为水泥稳定碎石基层施工,根据工程实际情况及施工单位条件,施工单位采用在中心站用厂拌设备进行集中拌和法施工,并采用专用稳定土集中厂拌机械拌制混合料。其施工工艺有施工放样、准备下承层、混合料拌和与运输、布置基准线钢丝、混合料摊铺与碾压、自检验收、质检、养生。施工工艺流程也按此顺序进行。由于路面较宽,在摊铺时,分两辐摊铺,中间设一条纵缝,纵缝采用45°斜接。碾压时,先用轻型两轮压路机跟在摊铺机后及时进行碾压,后用重型振动压路机继续碾压密实。

(1)施工单位的施工工艺流程是否正确?如果不正确,将其改正。

(2)施工过程中存在什么问题?结合该项目的实际情况考虑,最好的摊铺方法是什么?

本任务主要讲授水泥稳定碎石基层的施工工艺及质量控制要点,请利用所学知识回答解决以上问题。

知识准备

一、水泥稳定土

在粉碎的或原来松散的土中,掺入足量水泥和水,经拌和得到的混合料在压实及养生后,其抗压强度符合规定的要求时,称为“水泥稳定土”。水泥稳定土可适用于各级公路的基层和底基层,但水泥土不得用作二级及以上公路高级路面的基层。

用水泥稳定细粒土得到的混合料,视所用原材料而命名。当所用细粒土属于砂性土、粉性土或黏性土时,简称“水泥土”;当所用细粒土属于砂时,简称“水泥砂”。

用水泥稳定粗粒土和中粒土得到的混合料,视所用原材料,可分为水泥碎石、水泥石碴、水泥石屑、水泥沙砾、水泥碎石土和水泥沙砾土。

(一)水泥稳定土强度形成的原理

在水泥稳定土中,由于水泥用量很少,水泥的水化完全是在土中进行的,土对这一过程起着很大的影响,故凝结速度比在水泥混凝土中进行得慢。

水泥与土拌和后,水泥矿物与土中的水分发生强烈的水解和水化反应,同时从溶液中分解出氢氧化钙并形成其他水化物。当水泥的各种水化物生成后,有的自身继续硬化形成水泥石骨架,有的则与有活性的土进行反应。

水泥稳定土强度主要依靠离子交换及团粒化作用、硬凝反应、碳酸化作用形成。

(二)影响水泥稳定土强度的因素

1.土　质

土的类别和性质是影响水泥土强度的重要因素之一。除有机质或硫酸盐含量高的土以外，各种沙砾土、砂土、粉土和黏土均可用水泥稳定，但稳定的效果不尽相同。表11-5中简列了各类土用水泥稳定后的一些特性。重黏土由于难以粉碎和拌和，以及水泥用量过高而不经济，不宜用水泥稳定。土的液限不大于40，塑性指数不大于20。

表11-5　　水泥稳定土的特性

土　类	无侧限抗压强度(7d)(MPa)	弯拉弹性模量(MPa)	CBR*	水泥大致用量(干土质量%)
级配良好的砾石—砂—黏土、砂或沙砾	>2.8	$(7\sim21)\times10^3$	>600	≤5
粉质砂、砂质黏土	1.7～3.5	7×10^3	600	7
粉质—砂质黏土、级配差的砂	0.7～1.7	$(3.5\sim7)\times10^3$	200	9
粉土、粉质黏土、级配很差的砂	0.35～1.05	$<3.5\times10^3$	100	10
重黏土	<0.7	1.4×10^3	50	≥13

注：* 为加州承载比值，指所用建筑材料相对于标准碎石的承载力之比。

2. 水泥的成分和剂量

各种类型的水泥都可以用于稳定土。对于同一种土，水泥矿物成分是决定水泥土强度的主导因素。在通常的情况下，硅酸盐水泥的稳定效果较好，而铝酸盐水泥则较差。

过多的水泥用量，虽可获得强度的增长，但经济上是不合理的，因而存在一个经济用量。所需的水泥用量，按强度和耐久性需要并考虑其经济性，由试验确定。

3. 含水量

当混合料中含水不足时，水泥就要与土争水。若土对水有更大的亲和力，就不能保证水泥的完全水化和水解了。水泥正常水化所需要的水量约为水泥重量的20%。另外，水泥土的含水量不适宜时，也不能保证大土团被粉碎和水泥在土中的均匀分布，更不能保证能达到最大压实度的要求。

4. 工艺过程及养生条件

水泥、土和水拌和得愈均匀，水泥土的强度和稳定性愈高。拌和不均匀会使水泥剂量少的位置强度不能满足设计要求，而水泥剂量多的地方则会增加裂缝。

从开始加水拌和到完成压实的延迟时间，对水泥土的密实度和强度有很大的影响。间隔过长，水泥会部分结硬，一方面影响到水泥土的压实度，而压实度对强度的影响很大，另一方面将破坏已结硬水泥的胶凝作用，使水泥土的强度下降。

水泥土的强度也随龄期而增长。为保证水泥的水化，在初期养生阶段应洒水保持潮湿，每天洒水的次数和养生天数视当地气候条件而定。

二、水泥稳定土施工

水泥稳定土基层的施工方法主要有路拌法和中心站集中拌和(厂拌)法两种。水泥稳定土路拌法施工与石灰稳定土的施工相似。对于高等级公路，尤其是高速公路，应采用集中拌和制备基层混合料，以保证拌和质量和消除“素土”夹层的危险。这里主要讲水泥稳定土厂拌法施工。

(一)施工工艺

水泥稳定碎石施工工艺流程如图 11-4 所示。

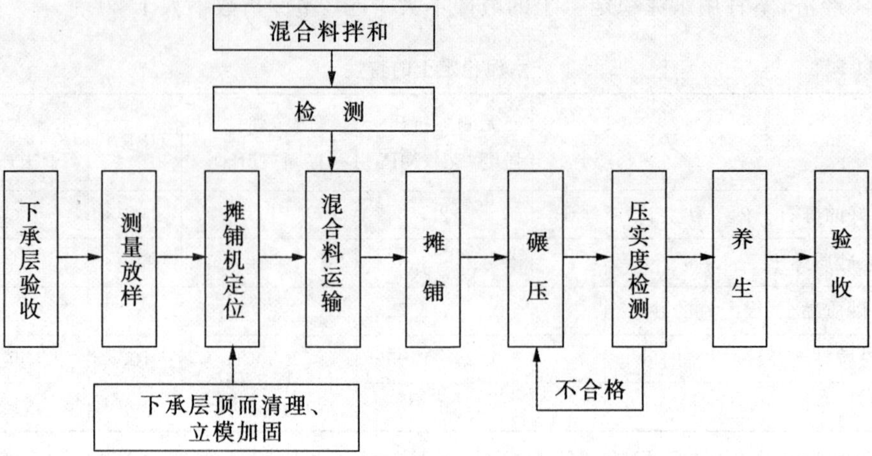

图 11-4　水泥稳定碎石施工工艺流程

(二)水泥稳定碎石施工工艺

水泥稳定碎石施工工艺如表 11-6 所示。

表 11-6　　　　水泥稳定碎石施工工艺

序号	施工工序	工艺要求
1	下承层验收 	下承层验收检查同路拌法施工
2	测量放样及下承层清扫、洒水、润湿 	在验收合格后，施工摊铺前，首先恢复中线。根据中桩和摊铺宽度每边外 30cm 定出边桩指示桩 每 200～300m 增设一临时水准点，把设计标高在两侧指示桩上用红漆标出水泥稳定土层边缘的设计高程，作为施工控制标准 设置钢丝基准线

续表

序号	施工工序	工艺要求
3	混合料拌和  	拌和前检测集料含水量，并作为拌和用水量的调整依据 混合料拌和前检查各种材料的运送线路，开启拌和机，按照规定的比例上料 考虑施工的离散性，拌和时水泥用量应比实验室所确定的水泥剂量提高 0.5% 混合料含水量对其成形质量影响较大，在拌和中应严加控制。在炎热的夏季施工，应考虑拌和、运输、摊铺过程中的水分散失，适当加大含水量 每天开始拌和前几盘料应抽样做筛分试验，如有问题应及时调整。全天拌和料应按摊铺规定的频率进行抽样试验，检测各项技术指标，使之达到规定要求 拌和时，应严防水泥下料口堵塞不流动或者流量不足，造成缺少水泥现象，应勤检查，观看拌和料是否均匀、色泽一致，否则应废弃
4	混合料运输 	运输混合料宜采用大吨位的自卸翻斗车 自卸车运料时应覆盖苫布 装料时，车要有规律地移动，使拌料在装车时不致产生离析 发料时应认真填写发料单，记录车号、出料时间、吨位等，运至摊铺现场，应由收料人核对查收，并注明摊铺时间，以备检查剔除超出延时时间的混合料，以防影响工程质量 自卸车将混合料倒车进行摊铺、喂料时，应听从现场人员指挥，严禁撞击摊铺机

续表

序号	施工工序	工艺要求
5	混合料摊铺   	基层摊铺采用两台摊铺机时，宜为同种型号的摊铺机，前后相距 8～10m，同时向前摊铺 前一台摊铺机使用一侧钢丝基准线控制标高，并用摊铺机横坡仪控制横坡。第二台摊铺机以一侧的钢丝基准线控制标高，另一侧走滑靴控制横坡，滑靴放在第一台摊铺机铺好未碾压的混合料上，摊铺宽度应与先摊铺层搭接 5cm 左右，以保证两次摊铺接缝紧密 拌和好的混合料运至现场，等到存有一定车数应立即按松铺厚度均匀摊铺。在摊铺前应检查两侧分料器接头处有无离析的料，并清除处理。注意检查含水量大小是否合适，及时反馈给拌和站以便调整 开始摊铺后，当铺到 10m 左右时，应检测摊铺面标高、横坡、厚度，如不符合设计时，应适当调整，再进行摊铺。正常施工时，应每 10m 做一次松铺厚度检验并记录，每 50m 检测一次横坡。如发现摊铺面上有杂物、大块石料，应清除并补填合格料 摊铺时应保持匀速摊铺，根据拌和能力确定摊铺速度，一般规定 1～3m/min。设专人指挥运料车卸料，以保证不撞击摊铺机 摊铺过程中因故中断 2h 或每天的工作结束时，必须设置横缝，摊铺机应驶离混合料末端一定距离

续表

序号	施工工序	工艺要求
6	混合料的碾压施工  	摊铺整形后立即进行碾压，按由边到中、由低到高、重叠1/2轮宽的原则进行碾压，一般需碾压6～8遍，碾压速度先慢后快 碾压段落必须层次分明，设置明显的作业区域标志，一次碾压长度一般为40～50m，并由低侧向高侧碾压 压实时，遵循稳压→重振动碾压→胶轮稳压的程序，压至无明显痕迹为止。碾压过程中，采用灌砂法检测压实度，不合格时，重复再压 压路机碾压时行驶速度，第1～2遍为1.5～1.7km/h，以后各遍应为1.8～2.2km/h 碾压过程中，底基层的表面始终保持潮湿，如表面水分蒸发得快，应及时补洒少量水
7	养生及路缘处理 	当混合料碾压完毕，经检测各项指标合格后，即采用土工布覆盖养生，并用洒水车人工配合洒水，洒水养生时间不能少于7d 洒水次数要视天气情况而定，保持基层表面潮湿状态，不受遍数和用水量的限制，洒水时要注意洒匀，特别是边侧一定要注意洒到位，避免用压力水对表层形成冲洗 养生期间(7d)，封闭交通，除洒水车外，禁止其他车辆通行，保证养生质量

三、水泥稳定土质量检验

水泥稳定土质量检测按现行《公路工程质量检验评定标准》(JTG F80/1—2012)进行。

(一)基本要求

(1)粒料应符合设计和施工规范要求，并应根据当地料源选择质地干净的粒料，矿渣应分解稳定，发现未分解渣块应予剔除。

(2)水泥用量和矿料级配按设计控制准确。

(3)摊铺时要注意消除粗细料离析现象。

(4)混合料处于最佳含水量状况下，用重型压路机碾压至要求的压实度。

(5)碾压检查合格后立即覆盖或洒水养生，养生期要符合规范要求。

(二)实测项目

水泥稳定粒料基层、底基层实测项目如表 11-7 所示。

表 11-7　　水泥稳定粒料基层、底基层实测项目

项次	检查项目		规定值或允许偏差				检查方法和频率
			基层		底基层		
			高速公路、一级公路	其他公路	高速公路、一级公路	其他公路	
1	压实度(%)	代表值	98	97	96	95	按附录 B 检查,每 200m 每车道 2 处
		极值	94	93	92	91	
2	平整度(m)		8	12	12	15	3m 直尺:每 200m^2 处×10 尺
3	纵断高程(m)		+5,−10	+5,−15	+5,−15	+5,−20	水准仪:每 200m 测 4 断面
4	宽度(m)		不小于设计值				尺量:每 200m 测 4 断面
5	厚度(mm)	代表值	−8	−10	−10	−12	按附录 H 检查,每 200m 每车道 1 处
		极值	−15	−20	−25	−30	
6	横坡(%)		0.3	±0.5	±0.3	±0.5	水准仪:每 200m 测 4 断面
7	强度(MPa)		符合设计要求				按附录 G 检查

注:附录 B、附录 H、附录 G 据《公路工程质量检验评定标准》(JTG F80/1—2012)中的附录相关计算及规定取得。

任务四　石灰、粉煤灰稳定粒料基层的施工

任务描述

本任务为二灰碎石基层施工,其中道路基层结构为 20mm 厚石灰土、200mm 厚二灰稳定碎石和 200mm 厚水泥稳定碎石,2004 年 5 月 15 日开工,2005 年 4 月 30 日完工。

(1)在石灰土基层施工时,发现在消解后的石灰中仍含有较多未消解的生石灰块,便派人用 25mm 的方孔筛将其过筛。

(2)为保证 200mm 厚二灰稳定碎石碾压密度,施工员将现有的 3 台 12t 压路机全部调换成 15t 三轮压路机。

(3)配合完工日期的要求,项目部将石灰土和二灰稳定碎石按线性流水安排施工。这两项工序定在 2004 年 8 月 10 日～12 月 25 日完成。

本任务主要讲授二灰稳定碎石基层的施工工艺及质量控制要点,请你利用所学知识回答解决以下问题。

(1)上述项目部的 3 项做法有无不妥之处?请作评论并简述正确处理方法。

(2)石灰土内可否掺加集料?掺加集料的作用及最大粒径的要求有哪些?

(3)石灰土应养生几天?

知识准备

一、二灰稳定碎石认知

二灰碎石基层即为石灰、粉煤灰稳定粒料基层，一般也叫“二灰结石”或“三渣基层”。它是在粒料中掺入适量的石灰和粉煤灰，按一定的技术要求，将其拌和均匀摊铺的混合料在最佳含水量时压实，经养生成形的一种路面基层。

我国通常使用两种类型石灰粉煤灰粒料混合料。一种是密实式的，即粒料含量占80%～88%，同时具有规定的级配，石灰加粉煤灰含量为20%～12%，起填充粒料的孔隙和黏结作用。另一种是悬浮式的，即粒料仅占50%～60%，不要求粒料具有一定级配，粒料悬浮在石灰和粉煤灰混合料之间。

二灰材料具有良好的力学性能、板体性、水稳性和一定的抗冻性，其抗冻性较石灰土高得多。在二灰中加入粒料、少量水泥或其他外加剂，可提高其早期强度。

二、二灰稳定基层材料要求

（一）石　灰

(1)石灰在使用前7～10d充分消解，石灰质量应符合规范规定的Ⅲ级消石灰或Ⅲ级生石灰的技术指标，应尽量缩短石灰的存放时间，如存放时间较长，应采取覆盖封存措施，妥善保管。

(2)磨细生石灰，可不经消解直接使用；块灰应在使用前2～3d完成消解，未能消解的生石灰块应筛除，消解石灰的粒径不得大于10cm。

(3)对储存较久或经过雨期的消解石灰应先经过试验，根据活性氧化物的含量决定能否使用和使用办法。

（二）粉煤灰

所用的粉煤灰中SiO_2、Al_2O_3和Fe_2O_3的总含量大于70%，粉煤灰的烧失量不超过20%，粉煤灰的比面积宜大于2500cm^2/g，施工中干粉煤灰和湿粉煤灰都可以使用。将粉煤灰运至指定路段或指定场地堆放，运输及存放期间要保证粉煤灰有足够的含水量，防止飞扬，湿粉煤灰的含水量不宜超过35%。使用时将凝固的粉煤灰块打碎或过筛，同时清除有害杂质。

（三）煤　渣

煤渣的松方干密度为700～1100kg/m^3，最大粒径不大于30mm，颗粒组成宜有一定的级配，且不含杂质。

（四）碎　石

二灰碎石中石料颗粒的最大粒径不超过31.5mm，并符合设计的级配要求；碎石材料的质量宜占80%，并符合《公路路面基层施工技术规范》(JTJ 034—2000)中二灰碎石的继配范围，集料压碎值不大于35%。

三、二灰稳定粒料施工

(一)拌　和

二灰稳定粒料混合料用多种机械在中心站集中拌和。

自落式二灰稳定土拌和机如图 11-5 所示。全自动配料稳定土拌和机(WDDB-300)如图 11-6 所示。

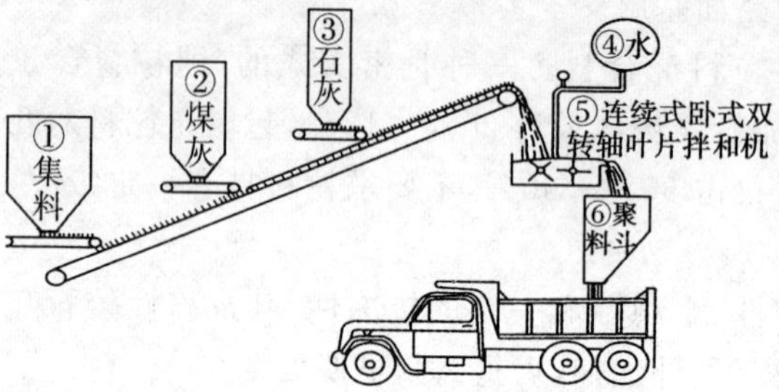

图 11-5　自落式二灰稳定土拌和机

图 11-6　全自动配料稳定土拌和机

(二)二灰碎石施工工艺

二灰碎石施工工艺流程如图 11-7 所示。

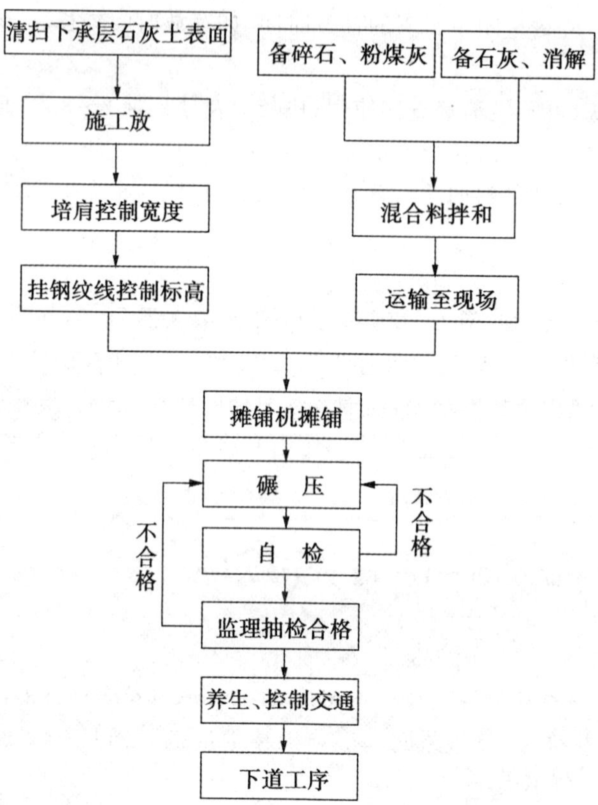

图 11-7　二灰碎石施工工艺流程

二灰碎石施工工艺如表 11-8 所示。

表 11-8 二灰碎石施工工艺

序号	施工工序	工艺要求
1	下承层验收 	石灰粉煤灰稳定碎石基层的下承层表面应平整、坚实，具有规定路拱，下承层的高程、宽度、压实度、平整度等应符合规范要求，并用压路机进行碾压，检查是否有轨迹、弹簧现象，凡不合格的路段应分别采取补充碾压、换填好的粒料等措施进行整改，低洼和坑洞应仔细填补、压实 路面底基层进行清扫和洒水湿润，用石灰粉画出二灰碎石基层的铺筑宽度线
2	测量放样 	在验收合格后，施工摊铺前，首先恢复中线。放出道路中线、基层边线，选定检测断面及观测点位置设置支撑杆，铺设基准钢丝，并用专用工具，使其张紧力不小于 100kN，钢丝挠度不超过规定值
3	混合料拌和 	拌和作业前预先调试拌和设备，依据原材料的流量以及混合料的配比、实际生产率，找出各料斗闸门开启刻度，然后试拌一次，测定混合料的含水量以及结合料的剂量，若有误差及时调整，直至符合要求 每天上、下午各测一次原材料的含水量，调整原材料的进料数量，使混合料中含水量略大于最佳含水量 2 个百分点左右 经常目测二灰碎石混合料拌和的均匀性，使出厂的混合料色泽均匀，无离析、成团块现象 试验人员应重点进行二灰碎石混合料的级配组成、灰剂量及含水量的检测。检测频率为每台拌和设备上、下午各一次

续表

序号	施工工序	工艺要求
4	混合料运输 	运输混合料宜采用大吨位的自卸翻斗车 自卸车运料时应覆盖苫布，防止水分散失过快 装料时，车要有规律地移动，使拌料在装车时不致产生离析 自卸车将混合料倒车进行摊铺，喂料时应听从现场人员指挥，严禁撞击摊铺机
5	混合料摊铺  	摊铺时混合料的含水量应大于最佳含水量1%～2%，以补偿摊铺及碾压过程中的水分损失 在摊铺机后面设专人消除粗细集料离析现象，特别是粗集料窝或粗集料带应铲除，并用拌和均匀的新混合料填补或补充细混合料并拌和均匀 用摊铺机摊铺混合料时，每天的工作缝应做成横向接缝，先将摊铺机附近未经压实的混合料铲除，再将已碾压密实且高程等符合要求的末端挖成一横向、与路中心线垂直向下的断面，然后再摊铺新的混合料 路幅较宽时，为消除纵向接缝，一般用两台摊铺机双机作业。摊铺时，采用两台摊铺机前后相距10～20m同时进行

续表

序号	施工工序	工艺要求
6	混合料的碾压施工  	摊铺整形后立即进行碾压，按由边到中、由低到高、重叠1/2轮宽的原则进行碾压，一般需碾压6～8遍，碾压速度先慢后快 碾压段落必须层次分明，设置明显的作业区域标志，一次碾压长度一般为40～50m，并由低侧向高侧碾压 压实时，遵循稳压→重振动碾压→胶轮稳压的程序，压至无明显痕迹为止。碾压过程中，采用灌砂法检测压实度，不合格时重复再压 压路机碾压时行驶速度，第1～2遍为1.5～1.7km/h，以后各遍应为1.8～2.2km/h 碾压过程中，底基层的表面始终保持潮湿，如表面水分蒸发得快，应及时补洒少量水
7	养生及路缘处理 	二灰碎石基层碾压完后即可开始洒水养生 每天洒水次数，应视当地天气情况而定。在一周内，应使二灰碎石表面保持潮湿状态 洒水养生时，应使喷出的水成雾状，不得将水直接喷射或冲击二灰碎石基层表面，将表面冲成松散状态或产生新的集料窝（带） 养生期间（7d），封闭交通，除洒水车外，禁止其他车辆通行，保证养生质量

四、二灰粒料质量检验

二灰粒料质量检验按现行《公路工程质量检验评定标准》（JTG F80/1—2012）进行。

（一）基本要求

（1）粒料应符合设计和施工规范要求，并应根据当地料源选择干净的粒料。矿渣应分解稳定，发现未分解渣块应予剔除。

（2）石灰和粉煤灰质量应符合设计要求，石灰应经充分消解后才能使用。

（3）混合料配合比应准确，不得含有灰团和生石灰块。

（4）摊铺时要注意消除粗细料离析现象。

（5）碾压时应先用轻型压路机稳压，后用重型压路机碾压至要求的压实度。

（6）保持一定湿度养生，养生期要符合规范要求。

（二）实测项目

石灰、粉煤灰稳定粒料基层和底基层实测项目如表11-9所示。

表11-9　石灰、粉煤灰稳定粒料基层和底基层实测项目

项次	检查项目		规定值或允许偏差				检查方法
			基层		底基层		
			高速公路、一级公路	其他公路	高速公路、一级公路	其他公路	
1	压实度（%）	代表值	98	97	96	95	按附录B检查，每200m每车道2处
		极值	94	91	92	91	
2	平整度(mm)		8	12	12	15	3m直尺：每200m测2处×10尺
3	纵断高程(mm)		+5，−10	+5，−15	+5，−15	+5，−20	水准仪：每200m测4个断面
4	宽度(mm)		不小于设计值		尺量：每200m测4处		
5	厚度(mm)	代表值	−8	−10	−10	−12	每200m每车道测1点
		极值	−15	−20	−25	−30	
6	横坡(%)		±0.3	±0.5	±0.3	±0.5	水准仪：200m测4个断面
7	强度(MPa)		符合设计要求				按附录G检查
8	整体性		龄期20～28d时应能取出完整的钻件				每车道500m或每一作业段取样一次

注：附录B、附录H、附录G据《公路工程质量检验评定标准》(JTG F80/1—2012)中的附录相关计算及规定取得。

（三）外观鉴定

(1)表面平整密实、无坑洼。

(2)施工接茬平整、无缝隙。

同步训练

选择题

(1)石灰工业废渣稳定土应用12t以上压路机碾压，用12～15t三轮压路机碾压，每层的压实厚度不应超过15cm，用18～20t三轮压路机碾压时，每层的压实厚度不应超过(　　)cm。

A. 15　　B. 18　　C. 20　　D. 25

(2)石灰稳定土应在秋末和夏季组织施工，施工期的日最低气温应在5℃以上，并应在第一次冰冻到来之前(　　)到两个月完成。

A. 一个月　　B. 一个半月　　C. 两个半月　　D. 三个月

(3)石灰稳定土基层应严格控制其厚度和高程，其路拱横坡应与(　　)一致。

A. 边坡　　B. 路床　　C. 面层　　D. 基层

(4)粉煤灰石灰类混合料基层质量与检查验收要求中粉煤灰质量标准 $SiO_2+Al_2O_3$ 宜大于(　　)，烧失量宜小于10%。

A. 70%　　B. 60%　　C. 50%　　D. 40%

学习工作单

<table>
<tr><td>课程名称</td><td>公路工程施工</td><td>学习项目</td><td>路面构造认知</td></tr>
<tr><td colspan="4">任务内容与目标</td></tr>
<tr><td>知识</td><td colspan="2">技能</td><td>态度</td></tr>
<tr><td>1. 路面基层的分类及特点。
2. 石灰稳定土基层的施工(路拌法)。
3. 水泥稳定土基层的施工(厂拌法)。
4. 石灰、粉煤灰稳定粒料的施工。</td><td colspan="2">1. 能够正确识别路面基层的类型和受力特点。
2. 能够正确指导石灰稳定土基层路拌法的施工。
3. 能够正确依据规范指导水泥稳定碎石基层厂拌法的施工。
4. 能够正确依据规范指导二灰碎石基层的施工。</td><td>1. 良好的职业行为。
2. 团结协作精神。
3. 良好的语言表达能力。</td></tr>
<tr><td colspan="4">工作任务</td></tr>
</table>

一、判断题

(1)路面基层的不平整，常反映于面层。(　　)

(2)石灰渣碎石性能优于粉煤灰三渣。(　　)

(3)水泥稳定土基层土块应尽可能粉碎，土块最大尺寸不应大于15mm。(　　)

(4)石灰土基层上未铺封层或面层，可以开放交通。(　　)

(5)石灰稳定土施工时，可以用薄层贴补法进行找平。(　　)

(6)石灰工业废渣稳定土基层中，中粒土和粗粒土应含有塑性指数的土。(　　)

(7)石灰工业废渣稳定土配合比试配后，28d龄期的抗压强度要求，快速路、主干路的基层抗压强度不得小于1.75MPa。(　　)

(8)级配碎石基层施工要求混合料必须均匀拌和，没有粗细颗粒离析现象。(　　)

(9)级配碎石路拌法备料时，级配碎石的最佳含水量约为4%，未筛分碎石的最佳含水量约为5%。(　　)

(10)沥青稳定碎石基层施工时，石料应与沥青有良好的吸附性，不宜采用石灰石。(　　)

二、案例分析

[案例描述]

某施工企业承包了一段36.8km的四车道高速公路沥青混凝土路面工程，路面单幅11.25m。路面结构形式为：基层为两层18cm的石灰粉煤灰稳定碎石；底基层为一层18cm的石灰粉煤灰稳定碎石；沥青混凝土面层为7cm的下面层、6cm的中面层和5cm的SMA表面层；桥上只铺5cm的SMA表面层，隧道内为水泥混凝土路面。

续表

项目经理部人员进场后，完成了经理部的建设和设备的进场工作，施工平面布置示意图如下：

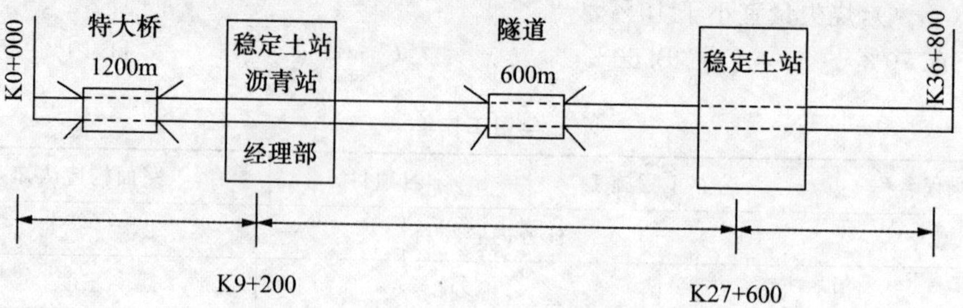

合同规定沥青材料由业主提供，地方材料由施工单位自采。材料管理人员在查看过料场、进行了价格比选后，就开始进料。

项目经理部按照各项要求，在完成了一系列的准备工作后，开始施工石灰粉煤灰稳定碎石底基层。施工中，施工人员发现其中一段800m长的底基层出现了大量裂缝和破损，经检查是由于路基质量差所致，路面施工单位拟向路基施工单位提出索赔。

[案例问题]

(1)项目部需要采购哪几大类材料？项目部材料采购程序存在什么问题？

(2)石灰类材料质量检验中的两大主要指标是什么？

(3)上述平面布置方式对稳定料的场内运输费有什么影响？说明理由。

(4)施工中，工地实验室对石灰粉煤灰稳定碎石应检验哪两项指标？并说明其合格值。

(5)由于路基交工推迟，给沥青混凝土路面施工的时间仅有140d，请通过计算(要求列出计算过程)，从生产能力为160t/h、240t/h和32t/h的沥青搅拌站中选择出满足工期要求的合理设备(已知：沥青混凝土的容重为2.4t/m^3，搅拌站每天有效工作间按8h计算)。

(6)路面施工单位的索赔对象是否恰当？说明理由

项目十二　沥青路面施工

知识目标

(1)掌握沥青路面层间结合分类及施工要点。
(2)掌握各类沥青路面的施工工序和施工要点。
(3)掌握沥青类路面施工质量控制方法。

能力目标

(1)具有沥青类路面施工的能力。
(2)能够进行沥青类路面质量检查与验收。

内容概要

本项目主要包括沥青路面透层、黏层、封层施工;热拌沥青混合料路面的施工 SMA 路面施工;沥青路面质量检测与验收等内容。

引导案例

一、案例背景材料

某高速公路沥青混凝土路面,主线单幅宽 10.5m(分离式宽 10.75m),沥青采用国产 A-70 沥青;主线行车道路面结构为 4cm SMA-13 沥青混凝土、黏层油、6cm AC-20 改性(SBS)沥青混凝土(基质沥青为 A-70 沥青)、黏层油、8cm AC-25 沥青混凝土、稀浆封层、透层油。工期 3 个月。

施工单位为保证工程质量,制定了详细的施工方案,主要施工方案要点如下:
(1)施工机械及其检查调试。
(2)各种原材料的检测控制。
(3)沥青混合料目标、生产配合比。
(4)沥青混合料的拌和。
(5)沥青混合料的运输和卸料。

(6)沥青混合料的摊铺。
(7)沥青混合料的压实。
(8)沥青混凝土路面的检测验收。

二、案例分析要求

分析沥青路面施工每道工序的施工质量控制要点，并制定相应的技术交底和方案。

三、案例分析要点

本案例主要讲述沥青路面不同结构层施工质量控制问题，主要涉及沥青路面层间结合施工和不同形式面层施工等问题，要求根据《公路沥青路面施工技术规范》(JTG F40—2004)、《公路工程质量检验评定标准》(JTG F80/1—2012)的要求，正确分析本工程沥青路面施工质量控制要点，并制定针对性路面施工方案。因此，在案例分析之前，我们需要结合规范和标准学习沥青路面不同任务下的质量控制要求及技术措施。

任务一　沥青路面施工原材料控制

任务描述

本任务为沥青混凝土路面工程中上面层 4cm SMA-13 沥青混凝土、中面层 6cm AC-20 改性(SBS)沥青混凝土(基质沥青为 A-70 沥青)和下面层 8cm AC-25 沥青混凝土的施工原材料质量控制。通过学习，使学生掌握沥青路面施工原材料质量检测项目及指标控制，能够正确地选择原材料。

知识准备

一、沥青混合料

沥青混合料是用适量的沥青材料与一定级配的矿质集料，经过充分拌和而形成的混合物。将这种混合物加以摊铺、碾压成形，即成为各种类型的沥青路面。

热拌沥青混合料包括热拌沥青碎石、沥青混凝土、抗滑表层等多种类型。热拌沥青混凝土路面是由几种大小不同的矿料，用沥青作结合料，按一定比例配合，在严格的配合比及温度条件下拌和，经压实形成的路面面层。其特点是矿料、沥青及混合料从拌和到铺筑成形均需在较高的温度范围内完成。

(一)沥青混合料的种类

按沥青混合料中剩余空隙率大小的不同，可分为开式沥青混合料、半开式沥青混合料和密实式沥青混合料(见表 12-1)。

表 12-1　　沥青混合料种类

混合料类型	密级配			开级配		半开级配	公称最大粒径(mm)	最大粒径(mm)
	连续级配		间断级配	间断级配		沥青稳定碎石		
	沥青混凝土	沥青稳定碎石	沥青玛蹄脂碎石	排水式沥青磨耗层	排水式沥青碎石基层			
特粗式		ATB-40			ATPB-40		37.5	53.0
粗粒式		ATB-30			ATPB-30		31.5	37.5
	AC-25	ATB-25			ATPB-25		26.5	31.5
中粒式	AC-20		SMA-20			AM-20	19.0	26.5
	AC-16		SMA-16	OGFC-16		AM-16	16.0	19.0
细粒式	AC-13		SMA-13	OGFC-13		AM-13	13.2	16.0
	AC-10		SMA-10	OGFC-10		AM-10	9.5	13.2
砂粒式	AC-5					AM-5	4.75	9.5
设计空隙率注(%)	3～5	3～6	3～4	>18	>18	6～12		

按矿质集料级配类型，可分为连续级配沥青混合料和间断级配沥青混合料。

按沥青混合料施工温度，可分为热拌沥青混合料和常温沥青混合料。

(二)热拌沥青混合料的结构与强度

热拌沥青混合料的特点是在施工过程中，将沥青加热至150℃～170℃，矿质集料加热至160℃～180℃，在热态下拌制成沥青混合料，并在热态下摊铺、压实成路面。经过这样拌制而得到的混合料，沥青能更好地包裹在矿质集料表面，铺筑的路面有较高的强度，且耐久性更好。

1. 沥青混合料的组成结构

沥青混合料主要由矿质集料、沥青和空气三相组成，同时还含有水分，是典型的多相多成分体系。根据粗、细集料的比例不同，其结构组成有三种形式，即悬浮密实结构、骨架空隙结构和骨架密实结构，如图12-1所示。

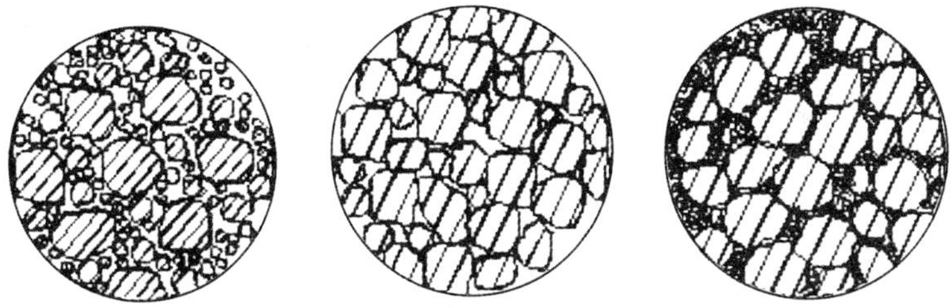

(a)悬浮密实结构　(b)骨架空隙结构　(c)骨架密实结构

图 12-1　沥青混合料矿料骨架类型

2.沥青混合料强度的影响因素

(1)集料的性状与级配。集料颗粒表面的粗糙度和颗粒形状,对沥青混合料的强度有很大影响。集料表面越粗糙、越凹凸不平,制成的沥青混合料的强度越高。集料颗粒的形状以接近立方体、呈多棱角为好。

间断密级配沥青混合料因内摩擦力大,而具有高的强度;连续级配的沥青混合料,由于其粗集料的数量太少,呈悬浮状态分布,因而它的内摩擦力较小,强度较低。

(2)沥青混合料的黏度与用量。沥青的黏度越大,抵抗剪切变形的能力越强。适当增加沥青用量,将会改善混合料的胶结性能,但当沥青用量进一步增加时,就会出现塑性变形。因此,混合料中存在最佳沥青用量。

(3)矿粉的品种与用量。碱性矿粉(如石灰石)与沥青亲和性良好,能形成较强的黏结性能,而由酸性石料磨成的矿粉则与沥青亲和性较差。

适量提高矿粉掺量,有利于提高沥青混合料的强度。一般来说,矿粉与沥青之比以0.8～1.2为宜。

二、原材料技术指标控制

沥青混合料是用适量的沥青材料与一定级配的矿质集料经过充分拌和而形成的混合物。各组成材料的技术要求分述如下:

(一)沥　青

拌制沥青混合料用沥青材料的技术性质,随气候条件、交通性质、沥青混合料的类型和施工条件等因素而异。通常在较热的气候区、较繁重的交通下,细粒式或砂粒式的混合料应采用稠度较高的沥青;反之,则采用稠度较低的沥青。在其他配料条件相同的情况下,较黏的沥青配制的混合料具有较高的力学强度和稳定性,但如稠度过高,则沥青混合料的低温变形能力较差,沥青路面容易产生裂缝。反之,在其他配料条件相同的条件下,采用稠度较低的沥青虽然配制的混合料在低温时具有较好的变形能力,但在夏季高温时往往稳定性不足,而使路面产生推挤现象。

沥青路面面层用的沥青标号,宜根据气候条件、施工季节、路面类型、施工方法和矿料类型等按表12-1选用。其他各层的沥青可采用相同的标号,也可采用不同的标号。通常是面层的上层宜用较稠的沥青,下层或连接层宜用较稀的沥青。对于渠化交通的道路宜采用较稠的沥青。当沥青标号不符合使用要求时,可采用不同标号的沥青掺配,但掺配后的技术指标应符合要求。

按《公路沥青路面施工技术规范》(JTG F40—2004)规定:对高速公路、一级公路、城市快速路、主干路用沥青混合料的沥青,应采用符合《重交通道路用石油沥青技术要求》规定的沥青,对于其他道路用沥青混合料的沥青,应符合《中、轻交通道路用石油沥青技术要求》的规定。煤沥青不得用于面层热拌沥青混合料。

1.道路石油沥青

道路石油沥青的质量应符合表12-2规定的技术要求。经建设单位同意,沥青的PI值、60℃动力黏度、10℃延度可作为选择性指标。各个沥青等级的适用范围应符合表12-3的规定。

表 12-2 道路石油沥青技术要求

指标	单位	等级	沥青标号																	试验方法[①]
			160 号[④]	130 号[④]	110 号			90 号					70 号[③]					50 号	30 号[④]	
针入度(25℃,5s,100g)	dmm		140～200	120～140	100～120			80～100					60～80					40～60	20～40	T 0604
适用的气候分区[⑥]			注[④]	注[④]	2～1	2～2	3～2	1～1	1～2	1～3	2～2	2～3	1～3	1～4	2～2	2～3	2～4	1～4	注[④]	附录 A[⑤]
针入度指数 PI[②]		A	−1.5～+1.0																	T 0604
		B	−1.8～+1.0																	
软化点(R&B)不小于	℃	A	38	40	43			45			44		46		45			49	55	T 0606
		B	36	39	42			43			42		44		43			46	53	
		C	35	37	41			42					43					45	50	
60℃动力黏度[②]不小于	Pa、s	A		60	120			160			140		180		160			200	260	T 0620
10℃延度[②]不小于	cm	A	50	50	40			45	30	20	30	20	20	15	25	20	15	15	10	T 0605
		B	30	30	30			30	20	15	20	15	15	10	20	15	10	10	8	
15℃延度不小于	cm	A、B	100															80	50	
		C	80	80	60			50					40					30	20	
蜡含量(蒸馏法)不大于	%	A	2.2																	T 0615
		B	3.0																	
		C	4.5																	
闪点不小于	℃		230					245					260							T 0611
溶解度 不小于	%		99.5																	T 0607
密度(15℃)	g/cm³		实测记录																	T 0603

续表

指标	单位	等级	沥青标号							试验方法[1]
			160号[4]	130号[4]	110号	90号	70号[3]	50号	30号[4]	
TFOT(或 RTFOT)后[5]										T 0610 或 T 0609
质量变化不大于	%		±0.8							
残留针入度比不小于	%	A	48	54	55	57	61	63	65	T 0604
		B	45	50	52	54	58	60	62	
		C	40	45	48	50	54	58	60	
残留延度(10℃)不小于	cm	A	12	12	10	8	6	4		T 0605
		B	10	10	8	6	4	2		
残留延度(15℃)不小于	cm	C	40	35	30	20	15	10	—	T 0605

注:①试验方法按照现行《公路工程沥青及沥青混合料试验规程》(JTG E20—2011)规定的方法执行。用于仲裁试验求取 PI 时的 5 个温度的针入度关系的相关系数不得小于0.997。

②经建设单位同意,表中 PI 值、60℃动力黏度、10℃延度可作为选择性指标,也可不作为施工质量检验指标。

③70 号沥青可根据需要要求供应商提供针入度范围为 60～70 或 70～80 的沥青,50 号沥青可要求提供针入度范围为 40～50 或 50～60 的沥青。

④30 号沥青仅适用于沥青稳定基层。130 号和 160 号沥青除寒冷地区可直接在中低级公路上直接应用外,通常用作乳化沥青、稀释沥青、改性沥青的基质沥青。

⑤老化试验以 TFOT 为准,也可以 RTFOT 代替。

⑥气候分区见《公路沥青路面施工技术规范》(JTG F40—2004)中附录 A。

表 12-3 道路石油沥青的适用范围

沥青等级	适用范围
A 级沥青	各个等级的公路,适用于任何场合和层次
B 级沥青	高速公路、一级公路沥青下面层及以下的层次,二级及二级以下公路的各个层次 用作改性沥青、乳化沥青、改性乳化沥青、稀释沥青的基质沥青
C 级沥青	三级及以下公路的各个层次

沥青路面采用的沥青标号,宜按照公路等级、气候条件、交通条件、路面类型和在结构层中的层位及受力特点、施工方法等,并结合当地的使用经验,经技术论证后确定。

对高速公路、一级公路,夏季温度高、高温持续时间长、重载交通、山区及丘陵区上坡路段、服务区、停车场等行车速度慢的路段,尤其是汽车荷载剪应力大的层次,宜采用稠度大、60℃黏度大的沥青,也可提高高温气候分区的温度水平选用沥青等级;对冬季寒冷的地区或交通量小的公路、旅游公路宜选用稠度小、低温延度大的沥青;对温度日温差、年温差大的地区宜注意选用针入度指数大的沥青。当高温要求与低温要求发生矛盾时,应优先考虑满足高温性能的要求。

沥青必须按品种、标号分开存放。除长期不使用的沥青可放在自然温度下存储外,沥青在储罐中的储存温度不宜低于 130℃,并不得高于 170℃。桶装沥青应直立堆放,加盖苫布。

道路石油沥青在储运、使用及存放过程中应有良好的防水措施,避免雨水或加热管道蒸汽进入沥青中。

2. 乳化沥青

乳化沥青是石油沥青或煤沥青在乳化剂、稳定剂的作用下经乳化加工制得的均匀的沥青产品,也称“沥青乳液”。按使用方法,乳化沥青分为喷洒型(用 P 表示)及拌和型(用 B 表示)乳化沥青两大类。其主要优点为:冷态施工、节约能源;利便施工、节约沥青;不需加热,故不污染环境;避免了劳动操作人员遭受沥青挥发物的毒害。

乳化沥青适用于沥青表面处治路面、沥青贯入式路面、常温沥青混合料路面,以及透层、黏层与封层。乳化沥青的类型应根据使用目的、矿料种类、气候条件选用(见表12-4)。对酸性石料,以及当石料处于潮湿状态或在低温下施工时,宜采用阳离子乳化沥青;对碱性石料,且石料处于干燥状态,或与水泥、石灰、粉煤灰共同使用时,宜采用阴离子乳化沥青。

表 12-4　　乳化沥青品种及适用范围

分　类	品种及代号	适用范围
阳离子乳化沥青	PC-1	表处、贯入式路面及下封层用
	PC-2	透层油及基层养生用
	PC-3	黏层油用
	BC-1	稀浆封层或冷拌沥青混合料用
阴离子乳化沥青	PA-1	表处、贯入式路面及下封层用
	PA-2	透层油及基层养生用
	PA-3	黏层油用
	BA-1	稀浆封层或冷拌沥青混合料用
非离子乳化沥青	PN-2	透层油用
	BN-1	与水泥稳定集料同时使用(基层路拌或再生)

乳化沥青在高温条件下宜采用黏度较大的乳化沥青，寒冷条件下宜使用黏度较小的乳化沥青。

3. 煤沥青

得到的煤焦油再经蒸馏加工制成的沥青即为煤沥青。煤沥青与石油沥青相比，在技术性质上有下列差异：温度稳定性较低，与矿质集料的黏附性较好，气候稳定性较差，含对人体有害成分较多，臭味较重。

煤沥青防腐性能好，可以用于木材防腐及地下防水、防腐工程。道路用煤沥青适用于透层、黏层，也可用于三级及以下的公路和次干路以下的城市道路铺筑沥青面层，但热拌沥青混合料路面的表面层不宜采用煤沥青。作其他用途时的储存温度宜为 70℃～90℃，且不得长时间储存。可与道路石油沥青、乳化沥青混合使用，以改善渗透性。

(二)粗集料

沥青混合料用粗集料，应该洁净、干燥、表面粗糙，形状接近立方体，且无风化，不含杂质。在力学性质方面，压碎值和洛杉矶磨耗率应符合相应道路等级的要求，如表 12-5 所示。

表 12-5　　粗集料技术要求

指　标	高速公路标准	其他等级标准
石料压碎值(96)	≤28	≤30
洛杉矶磨耗损失(%)	≤30	≤40
视密度(t/m^3)	≥2.50	≥2.45
吸水率(96)	≤2.0	≤3.0
对沥青的黏附性	≥4 级	≥3 级
坚固性	≤12	

续表

指　标	高速公路标准	其他等级标准
细长扁平颗粒含量(%)	≤15	≤20
含泥量(%)	≤1	≤1
软石含量(%)	≤5	≤5
石料磨光值(BPN)	≥42	实测
石料冲击值(%)	≤28	实测
破碎砾石的破碎面积(%) 表面层 中下面层	 ≥90 ≥50	 ≥40 ≥40

粗集料应具有良好的颗粒形状，需选用圆锥破、冲击破或反击式破碎机加工，不得采用颚式破碎机加工。

进场后粗集料必须隔离分级呈台阶式堆放，且堆料场必须硬化，各种材料应插牌标示，标示牌内容应包括材料名称、规格、粒径、用途、产地等情况，同时进行各项指标的检验。

研究表明，沥青组分中含有表面活性较强的地沥青酸和地沥青酸酐，这些酸和酸酐使碱性石料与沥青的黏附性比酸性石料与沥青的黏附性好。SiO_2 含量高于65%的集料属于酸性集料，如石英岩、花岗岩等，SiO_2 含量少于52%的集料属于碱性集料，如石灰岩为典型碱性集料，某些玄武岩也属于碱性集料，SiO_2 含量52%～65%为中性集料，如鞍山岩。属于酸性岩石的石料用于高速公路、一级公路城市快速路、主干路时，宜使用针入度较小的沥青，并采用下列抗剥离措施，使其对沥青黏附性符合要求：

(1)用干燥的生石灰或消石灰粉、水泥作为填料的一部分，其用量宜为矿料总量的1%～2%。

(2)在沥青中掺加剥离剂。

(3)将细集料用石灰浆处理后使用。

粗集料的粒径规格应符合规范要求。如粗集料不符合规范要求，但确认与其他矿料配合后的级配符合各类沥青混合料矿料级配要求时，可以使用。

(三)细集料

用于拌制沥青混合料的细集料，可以采用天然砂、人工砂或石屑。

细集料应洁净、干燥、无风化、不含杂质，并有适当的级配范围。对细集料质量的技术要求列于表12-6。细集料的洁净程度，天然砂以小于0.075mm含量的百分数表示，石屑和机制砂以砂当量(适用于0～4.75mm)或亚甲蓝值(适用于0～2.36mm或0～0.15mm)表示。

细集料堆放时必须采取搭棚严密覆盖。

表 12-6　　沥青面层用细集料质量技术要求

指　标	高速公路标准	其他等级标准
视密度(ν,m³)	≥2.50	≥2.45
坚固性	≤12	
砂当量	≥60	≥50

注:(1)坚固性试验可根据需要进行。

(2)当进行砂当量试验有困难时,也可用水洗法测定小于 0.075mm 部分的含量(仅适用于天然砂)。对高速公路、一级公路和城市快速路、主干路,要求该含量不大于 3%,对其他公路与城市道路要求该含量不大于 5%。

细集料应与沥青有良好的黏结能力,与沥青黏结性能很差的天然砂及用花岗岩、石英岩等酸性石料破碎的机制砂或石屑不宜用于高速公路、一级公路和城市快速路、主干沥青面层。当需要使用时,应符合规定的抗剥离措施:

(1)用干燥的磨细消石灰或生石灰粉、水泥作为填料的一部分,其用量宜为矿料总量的 1%～2%。

(2)在沥青中掺加抗剥离剂。

(3)将细集料用石灰浆处理后使用。

细集料的级配,天然砂宜按表 12-7 中的粗砂、中砂或细砂的规格选用,石屑宜按表 12-8 的规格选用。但细集料的级配在沥青混合料中的适用性,应以其与粗集料和填料配制成砂制混合料后,判定其是否符合矿质混合料的级配要求来决定。当一种细集料不能满足级配要求时,可采用两种或两种以上的细集料掺和使用。

表 12-7　　沥青混合料用天然砂规格

筛孔尺寸(mm)	通过各孔筛的质量百分率(%)		
	粗砂	中砂	细砂
9.5	100	100	100
4.75	90～100	90～100	90～100
2.36	65～95	75～90	85～100
1.18	35～65	50～90	75～100
0.6	15～30	30～60	60～84
0.3	5～20	8～30	15～45
0.15	0～10	0～10	0～10
0.075	0～5	0～5	0～5

表 12-8 沥青混合料用石屑规格

规格	公称粒径(mm)	水洗法通过各筛孔的质量百分率(%)							
		9.5	4.75	2.36	1.18	0.6	0.3	0.15	0.075
S15	0～5	100	90～100	60～90	40～75	20～55	7～40	2～20	0～10
S16	0～3		100	80～100	50～80	25～60	8～45	0～25	0～15

(四)填　料

沥青混合料的填料宜采用石灰岩或岩浆中的强基性岩石(憎水性石料)经磨细得到的矿粉。原石料中泥土含量应小于 3%,并不得有其他杂质。矿粉要求干燥、洁净,其质量应符合表 12-9 的技术要求。当采用水泥、石灰、粉煤灰作填料时,其用量不宜超过矿料总量的 2%。

表 12-9 沥青面层用矿粉质量技术要求

指　标	高速公路、一级公路	其他等级公路
视密度不小于(t/m³)	2.50	2.45
含水量不大于(%)		1
粒度范围 <0.6mm(%) <0.15mm(%) <0.075mm(%)	100 90～100 75～100	100 90～100 75～100
外观	无团粒结块	
亲水系数	<1	

粉煤灰作为填料使用时,烧失量应小于 12%,与矿粉混合后的塑性指数应小于 4%,其余质量要求与矿粉相同。粉煤灰的用量不宜超过填料总量的 50%。并应经试验确认与沥青有良好的黏附性,沥青混合料的水稳定性能满足要求。

拌和机采用干法除尘,粉尘可作为矿粉的一部分回收使用。湿法除尘,粉尘回收使用时应经干燥粉尘处理,且不得含有杂质。回收粉尘的每盘用量不得超过填料总量的 25%,掺有粉尘填料的塑性指数不得大于 4%,其余质量要求与矿粉相同。

同步训练

选择题

(1)道路石油沥青必须按品种和标号分开存放,储存温度不宜低于(　　)℃,并不得高于 170℃,桶装沥青应直立堆放,加盖苫布。

A. 145　　B. 150　　C. 130

(2)沥青层用粗集料包括碎石、破碎砾石、筛选砾石、钢渣、矿渣等,高速公路和一级公路不得使用(　　)和矿渣。

A. 破碎砾石　　B. 筛选砾石　　C. 钢渣

(3)SMA 混合料中不宜使用(　　)。

A. 天然砂　　B. 机制砂　　C. 石屑

(4)天然砂可采用河砂或海砂,通常宜采用粗、中砂,规格应符合级配规定。砂的含泥量超过规定时应水洗后使用,海砂中的贝壳类材料必须筛除。热拌密级配沥青混合料中天然砂的用量通常不宜超过集料总量的(　　)%,OGFC 混合料不宜使用天然砂。

A. 15　　B. 20　　C. 25

(5)沥青混合料的矿粉必须采用石灰岩或岩浆岩中的强基性岩石等(　　)性石料经磨细得到的矿粉,原石料中的泥土杂质应除净,矿粉应干燥、洁净,能自由地从矿粉仓流出。

A. 亲水　　B. 憎水　　C. 吸水

(6)拌和机的粉尘可作为矿粉的一部分回收使用,但每盘用量不得超过填料总量的(　　)%,掺有粉尘填料的塑性指数不得大于 4%。

A. 15　　B. 20　　C. 25

(7)粉煤灰作为填料使用时,用量不得超过填料总量的(　　)%,粉煤灰的烧失量应小于 12%,与矿粉混合后的塑性指数应小于 4%。

A. 40　　B. 50　　C. 55

(8)对热拌热铺密级配沥青混合料,沥青层一层的压实厚度不宜小于集料公称最大粒径的(　　)倍,对 SMA 和 OGFC 等嵌挤型混合料不宜小于公称最大粒径的 2～2.5 倍,以减少离析,便于压实。

A. 2～2.5　　B. 2.5～3　　C. 2～3

典型案例

[案例描述]

某高速公路项目,路面面层为沥青混凝土,基层为级配碎石,项目经理部精心组织、科学施工,搞好现场技术质量管理,做了如下环节的工作:

(1)项目经理部由总工程师组织进行了技术交底。

(2)为真正落实公司的现场技术管理制度,制定了执行细则,其中为避免放样偏位,特别强调了落实测量双检制。

(3)将以下三项作为沥青混凝土面层施工质量控制关键点:基层强度、平整度、高程的检查与控制;沥青材料的检查与试验;集料的级配、沥青混凝土配合比设计和试验。

(4)铺筑了沥青混凝土试验段。

(5)在底面层施工前,进行了测量放样和基层清扫。

(6)加强质量检查控制,如开工前检查、工序检查和工序交接检查等。

[案例问题]

(1)对沥青混凝土面层施工,还应设置哪些质量控制关键点?

(2)铺筑沥青混凝土试验段的目的是什么?

(3)底面层施工前,除测量放样和清扫基层外,还要进行什么重要工序?

(4)请列出其他现场质量检查控制手段。

任务二 沥青路面层间结合施工

任务描述

本任务为沥青混凝土路面层间结合——透层、黏层、封层施工过程质量控制。通过学习,使学生掌握沥青路面层间结合施工质量要求及注意事项,能够正确地指导沥青路面层间结合的施工。

知识准备

一、透层施工

(一)透　层

1.定　义

为使沥青面层与非沥青材料基层结合良好,在基层上喷洒液体石油沥青、乳化沥青、煤沥青而形成的透入基层表面一定深度的薄层称为“透层”(见图 12-2)。同时规定,沥青路面各类基层都必须喷洒透层油。基层上设置下封层时,透层油不宜省略。

图 12-2　透层示意图

2.作　用

(1)透入基层表面孔隙,增强了基层和沥青面层间的黏结;提高了路面结构体系连续性,防止在水平力的作用下造成层间滑动,从而产生病害。

(2)有助于结合基层表面集料中的细料。

(3)提高了路面的防水能力,透层材料渗入基层后,对基层表面起到填充作用,封闭基层材料的开口空隙,从而形成一个防水层,阻止路表水渗入路基,提高了基层抵御水破坏的能力，特别是结合下封层油膜的封闭作用，既可解决下封层的黏结，又为基层防水起到了良好的作用。

(4)在新铺筑的基层表面及时喷洒透层油，可以避免基层内部水分蒸发，从而达到基层养生的目的，减少基层的养生费用，提高养生质量。

3.适用范围

符合下列情况，应浇洒透层沥青：

(1)沥青路面的级配沙砾、级配碎石基层。

(2)水泥、石灰、粉煤灰等无机结合料稳定土。

(3)粒料的半刚性基层上必须浇洒透层沥青。

沥青路面各类基层都必须喷洒透层油，沥青层必须在透层油完全渗透入基层后方可铺筑。基层上设置下封层时，透层油不宜省略。

(二)材　料

透层油沥青宜采用慢裂的洒布型乳化石油沥青，或者是中、慢裂液体石油沥青或煤沥青，其黏度通过调节稀释剂的用量并经试验确定。

透层油的用量通过试洒确定，不宜超出表 12-10 要求的范围。

表 12-10　　沥青路面透层材料的规格和用量表

用　途	液体沥青		乳化沥青		煤沥青	
	规格	用量(L/m²)	规格	用量(L/m²)	规格	用量(L/m²)
无结合料粒料基层	AL(M)-1、2 或 3 AL(S)-1、2 或 3	1.0～2.3	PC-2 PA-2	1.0～2.0	T-1 T-2	1.0～1.5
半刚性基层	AL(M)-1 或 2 AL(S)-1 或 2	0.6～1.5	PC-2 PA-2	0.7～1.5	T-1 T-2	0.7～1.0

注：用量是指包括稀释剂和水分等在内的液体沥青、乳化沥青的总量。乳化沥青中的残留物含量以 50%为基准。

(三)施工前准备

1.基层表面准备

(1)对养生达到 2～4d 的基层表面，用打毛机械或钢丝刷将局部“镜面”部位进行凿毛处理，尽量使水泥稳定碎石基层顶面粗集料部分外露。

(2)用空压机等将基层表面彻底清扫干净，不能存留浮尘(见图 12-3)。

(3)基层摊铺养生且表面稍变干燥时，洒布透层油。

(4)在洒布透层油前，必须遮挡路缘石及人工构造物，避免污染。

(a)清扫中　　(b)清扫后

图 12-3　基层清扫

2.喷洒设备准备

透层油宜采用沥青洒布车(见图 12-4)一次喷洒均匀,使用的喷嘴宜根据透层油的种类和黏度选择并保证均匀喷洒,沥青洒布车喷洒不均匀时宜改用手工沥青洒布机喷洒。

图 12-4　沥青洒布车

(四)施工注意事项

(1)喷洒透层油前应清扫路面,遮挡防护路缘石及人工构造物,避免污染。透层油洒布后应不致流淌,应渗入基层一定深度,不得在表面形成油膜。

(2)气温在 10℃以下以及雨天或大风天气不得进行透层油施工。

(3)喷洒透层油后一定要禁止人和车辆通行。

(4)在摊铺沥青前,应将局部尚有多余的未渗入基层的沥青清除。透层油洒布后不得在表面形成能被运料车和摊铺机粘起的油皮,透层油达不到渗透深度要求时,应更换透层油稠度或品种。

(5)透层油布洒后应充分渗透,洒布后的养生时间随透层油的品种和气候条件由试验确定,确保液体沥青中的稀释剂全部挥发,乳化沥青渗透且水分蒸发,然后尽早铺筑沥青面层,防止工程车辆损坏透层。

(五)质量检测方法及标准

喷洒后通过钻孔或挖掘确认透层油渗透入基层的深度,宜不小于 5(无机结合料稳定集料基层)～10mm(无结合料基层),并能与基层联结成为一体。

二、黏层施工

(一)黏　层

1.作　用

使上下层沥青结构层或沥青结构层与结构物(或水泥混凝土路面)完全黏结成一个整体(见图 12-5),是路面层间联结的保证。

图 12-5　黏　层

2.适用范围

符合下列情况之一时,必须喷洒黏层油:

(1)双层式或三层式热拌热铺沥青混合料路面的沥青层之间。

(2)水泥混凝土路面、沥青稳定碎石基层或旧沥青路面层上加铺沥青层。

(3)路缘石、雨水口、检查井等构造物与新铺沥青混合料接触的侧面。

(二)材　料

黏层油宜采用快裂或中裂乳化沥青、改性乳化沥青,也可采用快、中凝液体石油沥青。其品种和用量应根据下承层的类型通过试洒确定,并符合表 12-11 的要求。当黏层油上铺筑薄层大空隙排水路面时,黏层油的用量宜增加到 0.6～1.0L/m^2。在沥青层之间兼作封层而喷洒的黏层油宜采用改性沥青或改性乳化沥青,其用量不宜少于1.0L/m^2。

表 12-11　　沥青路面黏层材料的规格和用量表

下承层类型	液体沥青		乳化沥青	
	规格	用量(L/m^2)	规格	用量(L/m^2)
新建沥青层或旧沥青路面	AL(R)-3～AL(R)-6 AL(M)-3～AL(M)-6	0.3～0.5	PC-3 PA-3	0.3～0.6
水泥混凝土	AL(M)-3～AL(M)-6 AL(S)-3～AL(S)-6	0.2～0.4	PC-3 PA-3	0.3～0.5

注:用量是指包括稀释剂和水分等在内的液体沥青、乳化沥青的总量。乳化沥青中的残留物含量以 50%为基准。

(三)施工前准备

(1)沥青中下面层受到污染,应进行清扫。对于下承层局部离析部位,必须提前采用黏层油进行喷洒处理。

(2)喷洒区附近的结构物应加以保护,以免溅上沥青受到污染。

(3)在洒布黏层油之前,应预热并疏通油嘴,保证洒布的均匀性。

(四)施工注意事项

(1)黏层油宜采用沥青洒布车喷洒,并选择适宜的喷嘴,洒布速度和喷洒量保持稳定。当采用机动或手摇的手工沥青洒布机喷洒时,必须由熟练的技术工人操作,均匀洒布。

(2)气温低于10℃时不得喷洒黏层油,寒冷季节施工不得不喷洒时可以分成两次喷洒。路面潮湿时不得喷洒黏层油,用水洗刷后需待表面干燥后才可喷洒。

(3)喷洒的黏层油必须成均匀雾状,在路面全宽度内均匀分布成一薄层,不得有洒花漏空或成条状,也不得有堆积。喷洒不足的要补洒,喷洒过量处应予刮除。喷洒黏层油后,严禁运料车外的其他车辆和行人通过。

(4)黏层油宜在当天洒布,待乳化沥青破乳、水分蒸发完成,或稀释沥青中的稀释剂基本挥发完成后,紧跟着铺筑沥青层,确保黏层不受污染。

三、下封层施工

(一)封　层

1.定　义

封层分为上封层和下封层。上封层铺设在沥青混凝土面层上面,起封闭水分及抵抗车轮磨耗的作用;下封层铺设在基层和面层之间,与透层油结合在基层和面层之间,形成一道抵御水害的防护层。下封层从工艺上可分为石屑封层下封层和稀浆封层下封层。

2.作　用

下封层设在养生后的透层上面,与透层油结合,在基层与面层之间形成一道抵御水害(包括动水压破坏)的防护层。透层沥青材料在基层中的渗透,封闭了基层表面的开口孔隙且使无机结合料基层的亲油性得到改善,同封层材料牢固地熔合在一起。如果不做透层,直接把防水层(无渗透作用)施工于无机结合料基层上,就导致了基层与面层的不连续,则明显降低路面的荷载应力扩散和抗动水冲刷性能。面层与基层的良好结合,对于沥青面层的使用质量是非常重要的。如果只做透层,不做封层,虽然透层具有一定的防水功能,但与封层相比,封层更具水密性和消解应力作用。所以,完整意义上的下封层应该是透层和封层的有机结合,而不应该把透层和封层分开。

3.适用范围

符合下列情况,应浇洒封层沥青:

(1)多雨潮湿地区的高速公路、一级公路的沥青面层空隙率较大,有严重渗水可能,或铺筑基层不能及时铺筑沥青面层而需通行车辆时,宜在喷洒透层油后铺筑下封层。

(2)下封层宜采用层铺法表面处治或稀浆封层法施工。稀浆封层可采用乳化沥青或改性乳化沥青作结合料。下封层的厚度不宜小于6mm,且做到完全密水。

(二)一般要求

(1)使用层铺法沥青表面处治铺筑封层时,施工方法按层铺法表面处治工艺施工。其材料用量要求应符合有关规定。

(2)封层宜选择在干燥和较热的季节施工,并在最高温度低于15℃到来以前半个月及雨期前结束。

(3)使用乳化沥青稀浆封层施工上下封层。

(三)注意事项

(1)稀浆封层施工前,应彻底清除原路面的泥土、杂物,修补坑槽、凹陷,较宽的裂缝宜清理灌缝。

(2)稀浆封层施工应在干燥情况下进行。

(3)稀浆封层铺筑后,必须待乳液破乳、水分蒸发、干燥成形后方可开放交通。

(4)稀浆封层施工温度不得低于10℃,严禁在雨天施工,摊铺后尚未成形混合料遇雨时应予铲除。

同步训练

选择题

(1)为使沥青面层与非沥青材料基层结合良好,要求在基层上浇洒(　　)形成透入基层表面的薄层。

A. 乳化沥青　　B. 煤沥青　　C. 液体沥青

D. 热拌沥青碎石　　E. 沥青混凝土

(2)符合下列情况,应浇洒透层沥青(　　)。

A. 沥青路面的级配沙砾、级配碎石基层

B. 水泥、石灰、粉煤灰等无机结合料稳定基层

C. 旧沥青路面层上加铺沥青层

D. 水泥砼路面上铺筑沥青层

E. 旧水泥砼路面上铺筑沥青层

(3)气温低于(　　)℃、大风天气、即将降雨时,不得喷洒透层油。

A. 5　　B. 10　　C. 15

(4)沥青路面的沥青层必须在(　　)完全渗透入基层后方可铺筑。

A. 透层油　　B. 黏层油　　C. 沥青油

(5)透层油喷洒后通过钻孔或挖掘确认透层油渗透入基层的深度宜不小于(　　)mm(无机结合料稳定集料基层)(　　)mm(无结合料基层),并能与基层联结成为一体。

A. 5～8　　B. 6～10　　C. 5～10

(6)用于无结合料粒料基层的透层油乳化沥青用量为(　　)L/m²。

A. 1～2　　B. 1～3　　C. 2～3

(7)透层油的黏度通过调节稀释剂的用量或乳化沥青的浓度得到适宜的黏度，基质沥青的针入度通常宜不小于(　　)。

A. 100　　B. 200　　C. 150

(8)在无机结合料粒料基层上洒布透层油时，宜在铺筑沥青前(　　)d 洒布。

A. 1～2　　B. 1～3　　C. 2～3

(9)为加强路面沥青层之间、沥青层与水泥砼路面之间的结合，浇洒的沥青薄层称为(　　)

A. 透层　　B. 黏层

C. 封层　　D. 结合层

(10)沥青路面黏层的作用是(　　)。

A. 使沥青面层与非沥青材料基层结合良好

B. 使沥青层与沥青层之间结合良好

C. 使沥青层与路基结合良好

D. 封闭表面空隙防止水分浸入

(11)下列情况中应浇洒黏层沥青的是(　　)。

A. 沥青路面的级配沙砾、级配碎石基层

B. 旧沥青路面层上加铺沥青层

C. 需加铺磨耗层改善抗滑性能的旧沥青路面

D. 有裂缝或已修补的旧沥青路面

(12)当黏层油上铺筑薄层大空隙排水路面时，黏层油的用量为(　　)L/m^2。

A. 1～2　　B. 0.5～1　　C. 0.6～1

(13)在沥青之间兼作封层而喷洒的黏层油宜采用改性沥青或改性乳化沥青，其用量宜不少于(　　)L/m^2。

A. 0.5　　B. 1　　C. 1.5

(14)黏层油在气温低于(　　)℃时不得喷洒，黏层油宜在当天洒布，待乳化沥青破乳、水分蒸发完成，或稀释沥青中的稀释剂基本挥发完成后，紧跟着铺筑沥青层，确保黏层不受污染。

A. 5　　B. 10　　C. 15

(15)下列情况中，应在沥青面层下铺筑封层的是(　　)。

A. 沥青路面的级配沙砾、级配碎石基层

B. 旧沥青路面层上加铺沥青层

C. 需加铺磨耗层改善抗滑性能的旧沥青路面

D. 位于多雨地区且沥青面层空隙较大

(16)多雨潮湿地区的高速公路沥青面层空隙率较大，有严重渗水可能，或铺筑基层不能及时铺筑沥青面层而需通行车辆时，宜在喷洒(　　)后铺筑下封层。

A. 透层油　　B. 黏层油　　C. 沥青油

(17)下封层宜采用层铺法表面处治或稀浆封层法施工，下封层的厚度不宜小于(　　)mm，且做到完全密水。

A. 5　　B. 6　　C. 8

(18)稀浆封层和微表处的最低施工温度不得低于(　　)℃，严禁在雨天施工，摊铺后尚未成形混合料遇雨时应予铲除。

A. 5　　B. 10　　C. 15

(19)下列情况中，应在沥青面层下铺筑下封层的是(　　)。

A. 需加铺磨耗层改善抗滑性能的旧沥青路面

B. 半刚性基层上铺筑沥青层

C. 位于多雨地区且沥青面层空隙较大，渗水严重

D. 在铺筑基层后，不能及时铺筑沥青面层，且须开放交通

E. 水泥砼路面上铺筑沥青层

典型案例

[训练目标]

沥青路面封层施工质量控制。

[案例描述]

北京附近某高速公路是国家的重点建设项目，全长 199km，为双向六车道高速公路，路面全宽 22.5m，沥青混凝土表面层为沥青混凝土。结构为：20cm 厚石灰稳定土底基层、18cm 厚石灰粉煤灰稳定碎石基层、19cm 厚水泥稳定碎石基层、4cm 厚沥青混凝土表面层、5cm 厚沥青混凝土中面层、6cm 厚青混凝土厚底面层。施工单位施工时，在基层上喷洒了透层油，但不能及时铺筑面层，并还需开放交通。其主要施工具体做法如下：

(1)清扫路基表面，并使表面干燥。

(2)洒布沥青。透层沥青洒布后应不致流淌，透入基层应有一定深度，最好在表面形成油膜。

(3)遇大风或将下雨时，不喷洒透层油。当气温低于 5℃或路面潮湿时禁止喷洒。

(4)施工单位认为：待水泥稳定碎石基层养生到一定龄期后再洒布透层油。喷洒透层后，严禁车辆行人通过。

(5)撒布适量石屑碾压。

透层油施工完后，渗透效果没有达到预期效果，出现透入不好的现象。

[案例问题]

(1)该基层上是否必须设置透层？说明理由。

(2)施工单位施工具体做法哪些不正确？请改正。

(3)分析透层油透入不好的原因，并列出防治措施。

任务三　热拌沥青混合料施工

任务描述

本任务为沥青混凝土路面工程中中面层 6cm AC-20 改性(SBS)沥青混凝土(基质沥青为 A-70 沥青)和下面层 8cm AC-25 沥青混凝土的施工过程质量控制。通过学习,使学生掌握热拌沥青混凝土路面施工工艺及过程质量控制要点,能够正确地指导热拌沥青混凝土路面的施工。

知识准备

一、沥青混合料施工

(1)试验段应选在具有代表性的主线直线段,采用两种或两种以上的试铺碾压方案,每种方案长度不少于 150m。

(2)试验段施工包括试拌和试铺两个阶段,需要确定以下内容:

①根据各种机械的施工能力相匹配的原则,确定适宜的施工机械,按生产能力决定机械数量与组合方式。

②通过试拌确定:

a. 拌和机的控制参数:拌和数量、时间、温度及上料速度等。

b. 验证沥青混合料的配合比设计和沥青混合料的技术性质,决定正式生产用的矿料配合比和油石比。

③通过试验段确定:

a. 检验沥青混合料施工性能,评价是否利于摊铺和压实,要求混合料均匀不离析、不结块。

b. 摊铺机的操作方式、摊铺温度、摊铺速度、初步振捣夯实的方法和强度、自动找平方式等。

c. 压实机具的选择、组合,压实顺序,碾压温度,碾压速度及遍数。

d. 施工缝处理方法。

e. 松铺系数。

④确定施工产量及作业段的长度。

(3)在铺筑过程中检查施工工艺、技术措施是否符合要求,并记录试验与检测结果。

(4)当使用的原材料和混合料、施工机械、施工方法符合要求,试验段各检测结果符合规定后,按要求编写试铺总结,经审批后作为申报正常路段开工的依据。

热拌沥青混合料的施工温度如表 12-12 所示。压路机的碾压速度如表 12-13 所示。

表 12-12　　热拌沥青混合料的施工温度

<table>
<tr><td rowspan="2" colspan="2">施工工序</td><td colspan="4">石油沥青的标号</td></tr>
<tr><td>50 号</td><td>70 号</td><td>90 号</td><td>110 号</td></tr>
<tr><td colspan="2">沥青加热温度(℃)</td><td>160～170</td><td>155～165</td><td>150～160</td><td>145～155</td></tr>
<tr><td rowspan="2">矿料加热温度(℃)</td><td>间隙式拌和机</td><td colspan="4">集料加热温度比沥青温度高 10～30</td></tr>
<tr><td>连续式拌和机</td><td colspan="4">矿料加热温度比沥青温度高 5～10</td></tr>
<tr><td colspan="2">沥青混合料出料温度(℃)</td><td>150～170</td><td>145～165</td><td>140～160</td><td>135～155</td></tr>
<tr><td colspan="2">混合料储料仓储存温度(℃)</td><td colspan="4">储料过程中温度降低不超过 10</td></tr>
<tr><td colspan="2">混合料废弃温度　高于(℃)</td><td>200</td><td>195</td><td>190</td><td>185</td></tr>
<tr><td colspan="2">运输到现场温度　不低于(℃)</td><td>150</td><td>145</td><td>140</td><td>135</td></tr>
<tr><td rowspan="2">混合料摊铺温度不低于</td><td>正常施工(℃)</td><td>140</td><td>135</td><td>130</td><td>125</td></tr>
<tr><td>低温施工(℃)</td><td>160</td><td>150</td><td>140</td><td>135</td></tr>
<tr><td rowspan="2">开始碾压的混合料内部温度,不低于</td><td>正常施工(℃)</td><td>135</td><td>130</td><td>125</td><td>120</td></tr>
<tr><td>低温施工(℃)</td><td>150</td><td>145</td><td>135</td><td>130</td></tr>
<tr><td rowspan="3">碾压终了的表面温度不低于</td><td>钢轮压路机(℃)</td><td>80</td><td>70</td><td>65</td><td>60</td></tr>
<tr><td>轮胎压路机(℃)</td><td>85</td><td>80</td><td>75</td><td>70</td></tr>
<tr><td>振动压路机(℃)</td><td>75</td><td>70</td><td>60</td><td>55</td></tr>
<tr><td colspan="2">开放交通的路表温度　不高于(℃)</td><td>50</td><td>50</td><td>50</td><td>45</td></tr>
</table>

注:(1)施工温度与沥青品种及标号有关,较稠沥青的施工温度宜靠近高限,较稀沥青的施工温度可靠近低限。

(2)本表不适用于改性沥青混合料施工。

(3)对高速公路、一级公路和城市快速路、主干路,沥青混合料出厂温度超过正常温度高限 30℃时,混合料应予废弃。

表 12-13　　压路机碾压速度

<table>
<tr><td rowspan="2">压路机类型</td><td colspan="2">初压(km/h)</td><td colspan="2">复压(km/h)</td><td colspan="2">终压(km/h)</td></tr>
<tr><td>适宜</td><td>最大</td><td>适宜</td><td>最大</td><td>适宜</td><td>最大</td></tr>
<tr><td>钢筒压路机</td><td>1.5～2</td><td>3</td><td>2.5～3.5</td><td>5</td><td>2.5～3.5</td><td>5</td></tr>
<tr><td>轮胎压路机</td><td></td><td></td><td>3.5～4.5</td><td>8</td><td>4～6</td><td>8</td></tr>
<tr><td rowspan="2">振动压路机</td><td>1.5～2</td><td>5</td><td>4～5</td><td>4～5</td><td>2～3</td><td>5</td></tr>
<tr><td>(静压)</td><td>(静压)</td><td>(振动)</td><td>(振动)</td><td>(静压)</td><td>(静压)</td></tr>
</table>

二、沥青混合料施工工艺

热拌沥青混合料施工工艺流程如图 12-6 所示。热拌沥青混合料施工工艺如表 12-14 所示。

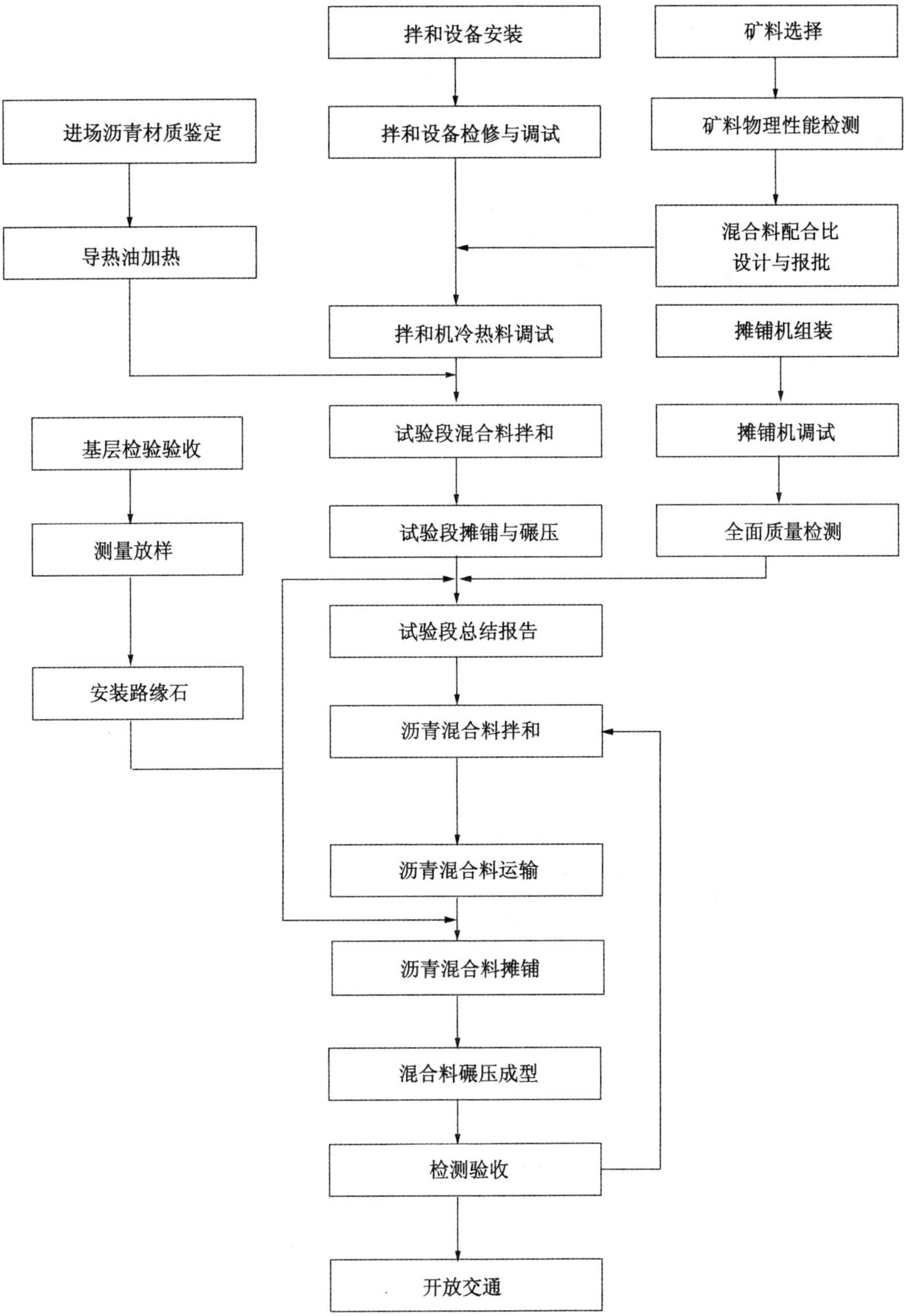

图 12-6　热拌沥青混合料施工工艺流程

表 12-14 热拌沥青混合料施工工艺

序号	施工工序	工艺要求
1	施工准备 	了解施工阶段的气候情况，确保施工时气温不低于10℃，无雨 准备好施工所用材料，及时抽检并正确堆放储存，如沥青、集料等 检查施工机械设备是否正常运行，提前0.5～1h预热熨平板，不低于100℃
2	下承层检查验收	铺筑沥青面层前，应检查基层或下承沥青层的质量，不符合要求的不得铺筑沥青面层。下承层已被污染时，必须清洗或经铣刨处理后方可铺筑沥青混合料 清扫下承层表面，清除表面杂物、油污并吹干，表面不得有积水
3	洒透层或黏层沥青 	喷洒区附近的结构物应加以保护，以免溅上沥青受到污染 采用沥青洒布车喷洒，并选择适宜的喷嘴、洒布速度和洒布量，且保持稳定
4	施工放样，测设高程网，布设基准线 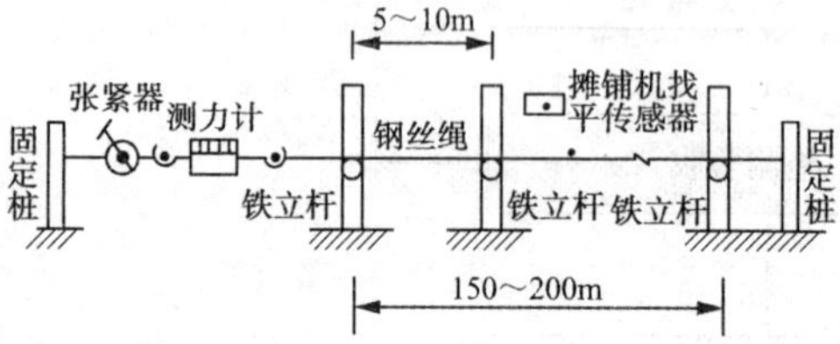	基准形式是指摊铺机通过何种方式控制摊铺高程，分两类，一种是基准线（梁），基准线一般用钢丝绳，另一种是行走基准 摊铺下面层时，摊铺机的传感装置通过感应基准线的高程来控制摊铺高程（俗称"走钢丝绳"）。摊铺中上面层时，其基准形式一般是摊铺机通过滑橇感应中面层的高程来控制摊铺高程（俗称"走雪橇"）

续表

序号	施工工序	工艺要求
5	沥青混合料的拌和(后场)  间歇式拌和设备 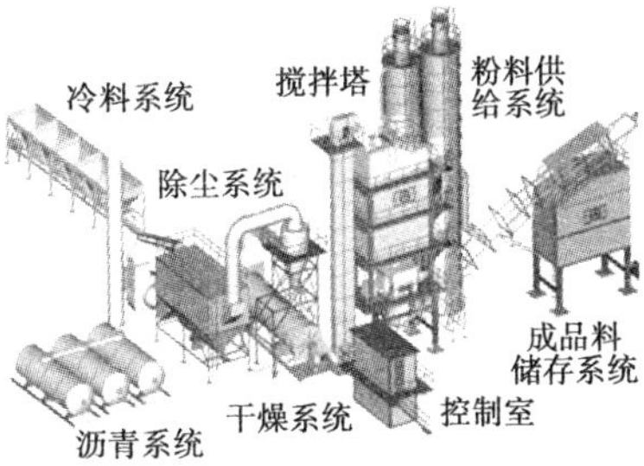 	沥青混合料应采用间歇式拌和机,在施工过程中,应安排专人对沥青拌和机进行日常检查、维护,确保拌和机运转正常 严格控制沥青和集料的加热温度以及沥青混合料的出厂温度,集料温度应比沥青温度高10℃～15℃ 拌和时间应以混合料拌和均匀、所有集料颗粒全部裹覆沥青为度,无花白料,无结团成块或严重的离析现象,并经试拌确定 拌和机宜备有保温性能好的成品储料仓,储存过程中混合料降温不得大于10℃,且不能有沥青滴漏,道路石油沥青混合料的储存时间不得超过72h,改性沥青混合料的储存时间不宜超过24h,SMA混合料只限当天使用,OGFC混合料宜随拌随用
6	沥青混合料的运输 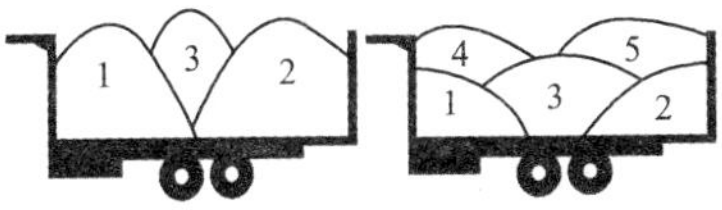 (a) 3次卸料法示意图 (b) 5次卸料法示意图 	采用大吨位的车辆运输,车辆数量应根据运输距离、摊铺速度确定,适当留有富余,摊铺机前方应有不少于5辆运料车等候卸料为宜,以确保现场连续摊铺的需要 为减少混合料的离析,拌和机或储料仓向运料车放料时,料车应"前、后、中"移动,分3～5次装料 为防混合料粘在车厢底板上,可采取涂刷一薄层油水(柴油∶水为1∶3)混合液来避免。但不得有余液积聚在车厢底部 运料车应加盖篷布或棉毯覆盖,用以保温、防雨、防污染 采用数字显示插入式热电偶温度计检测沥青混合料的出厂温度和运到现场温度,插入深度要大于150mm。在运料卡车侧面中部设专用检测孔,孔口距车厢底面约300mm

续表

序号	施工工序	工艺要求
7	卸料 	必须由专人指挥自卸车将料卸到摊铺机料斗卸料过程中，运料车在摊铺机前 10～30cm 处停住，运料车不得撞击摊铺机。卸料过程中运料车应挂空挡，靠摊铺机推动前进
8	沥青混合料的摊铺  	沥青混合料摊铺时应单幅一次性摊铺，可采用两台摊铺机梯队同时摊铺作业，也可采用一台摊铺机摊铺。两台摊铺机的距离以前面摊铺的混合料尚未冷却为度，一般为 5～10m。相邻两幅的摊铺应有 5～10cm 左右宽度的摊铺重叠 下面层摊铺摊铺时，应采用钢丝引导控制高程的方式。中、上面层应采用非接触式平衡梁控制摊铺厚度 摊铺作业应连续、匀速、不间断地进行 调好螺旋布料器两端的自动料位器，保持有不少于送料器高度 2/3 的混合料，保证在摊铺机全宽度断面上不发生离析

续表

序号	施工工序	工艺要求
9	沥青混合料碾压  	沥青混合料的碾压按初压、复压、终压三阶段进行。碾压时温度应符合相关规范的要求 应选择合理的压路机组合方式及碾压步骤。初压应在混合料不产生推移、开裂等情况下，尽量在较高温度下进行 初压一般采用双钢轮压路机；复压宜采用轮胎压路机，SMA、OGFC 宜采用双钢轮压路机，复压应碾压至稳定无显著轨迹为止，一般不少于 6 遍；终压采用双钢轮压路机，碾压至路面平整、无轨迹 为避免碾压时混合料推挤产生壅包，碾压时驱动轮应朝向摊铺机；碾压路线及方向不应突然改变；压路机启动、停止必须减速缓行，不得刹车制动；压路机折回位置应呈阶梯状，不应在同一横断面
10	接缝处理  	纵向施工缝。当采用两台摊铺机梯队摊铺产生的纵向接缝，应采用松铺斜接缝，以热接缝形式做一次跨接缝碾压。如果两台摊铺机相隔距离较长，先摊铺，留下 10～20cm 宽暂不碾压，作为后续摊铺的基准面，并跨缝一次碾压密实 横向施工缝。全部采用平接缝。在铺设当天混合料冷却但尚未结硬时，用 3m 直尺沿纵向放置。在摊铺段端部的直尺呈悬臂状，以摊铺层与直尺脱离接触处定出接缝位置，用凿岩机或人工用镐垂直刨除端部层后不足的部分，使接缝能成直角连接，并涂抹黏层沥青
11	开放交通	热拌沥青混合料路面应待摊铺层完全自然冷却，混合料表面温度低于 50℃后开放交通

同步训练

选择题

(1)沥青路面面层的主要作用是(　　)。

A. 承受行车荷载　　B. 防冻、防湿

C. 排水、隔水　　D. 防污、防渗

(2)高速公路沥青路面不得在气温低于(　　),以及雨天、路面潮湿的情况下施工。

A. 5℃　　B. 10℃　　C. 0℃

(3)沥青混合料的拌和时间,对于间歇式拌和机每盘的生产周期不少于(　　)s(其中干拌时间不少于5～10s)。改性沥青和SMA混合料的拌和时间应适当延长。

A. 45　　B. 50　　C. 55

(4)普通沥青混合料的储存时间不得超过(　　)h;改性沥青混合料的储存时间不得超过24h;SMA混合料只限当天使用;OGFC混合料宜随拌随用。

A. 24　　B. 48　　C. 72

(5)摊铺机开工前应提前0.5～1h预热,熨平板温度不低于(　　)℃。铺筑过程中选择熨平板的振动频率和振幅,提高路面的初始压实度。熨平板加宽连接应仔细调节至摊铺的混合料没有明显的离析痕迹。

A. 100　　B. 120　　C. 150

(6)摊铺机必须缓慢、均匀、连续、不间断地摊铺,不得随意变换速度或中途停顿,以提高平整度,减少混合料的离析。摊铺速度宜控制在(　　)m/min的范围内。

A. 2～6　　B. 2～5　　C. 3～5

(7)摊铺机的螺旋布料器应相应于摊铺速度调整到保持一个稳定的速度均衡地转动,两侧保持有不少于送料器(　　)高度的混合料,以减少在摊铺过程中混合料的离析。

A. 1/4　　B. 2/3　　C. 1/3

(8)沥青砼的压实层最大厚度不宜大于100mm,沥青稳定碎石混合料的压实层厚度不宜大于(　　)mm,但当采用大功率压路机且经试验证明能达到压实度时允许增大到150mm。

A. 100　　B. 120　　C. 150

(9)对热拌沥青混凝土路面,在沥青混合料拌和时,混合料的出厂温度控制在(　　)。

A. 120℃～150℃　　B. 140℃～165℃

C. 150℃～170℃　　D. 160℃～180℃

(10)可以预防沥青混凝土路面横向接缝病害的措施是(　　)

A. 尽量采用平接缝

B. 碾压温度越低越好

C. 摊铺机起步速度要快

D. 压路机先纵向碾压,后横向碾压

(11)热拌沥青混凝土路面施工工艺包括(　　)。

A. 配合比调试　　B. 沥青混合抽提等试验　　C. 试验段施工

D. 养护　　E. 沥青混凝土配合比设计

(12)用机械摊铺混合料,不应用人工反复修整。但当出现(　　)情况时,可用人工局部找补或更换混合料

A. 横断面不符合要求　　B. 构造物接头部位

C. 摊铺带边缘缺料　　D. 局部混合料离析

典型案例

[训练目标]

沥青路面施工质量控制。

[案例描述]

某高速公路路面面层为三层式沥青混凝土结构,施工企业为公路交通大型专业施工队伍,设施精良。为保证面层施工质量,施工单位在施工准备、沥青混合料的拌和、沥青混合料的运输、沥青混合料的摊铺、沥青混合料的压实、接缝处理等方面做了如下工作:

(1)选用经试验合格的石料进行备料,严格对下承层进行清扫,并在开工前进行试验段铺筑。

(2)在沥青混合料的拌和站,对沥青混合料及原材料及时进行检验,拌和中严格控制集料加热温度和混合料的出厂温度。

(3)压路机采用 2 台双轮双振压路机及 2 台 16t 胶轮压路机组成,严格控制碾压温度及碾压重叠宽度。

(4)纵缝采用热接缝,递进式摊铺。

[案例问题]

(1)沥青混合料铺筑试验段的主要目的是什么?

(2)简述沥青混凝土面层的施工工艺。

(3)若出厂的混合料出现花白料,请问在混合料拌和中可能存在什么问题?

(4)沥青混合料的碾压分哪几个阶段?各个阶段的压实目的是什么?

任务四　SMA 路面施工

任务描述

本任务为沥青混凝土路面工程中上面层 4cm 橡胶砂 SMA-13 沥青混凝土的施工过程质量控制。通过学习,使学生掌握 SMA 沥青路面施工原材料指标质量控制和施工关键工艺,能够正确地指导 SMA 沥青路面的施工。

知识准备

一、SMA

沥青玛蹄脂碎石混合料(Stone Matrix Asphalt, SMA)是一种由大量的粗集料(粒径大于 4.75mm)及沥青、矿粉、纤维稳定剂、少量细集料(沥青玛蹄脂)组成的沥青玛蹄脂结合料填充间断密实级配的粗骨料骨架间隙而组成的沥青混合料,常用于路面抗滑层。

SMA 提高路用性能的机理如图 12-7 所示。它最基本的组成是碎石骨架和沥青玛碲脂结合料两部分。通过采用木质素纤维或矿物纤维稳定剂、增加矿粉用量、沥青改性等技术手段,组成沥青玛蹄脂。沥青玛蹄脂可以使沥青的感温性变小,沥青用量增加,由它填充间断级配碎石集料中的空隙,从而使混合料既能保持间断级配沥青混合料表面性能好的优点,又能克服其耐久性差的缺点,尤其是能使混合料的高温抗车辙能力、低温抗裂性能、耐疲劳性能和水稳定性等各种路用性能大幅度提高。

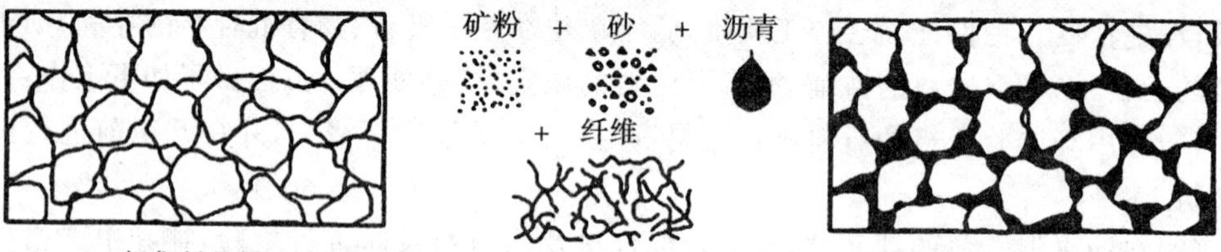

图 12-7 沥青玛蹄脂碎石混合料的构成

二、SMA 强度形成机理

SMA 是由沥青稳定添加剂、矿粉及少量细集料组成的沥青玛碲脂填充间断级配的碎石骨架组成的骨架嵌挤型密实结构混合料,其结构组成有如下特点:

(1)SMA 是一种间断级配的沥青混合料,图 12-8 是密级配沥青混凝土、排水沥青混凝土及 SMA 的剖面图,从中可以看出它们结构组成的不同之处。

(2)SMA 的结构组成特点可概括为“三多一少”,即粗集料多、矿粉多、沥青多、细集料少。具体来讲,SMA 沥青混合料 4.75mm 以上的粗集料比例高达 70%~80%,矿粉的用量达 7%~13%,很少使用细集料;为加入较多的沥青,一方面增加矿粉用量,另一方面使用纤维作为稳定剂。沥青用量较多,有的甚至高达 6.5%~7%,黏结性要求高,并希望选用针入度小、软化点高、温度稳定性好的沥青(最好采用改性沥青)。

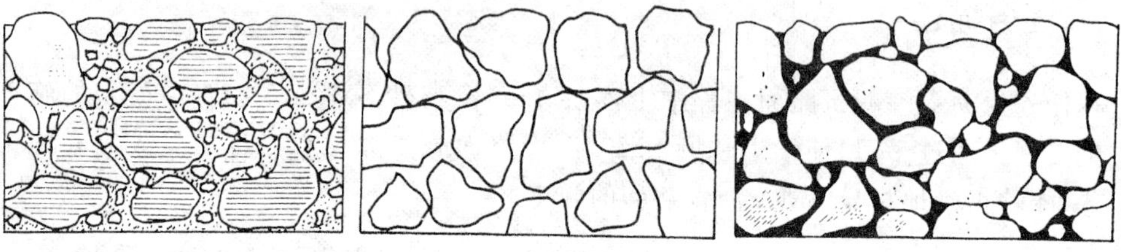

图 12-8 密级配沥青混凝土、排水沥青混凝土和 SMA 的剖面图

三、SMA 混合料的组成材料及其技术要求

由于 SMA 混合料的骨架结构特性以及对它较高的性能要求，其组成材料的质量除了应满足普通热拌沥青混合料组成材料的基本要求外，还应满足一些特殊的要求。

(一)沥青结合料

在 SMA 混合料中，要求沥青具有较高的黏度，与集料有良好的黏附性。SMA 所用沥青质量必须符合我国重交通道路沥青技术要求，并应采用比当地常用热拌沥青混合料所用沥青硬一级的沥青。南方炎热地区可以采用 AH-70，寒冷地区可以采用 AH-70 或 AH-90。

对于高速公路、承受繁重交通的重大工程道路、夏季特别炎热或冬季特别寒冷地区的道路，最好采用改性沥青配制 SMA 混合料。由于改性沥青的基质沥青质量必须符合我国重交通道路沥青技术要求，所以，所配制的聚合物改性沥青质量也应符合有关的技术要求。当以提高沥青混合料抗车辙能力作为主要目标时，改性沥青的软化点最好高于当地年最高路面温度。

(二)粗集料

SMA 混合料是依靠粗集料石、石接触和紧密嵌接而形成骨架结构，SMA 是一种间断级配的沥青混合料，粒径 4.75mm 以上的粗集料是形成嵌挤结构主要部分，因此，必须保证粗集料占 70%以上。粗集料必须特别坚硬、耐磨、强度高，针片状颗粒少。

(三)细集料

在 SMA 混合料中，细集料(指小于 4.75mm 颗粒)的质量仅为 10%～20%，但同样要求石质坚硬、富有棱角，并有一定的表面纹理，软质含量少，塑性低，黏土含量不超过 1%。细集料宜用机制砂，也可用人工砂。天然砂由于颗粒接近于球形，磨阻力小，故不宜多用。

(四)矿　粉

矿粉是 SMA 混合料中重要的组成部分，用量大多控制在 8%～12%范围内。它与沥青混合形成玛蹄脂，从而影响 SMA 的性能。矿粉为混合料产生“加劲”效应。按照我国《公路沥青路面施工技术规范》(JTG F40—2004)生产的石灰石矿粉，可用于 SMA 混合料。

(五)纤　维

SMA 中纤维掺量以纤维占混合料重量之比表示。目前在实际应用中，木质素纤维等有机纤维的掺量一般为 0.3%～0.4%，玻璃纤维等无机纤维的掺量一般为 0.4%～0.6%。纤维掺量过少会使混合料中沥青增多，易发生滴漏，形成油斑。同时还会造成玛蹄脂有效数量不足，空隙率增大，降低路面的耐久性能。纤维掺量过多时，会使分散困难，影响生产效率，而且如有结团，还会使混合料黏聚力下降，影响路用性能。此外，纤维较多时，混合料中自由沥青过少，使玛蹄脂过于黏稠。低温性增大，降低混合料抵抗低温开裂能力。

四、SMA 施工

SMA 路面施工工艺流程如图 12-9 所示，施工工艺如表 12-15 所示。

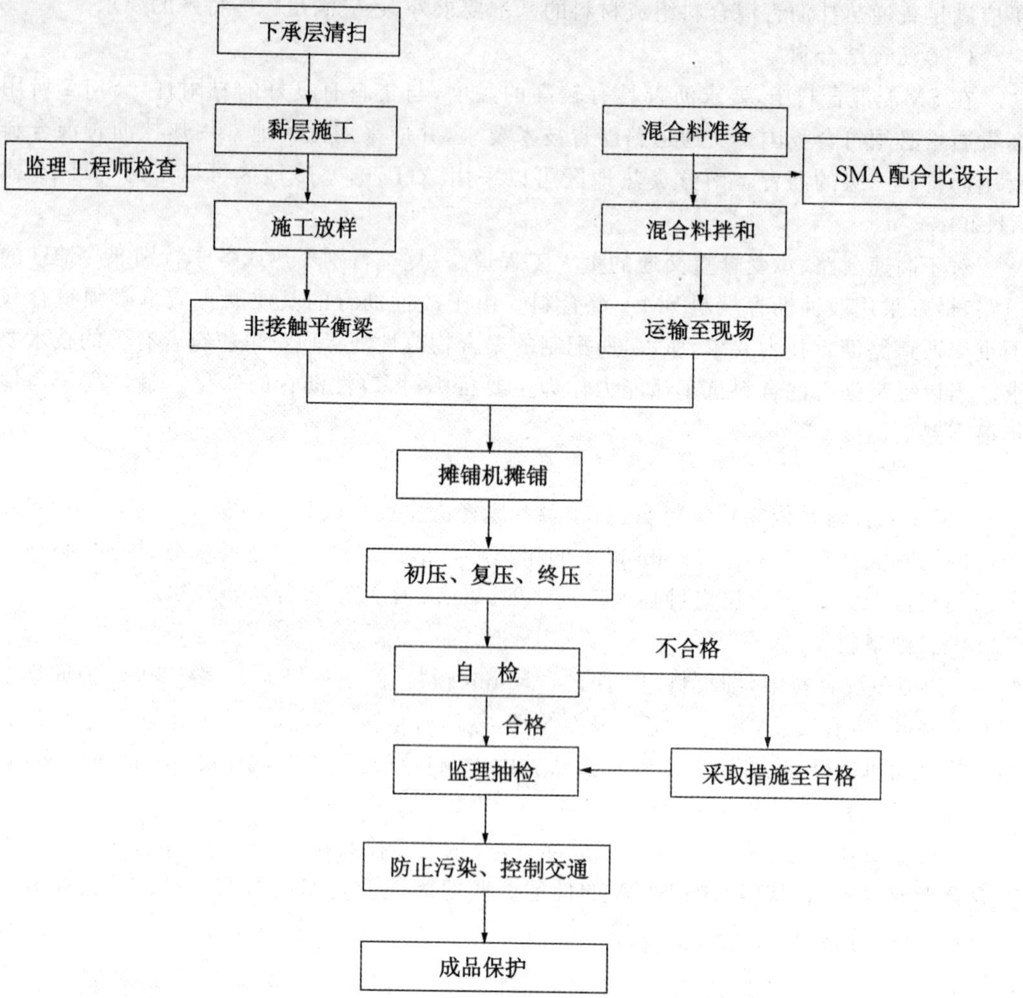

图 12-9　SMA 路面施工工艺流程

表 12-15　　SMA 路面施工工艺

序号	施工工序	工艺要求
1	施工准备	了解施工阶段的气候情况，确保施工时气温不低于15℃，无雨 准备好施工所用材料，如沥青、集料等 检查施工机械设备是否正常运行，提前0.5～1h预热熨平板，不低于100℃
2	下承层检查验收	铺筑沥青面层前，应检查下承沥青层的质量，不符合要求的不得铺筑沥青面层。下承层已被污染时，必须清洗或经铣刨处理后方可铺筑沥青混合料
3	洒黏层沥青 	SMA 沥青混合料与下承层沥青混合料采用黏层进行连接 喷洒区附近的结构物应加以保护，以免溅上沥青受到污染 黏层采用 SBR 改性乳化沥青。黏层油洒布量为0.2～0.3L/m²，采用沥青洒布车喷洒，并选择适宜的喷嘴、洒布速度和洒布量，且保持稳定
4	SMA 改姓沥青混合料的拌和(后场)  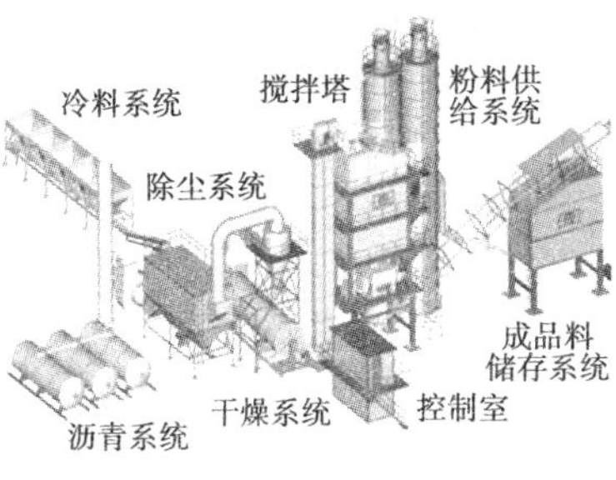 	沥青混合料应采用间歇式拌和机，拌和设备必须设置除尘装置，生产中决不允许使用回收粉尘 严格控制沥青和集料的加热温度以及沥青混合料的出厂温度，沥青加热温度为160℃～170℃，矿料加热温度为190℃～200℃。沥青混合料出厂温度为175℃～185℃，超过195℃以上的沥青混合料不得使用 拌和时间应以混合料拌和均匀、所有集料颗粒全部裹覆沥青为度，经试拌确定。纤维必须在喷洒沥青前加入拌和锅的热集料中，纤维与粗集料经适当干拌，干拌时间应比普通沥青混合料增加不少于5s，喷入沥青后的混拌时间也应比普通沥青混合料增加5s以上(由试拌确定)。保证纤维能充分均匀地分散在混合料中，并与沥青结合料充分拌和，做到拌和均匀、色泽一致，无结团成块现象 SMA 混合料只限当天使用

续表

序号	施工工序	工艺要求
5	沥青混合料的运输 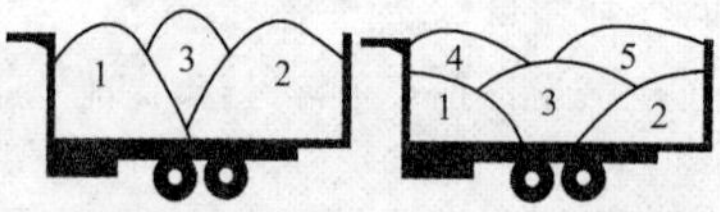 (a) 3次卸料法示意图　(b) 5次卸料法示意图 	采用大吨位的车辆运输，车辆数量应根据运输距离、摊铺速度确定，适当留有富余，摊铺机前方应有不少于5辆运料车等候卸料为宜，以确保现场连续摊铺的需要 为减少混合料的离析，拌和机或储料仓向运料车放料时，料车应“前、后、中”移动，分3～5次装料 为防混合料粘在车厢底板上，可采取涂刷一薄层油水（柴油∶水为1∶3）混合液来避免。但不得有余液积聚在车厢底部 运料车应加盖篷布或棉毯覆盖，用以保温、防雨、防污染 采用数字显示插入式热电偶温度计检测沥青混合料的出厂温度和运到现场温度，插入深度要大于150mm。在运料卡车侧面中部设专用检测孔，孔口距车厢底面约300mm
6	卸料 	必须由专人指挥自卸车将料卸到摊铺机料斗 卸料过程中，运料车在摊铺机前10～30cm处停住，运料车不得撞击摊铺机。卸料过程中运料车应挂空挡，靠摊铺机推动前进
7	沥青混合料的摊铺 	摊铺作业应连续、匀速、不间断地进行摊铺，中途不得随意变速或停机 摊铺机螺旋布料器连续运转，调整布料器的速度使出料连续而缓慢，且使两侧混合料均衡，其高度位于螺旋布料器2/3处 混合料的摊铺温度宜为160℃～180℃，温度低于140℃的混合料禁止使用。当路表温度低于15℃时，不宜摊铺 摊铺速度应尽量放慢，并保持匀速运行，一般控制在1.0～2.5m/min，最多不超过3m/min

续表

序号	施工工序	工艺要求
8	沥青混合料碾压  	按照“高温、刚碾、紧跟、慢压、高频、低幅”碾压十二字方针进行碾压，这是与一般沥青混合料碾压方式最大的区别 SMA 混合料铺筑中通常采用 2～3 台 10～12t 双振双驱钢轮压路机进行静压或加振碾压。不应采用轮胎压路机压实 SMA 路面 为避免碾压时混合料推挤产生壅包，碾压时驱动轮应朝向摊铺机；碾压路线及方向不应突然改变；压路机启动、停止必须减速缓行，不得刹车制动；压路机折回位置应呈阶梯状，不应在同一横断面
9	接缝处理  	纵向施工缝。对于采用两台摊铺机成梯队联合摊铺方式的纵向接缝，应在前部已摊铺混合料部分留下 10～20cm 宽暂不碾压作为后高程基准面，并有 5～10cm的摊铺层重叠，以热接缝形式在最后作跨接缝碾压以消除缝迹。上、中面层纵缝应错开 15cm 以上 横向施工缝。全部采用平接缝。用 3m 直尺沿纵向位置，在摊铺段端部的直尺呈悬臂状，以摊铺层与直尺脱离接触处定出接缝位置，用锯缝机割齐后铲除；继续摊铺时，应将接缝锯切时留下的灰浆擦洗干净，涂上少量黏层沥青，摊铺机熨平板从接缝后起步摊铺；碾压时用钢筒式压路机进行横向压实，从先铺路面上跨缝逐渐移向新铺面层
11	开放交通	热拌沥青混合料路面应待摊铺层完全自然冷却，混合料表面温度低于 50℃后开放交通

同步训练

选择题

(1)高速公路和一级公路路面施工不宜低于(　　)。

A. 0℃　　B. 5℃　　C. 10℃　　D. 15℃

(2)SMA 沥青路面一般不采用(　　)压路机。

A. 胶轮式　　B. 轮胎式　　C. 履带式

(3)可以预防沥青混凝土路面横向接缝病害的措施是(　　)。

A. 尽量采用平接缝

B. 碾压温度越低越好

C. 摊铺机起步速度要快

D. 压路机先纵向碾压,后横向碾压

(4)摊铺机应采用(　　)方式,下面层或基层采用钢丝绳引导的高程控制方式,上面层采用平衡梁式摊铺厚度控制方式,直接接触平衡梁的轮子不得黏附沥青。铺筑改性沥青或 SMA 路面时采用非接触式平衡梁。

A. 自动　　B. 找平　　C. 自动找平

(5)沥青路面的施工必须接缝紧密、连接平顺,不得产生明显的接缝离析,上下层的纵缝应错开(　　)mm(热接缝)或 300～400mm(冷接缝)以上,相邻两幅及上下层的横向接缝均应错位 1m 以上。

A. 100　　B. 150　　C. 200

(6)高速公路和一级公路的表面层横向接缝应采用(　　),以下各层可采用自然碾压的斜接缝,沥青层较厚时也可采用阶梯形接缝。

A. 垂直的平接缝　　B. 自然的斜接缝　　C. 阶梯形接缝

(7)关于 SMA 改性沥青施工,下列说法正确的有(　　)。

A. 输送到摊铺机上的混合料温度不低于 140℃

B. 混合料摊铺整平后必须立即进行碾压

C. 碾压顺序为钢轮压路机静压、轮胎压路机复压、振动压路机静压终压

D. 路面温度冷却到 60℃或以下前,不能开放交通

(8)对于沥青混合料拌和及运输,以下说法正确的是(　　)。

A. 我项目 4000 型连续式沥青拌和站

B. 沥青加热温度宜控制在 155℃～165℃

C. 沥青混合料出料温度宜控制在 145℃～165℃,高于 195℃待冷却至适宜温度后使用,否则不易压实

D. 沥青混合料运至摊铺现场的温度不应低于 145℃

E. 运输车辆采取保温覆盖措施,保证沥青混合料摊铺温度不低于 135℃

(9)关于热拌沥青混合料摊铺，以下说法正确的是(　　)。

A. 宜在等候的运料车达到 5 台以上时开始摊铺

B. 采用双机联铺时，前后摊铺机应错开 5～10m，呈梯队方式共同摊铺，两幅之间应有 3～6cm 宽度的搭接，上下层的搭接位置错开 20cm 以上

C. 摊铺机开工前应提前 0.5～1h 预热熨平板，并不低于 150℃

D. 摊铺机应采取自动找平方式，铺筑 SMA 面层不能采用非接触式平衡梁

E. 厚度 6cm 的改性沥青混合料，当地表温度低于 10℃时不得摊铺

(10)关于沥青路面的施工缝，以下说法正确的是(　　)。

A. 对于上下层的纵向热接缝，规范要求错开 15cm 以上

B. 对于上下层的纵向冷接缝，规范要求错开 20cm 以上

C. 双机联铺时，相邻两幅及上下层的横向接缝均应错开 1m 以上

D. 对于横向接缝，上面层应采用垂直的平接缝

E. 接缝处，开始时压路机应在新铺层上行走，碾压已压实路面 15cm 左右

典型案例

[训练目标]

SMA 沥青路面施工质量控制。

[案例描述]

某高速公路项目，路面上面层为 SMA 路面，中下面层为沥青混凝土路面，基层为水泥稳定碎石，项目经理部精心组织、科学施工，搞好现场技术质量管理，做了包括如下环节的工作：

(1)项目经理部由总工程师组织进行了技术交底。

(2)为真正落实公司的现场技术管理制度制定了执行细则，其中为避免放样偏位，特别强调了落实测量双检制。

(3)将以下三项作为沥青混凝土面层施工质量控制关键点：基层强度、平整度、高程的检查与控制；沥青材料的检查与试验；集料的级配、沥青混凝土配合比设计和试验。

(4)铺筑了沥青混凝土试验段。

(5)在底面层施工前，进行了测量放样和基层清扫。

(6)加强质量检查控制，如开工前检查、工序检查和工序交接检查等。

[案例问题]

(1)对沥青混凝土面层施工，还应设置哪些质量控制关键点？

(2)铺筑沥青混凝土试验段的目的是什么？

(3)底面层施工前，除测量放样和清扫基层外，还要进行什么重要工序？

(4)简述 SMA 路面碾压原则、注意事项及是否为真正 SMA 路面的判别方法。

任务五　沥青路面施工质量控制与验收

任务描述

本任务为沥青混凝土路面工程中施工过程质量控制及质量验收。通过学习,使学生掌握沥青路面各阶段施工质量控制内容和检测项目、指标,能够正确地指导沥青路面的施工与验收。

知识准备

一、施工准备阶段质量控制

(一)确定料源及进场材料的质量检验

1.沥青材料

在全面了解各种沥青料源、质量及价格的基础上,无论是进口沥青还是国产沥青,均应从质量和经济两方面综合考虑选用。对进场沥青,每批到货均应检验生产厂家所附的试验报告,检查装运数量、装运日期、订货数量、试验结果等。对每批沥青进行抽样检测,试验中如有一项达不到规定要求时,应加倍抽样试验,如仍不合格,则退货并索赔。沥青材料的试验项目有针入度、延度、软化点、薄膜加热、蜡含量、密度等。有时根据合同要求,可增加其他非常规测试项目。

沥青材料的存放应符合下列要求:

(1)沥青运至沥青厂或沥青加热站后,应按规定分摊检验其主要性质指标是否符合要求,不同种类和标号的沥青材料应分别储存,并应加以标记。

(2)临时性的储油池必须搭盖棚顶,并应疏通周围排水渠道,防止雨水或地表水进入池内。

2.矿　料

矿料的准备应符合下列要求:

(1)不同规格的矿料应分别堆放,不得混杂,在有条件时宜加盖防雨顶棚。

(2)各种规格的矿料到达工地后,对其强度、形状、尺寸、级配、清洁度、潮湿度进行检查。如尺寸不符合规定要求时,应重新过筛;若有污染时,应用水冲选干净,待干燥后方可使用。

选择集料料场是十分重要的。对于粗集料料场,重要的是检查石料的技术标准能否满足要求,如石料等级、饱水抗压强度、磨耗率、压碎值、磨光值及石料与沥青的黏结力。实际中,有些石料虽然达到了技术标准要求,但不具备开采条件,在确定料厂时也应慎重考虑。对各个料场采取样品,制备试件,进行试验,并考虑经济性后确定。碎石受石料本身结构与加工设备(鄂式或锤式轧石机)的影响较大,应先试轧,检验其有关指标,以防止不合格材料入场。

细集料的质量是确定料场的重要条件。进场的砂、石屑及矿粉应满足规定的质量要求。

(二)施工机械检查

沥青路面施工前对各种施工机具应进行全面检查,并应符合下列要求:

(1)洒油车应检查油泵系统、洒油管道、量油表、保温设备等有无故障,并将一定数量沥青装入油罐,在路上先试洒、校核其洒油量,每次喷洒前应保持喷油嘴干净,管道畅通,喷油嘴的角度应一致,并与洒油管成15°~25°的夹角。

(2)矿料撒铺车应检查其传动和液压调整系统,并应事先进行试撒,以确定撒铺每一种规格矿料时应控制的间隙和行驶速度。

(3)沥青混合料拌和与运输设备的检查。拌和设备在开始运转前要进行一次全面检查,注意联结的紧固情况,检查搅拌器内有无积存余料,冷料运输机是否运转正常,有无跑偏现象,仔细检查沥青管道各个接头,严禁吸沥青管有漏气现象,注意检查电气系统。对于机械传动部分,还要检查传动链的张紧度。检查运输车辆是否符合要求,保温设施是否齐全。

(4)摊铺机应检查其规格和主要机械性能,如振捣板、振动器、熨平板、螺旋摊铺器、离合器、乱板送料器、料斗闸门、厚度调节器、自动找平装置等是否正常。

(5)压路机应检查其规格和主要机械性能(如转向、启动、振动、倒退、停驶等方面的能力)及滚筒表面的磨损情况,滚筒表面如有凹陷或坑槽,不得使用。

(三)铺筑试验路段

高等级公路在施工前应铺筑试验段,其他等级公路在缺乏施工经验或初次使用重大设备时,也应铺筑试验段。试验段的长度应根据试验目的确定,宜为100~200m,宜在直线段上铺筑。如在其他道路上铺筑时,路面结构等条件应相同。路面各层的试验可安排在不同的试验段。

在试验段的铺筑过程中,施工单位应认真作好记录分析,监理工程师或工程质量监督部门应监督、检查试验段的施工质量,及时与施工单位商定有关结果。铺筑结束后,施工单位应就各项试验内容提出试验总结报告,并取得主管部门的批复,作为施工依据。

二、施工过程中的质量检查及控制标准

(一)施工过程中的材料检查内容及要求

施工中的材料检查,是在每批材料进场时已进行过检查及批准的基础上,施工过程中再抽查其质量稳定性。施工单位在施工过程中必须经常对各种施工材料进行抽样试验,以确保材料质量符合质量指标的要求。

材料检查的另一项重要内容是矿料级配精度和油石比计量精度检查。

(二)施工过程中质量检查及控制标准

施工过程中的质量检查包括工程质量及外形尺寸两部分。其检查内容、频度、质量标准应符合规范要求。当检查结果达不到规定要求时,应追加检测数量,查找原因,作出处理。对沥青土和沥青碎石混合料,尤其应注意以下几点:

(1)从料堆和皮带运输机随时目测各种材料的质量和均匀性,检查泥块及超粒径碎

石，检查冷料仓有无窜仓。目测混合料拌和是否均匀，有无花白料，油石比是否合理，检查集料和混合料的离析情况。

(2)检测沥青混合料的材料加热温度、混合料出厂温度，取样抽提、筛分检测混合料的矿料级配、油石比。抽提筛分应至少检查 0.075mm、2.36mm、4.75mm、公称最大粒径及中间粒径等 5 个筛孔的通过率。

(3)取样成形试件进行马歇尔试验，测定空隙率、稳定度、流值，计算合格率。对 VMA、VFA 指标可只作记录。

沥青混合料的存放时间对体积指标有一定影响，施工质量检验的马歇尔试验以拌和厂取样后立即成形的试件为准，但成形温度和试件高度必须符合试验要求。

(4)沥青路面铺筑过程中必须随时对铺筑质量进行评定，质量检查的内容、频度、允许差应符合表 12-16 的规定。

表 12-16　公路热拌沥青混合料路面施工过程中工程质量的控制标准

项目		检查频度及单点检验评价方法	质量要求或允许偏差		试验方法
			高速公路、一级公路	其他等级公路	
外观		随时	表面平整密实，不得有明显轨迹、裂缝、推挤、油盯、油包等缺陷，且无明显离析		目测
接缝		随时	紧密平整、顺直、无跳车		目测
		逐条缝检测评定	3mm	5mm	T 0931
施工温度	摊铺温度	逐车检测评定	符合本规范规定		T 0981
	碾压温度	随时	符合本规范规定		插入式温度计实测
厚度①	每一层次	随时，厚度 50mm 以下 厚度 50mm 以上	设计值 5% 设计值 8%	设计值 8% 设计值 10%	施工时插入法量测松铺厚度及压实厚度
	每一层次	1 个台班区段的平均值 厚度 50mm 以下 厚度 50mm 以上	−3mm −5mm		附录 G 总量检验
	总厚度	每 2000m^2 一点单点评定	设计值−5%	设计值−8%	T 0912
	上面层	每 2000m^2 一点单点评定	设计值−10%	设计值−10%	
压实度②		每 2000m^2 检查 1 组，逐个试件评定并计算平均值	实验室标准密度的 97%(98%) 最大理论密度的 93%(94%) 试验段密度的 99%(99%)		T 0924、T 0922 本规范附录 E
平整度（最大间隙）③	上面层	随时，接缝处单杆评定	3mm	5mm	T 0931
	中下面层	随时，接缝处单杆评定	5mm	7mm	T 0931

续表

项目		检查频度及单点检验评价方法	质量要求或允许偏差		试验方法
			高速公路、一级公路	其他等级公路	
平整度(标准差)	上面层	连续测定	1.2mm	2.5mm	T 0932
	中面层	连续测定	1.5mm	2.8mm	
	下面层	连续测定	1.8mm	3.0mm	
	基层	连续测定	2.4mm	3.5mm	
宽度	有侧石	检测每个断面	±20mm	±20mm	T 0911
	无侧石	检测每个断面	不小于设计宽度	不小于设计宽度	
纵断面高程		检测每个断面	±10mm	±15mm	T 0911
横坡度		检测每个断面	±0.3%	±0.5%	T 0911
沥青层层面上的渗水系数④		每1km不少于5点,每点3处取平均值	300mL/min(普通密级配沥青混合料) 200mL/min(SMA混合料)	T 0971	

注:①厚度检测频度指高速公路和一级公路的钻坑频度,其他等级公路可酌情减少状况,且通常采用压实度钻孔试件测定。上面层的允许误差不适用于磨耗层。

②压实度检测按附录E的规定执行,钻孔试件的数量按11.4.8的规定执行。括号中的数值是对SMA路面的要求,对马歇尔成形试件采用50次或者35次击实的混合料,压实度应适当提高要求。进行核子仪等无破损检测时,每13个测点的平均数作为一个测点进行评定是否符合要求。实验室密度是指与配合比设计相同方法成形的试件密度。以最大理论密度作标准密度时,对普通沥青混合料通过真空法实测确定,对改性沥青和SMA混合料,由每天的矿料级配和油石比计算得到。

③3m直尺主要用于接缝检测,对正常生产路段,采用连续式平整度仪测定。

④渗水系数适用于公称最大粒径等于或小于19mm的沥青混合料,应在铺筑成形后未遭行车污染的情况下测定,且仅适用于要求密水的密级配沥青混合料、SMA混合料。不适用于OGFC混合料,表中渗水系数以平均值评定,计算的合格率不得小于90%。

(5)施工厚度的质量控制,除应在摊铺及压实时量取,并测量钻孔试件厚度外,还应校验每一天拌和厂沥青混合料总生产量与实际铺筑的面积计算平均厚度。

(6)沥青路面的压实度采取重点对碾压工艺进行过程控制、适度钻孔抽检压实度的方法。当钻孔检验的各项指标持续稳定达到要求时,经监理工程师或主管部门同意,钻孔频度可适当减少。施工过程中必须随时用3m直尺检测接缝及与构造物的连接处平整度的检测,正常路段的平整度采用连续式平整度仪或颠簸累积仪测定。

(7)施工过程中必须随时用3m直尺检测接缝及与构造物的连接处平整度,正常路段的平整度采用连续式平整度仪或颠簸累积仪测定。

(8)施工单位的质量检测结果应按1km为单位整理成表,连同原始记录一起反馈给监理工程师或建设单位。当发现异常时,应停止施工,分析原因找出影响因素,采取措施,经监理工程师或建设单位同意后,方可复工。

(9)高速公路和一级公路沥青路面的施工应利用计算机实行动态质量管理,并计算平均值、极差、标准差及变异系数以及各项指标的合格率。

三、沥青路面的验收

工程完工后,施工单位应将全线以 1～3km 作为一个评定路段,每一侧车行道按表12-17 的规定频度,随机选取测点,对沥青面层进行全线自检,将单个测定值与表中的质量要求或允许偏差进行比较,计算合格率,然后计算一个评定路段的平均值、极差、标准差及变异系数。施工单位应在规定时间内提交全线检测结果及施工总结报告,申请交工验收。

表 12-17　　公路热拌沥青混合料路面交工检查与验收质量标准

检查项目		检查频度(每一侧车行道)	质量要求或允许偏差		试验方法
			高速公路、一级公路	其他等级公路	
外观		随时	表面平整密实,不得有明显轨迹、裂缝、推挤、油盯、油包等缺陷,且无明显离析		目测
面层总厚度	代表值	每 1km　5 点	设计值－5%	设计值－8%	T 0912
	极值	每 1km　5 点	设计值－10%	设计值－15%	T 0912
上面层厚度	代表值	每 1km　5 点	设计值－10%		T 0912
	极值	每 1km　5 点	设计值－20%		T 0912
压实度	代表值	每 1km　5 点	实验室标准密度的 96%(98%) 最大理论密度的 92%(94%) 试验段密度的 98%(99%)	T 0924	
	极值(最小值)	每 1km　5 点	比代表值放宽 1%(每 km)或 2%(全部)		T 0924
路表平整度	标准差 σ	全线连续	1.2mm	2.5mm	T 0932
	IRI	全线连续	2.0m/km	4.2m/km	T 0933
	最大间隙	每 1km 10 处,各连续 10 杆		5mm	T 0931
路表渗水系数　不大于		每 1km 不少于 5 点,每点 3 处取平均值评定	300mL/min(普通沥青路面) 200mL/min(SMA 路面)		T 0971
宽度	有侧石	每 1km　2 个断面	±20mm	±30mm	T 0911
	无侧石	每 1km　20 个断面	不小于设计宽度	不小于设计宽度	T 0911
纵断面高程		每 1km　20 个断面	±15mm	±20mm	T 0911
中线偏位		每 1km　20 个断面	±20mm	±30mm	T 0911
横坡度		每 1km　20 个断面	±0.3%	±0.5%	T 0911

续表

检查项目		检查频度（每一侧车行道）	质量要求或允许偏差		试验方法
			高速公路、一级公路	其他等级公路	
弯沉	回弹弯沉	全线每 20m 1 点	符合设计对交工验收的要求	符合设计对交工验收的要求	T 0951
	总弯沉	全线每 5m 1 点	符合设计对交工验收的要求		T 0952
构造深度		每 1km 5 点	符合设计对交工验收的要求		T 0961/62/63
摩擦系数摆值		每 1km 5 点	符合设计对交工验收的要求		T 0964
横向力系数		全线连续	符合设计对交工验收的要求		T 0965

（一）验收内容

沥青路面交工时应检查验收沥青面层的各项质量指标，包括路面的厚度、压实度、平整度、渗水系数、构造深度、摩擦系数。

（1）路表平整度可采用连续式平整度仪和颠簸累积仪进行测定，以每 100m 计算一个测值，计算合格率。

（2）路表渗水系数与构造深度宜在施工过程中在路面成形后立即测定，但每一个点为 3 个测点的平均值，计算合格率。

（3）交工验收时可采用连续式摩擦系数测定车在行车道实测路表横向摩擦系数，如实记录测点数据。

（4）交工验收时可选择贝克曼梁或连续式弯沉仪实测路面的回弹弯沉或总弯沉，如实记录测点数据（含测定时的气候条件、测定车数据等），测定时间宜在公路的最不利使用条件下（指春融期或雨季）进行。

（二）基本要求

（1）沥青混合料的矿料质量及矿料级配应符合设计要求和施工规范的规定。

（2）严格控制各种矿料和沥青用量及各种材料和沥青混合料的加热温度，沥青材料及混合料的各项指标应符合设计和施工规范要求。沥青混合料的生产，每日应做抽提试验、马歇尔稳定度试验。矿料级配、沥青含量、马歇尔稳定度等结果的合格率应不小于 90%。

（3）拌和后的沥青混合料应均匀一致，无花白料，无粗细料分离和结团成块现象。

（4）基层必须碾压密实，表面干燥、清洁、无浮土，其平整度和路拱度应符合要求。

（5）摊铺时应严格控制摊铺厚度和平整度，避免离析，注意控制摊铺和碾压温度，碾压至要求的密实度。

（三）实测项目

沥青混凝土面层和沥青碎砾石面层实测项目如表 12-18 所示。

表 12-18　　沥青混凝土面层和沥青碎(砾)石面层实测项目

项次	检查项目		规定值或允许偏差		检查方法和频率	权值
			高速公路、一级公路	其他公路		
1	压实度(%)		试验室标准密度的96%(*98%)		按附录B检查,每200m测1处	3
			最大理论密度的92%(*94%)			
			试验段密度的98%(*99%)			
2	平整度	σ(mm)	1.2	2.5	平整度仪:全线每车道连续按每100m计算IRI或σ	2
		IRI(m/km)	2	4.2		
		最大间隙h(mm)		5	3m直尺:每200m测2处×10尺	
3	弯沉值(0.01mm)		符合设计要求	按附录I检查	2	
4	渗水系数		SMA路面		渗水试验仪:每200m测1处	2
			200mL/min			
			其他沥青混凝土路面300mL/min			
5	抗滑	摩擦系数	符合设计要求		摆式仪:每200m测1处	2
					摩擦系数测定车:全线连续	
		构造深度			铺砂法:每200m测1处	
6	厚度(mm)	代表值	总厚度:设计值−8%	−8%H	按附录H检查,双车道每200m测1处	3
			上面层:设计值−10%			
		合格值	总厚度:设计值−10%	−15%H		
			上面层:设计值−20%			
7	中线平面偏位(mm)		20	30	经纬仪:每200m测4点	1
8	纵断高程(mm)		±10	±15	水准仪:每200m测4断面	1

续表

项次	检查项目		规定值或允许偏差		检查方法和频率	权值
			高速公路、一级公路	其他公路		
9	宽度(mm)	有侧石	±20	±30	尺量：每 200m 测 4 断面	1
		无侧石	不小于设计			
10	横坡(%)		±0.3	±0.5	水准仪：每 200m 测 4 处	1

注：(1)压实度可选用其中的 1 个或 2 个标准，并以合格率低的作为评定结果。带 * 号者是指 SMA 路面，其他为普通沥青混凝土路面。

(2)厚度仅规定负允许偏差。其他公路的厚度代表值和极值允许偏差按总厚度计，当总厚度不大于 60mm 时，允许偏差分别为 -5mm 和 -10mm；总厚度大于 60mm 时，允许偏差分别为 -8% 和 -15% 的总厚度。H 为总厚度(mm)。

(四)外观鉴定

(1)表面应平整密实，不应有泛油、松散、裂缝和明显离析等现象。对于高速公路和一级公路，有上述缺陷的面积(凡属单条的裂缝，则按其实际长度乘以 0.2m 宽度，折算成面积)之和不得超过受检面积的 0.03%，其他公路不得超过 0.05%。

半刚性基层的反射裂缝可不计作施工缺陷，但应及时进行灌缝处理。

(2)搭接处应紧密、平顺，烫缝不应枯焦。

(3)面层与路缘石及其他构筑物应密贴接顺，不得有积水或漏水现象。

同步训练

填空题

(1)沥青三大指标是________、________、________。

(2)本项目沥青面层使用________、________两种沥青。

(3)沥青混合料配合比设计分为________、________和________三个阶段，此外，还应确定施工级配允许波动范围。

(4)对热拌热铺密级配沥青混合料，沥青层一层的压实厚度不宜小于集料公称最大粒径的________倍，以减少离析，便于压实。

(5)沥青混合料路面开放交通时的路表温度不高于________℃。

(6)高速公路沥青混凝土面层厚度检测评定中，以代表值计算，总厚度的允许偏差为设计值的________%、上面层厚度的允许偏差为设计值的________%。

(7)关于沥青路面平整度(标准差)，本项目施工要求：上面层不大于________ mm，中面层不大于________ mm，下面层不大于________ mm，较规范要求有所提高。当施工接缝处用 3m 直尺检测平整度时，上面层要求不大于________ mm，中下面层要求不大于________ mm。

(8)高速公路沥青混凝土路面压实度检测频率为每________ m 测 1 处，压实度检测标准为：实验室标准密度的________%，最大理论密度的________%，试验段密度的________%。SMA路面压实度检测标准为：实验室标准密度的________%，最大理论密度的________%，试验段密度的________%。

(9)高速公路沥青混凝土路面渗水系数标准为________mL/min，SMA路面为________mL/min。

(10)高速公路沥青混凝土路面抗滑性能检测指标为________、________。

(11)高速公路沥青混凝土路面中线平面偏位允许偏差为________mm，横坡允许偏差为________%。

典型案例

[训练目标]

沥青路面施工质量控制。

[案例描述]

全长56km的某高速公路，其路面为碎石沥青混凝土。考虑到混合料中含有较多的粗碎石，为了防止离析现象的发生，6标B段的项目部在施工工程中，采取了以下措施：

(1)集料在堆放时，堆料采用大料堆，避免堆放时大颗粒流到外侧。

(2)填料的含量应严格控制，减少混合料中小于0.075mm颗粒的含量。

(3)沥青混凝土的足够拌和时间对保证沥青混合料的均匀性非常重要，通常的干拌时间不少于10s，对于粗集料级配混合料的干拌时间应是13～15s。混合料的湿拌时间一般在35s左右。

(4)摊铺过程中，在每辆卡车卸料之间，不要完全用受料斗中的混合料，留少量部分混合料在受料斗内；尽可能减少将两侧板翻起的次数；尽可能宽地打开受料斗的后门；尽可能连续摊铺混合料；调整摊铺机的速度，使摊铺机的产量与拌和机的产量相匹配等。

(5)混合料的表面层采用走线法摊铺施工。

(6)碾压过程中，沿纵向由高边向低边均匀速度碾压。

[案例问题]

项目部采取的措施是否恰当？如不恰当说明理由。

学习工作单

课程名称	公路工程施工	学习项目	沥青路面施工
任务内容与目标			
知识	技能	态度	
1.沥青路面层间结合分类及施工要点。 2.各类沥青路面的施工工序和施工要点。 3.沥青类路面施工质量控制。	1.具有沥青类路面施工的能力。 2.能够进行沥青类路面质量检查与验收。	1.使用规范指导施工能力。 2.良好的职业行为。 3.团结协作精神。 4.良好的语言表达能力。	

续表

工作任务
一、思考题 (1)简述该项目路面结构层组成,并绘图说明。 (2)简述SMA沥青路面压实度的要求,与AC-25沥青混凝土路面有什么不同? (3)简述沥青路面的平接缝施工要点。 二、拓展训练 1.单项选择题 (1)透层油的渗透深度对于水稳层应不小于(　　),对于级配碎石层应不小于(　　)。 A.5mm,5mm　B.5mm,10mm　C.10mm,5mm　D.10mm,10mm (2)黏层油材料一般不使用(　　)。 A.快、中凝液体石油沥青　B.慢裂乳化沥青 C.快、中裂乳化沥青　D.改性乳化沥青 (3)沥青混合料碾压过程包含(　　)、复压和终压三个阶段。 A.振压　B.静压　C.初压　D.重压 (4)(　　)不是表征路面抗滑性能的指标。 A.构造深度　B.摆值　C.横向力系数　D.超高值 (5)《公路沥青路面施工技术规范》(JTG F40—2004)中,符号AC表示的是(　　)混合料。 A.密级配沥青碎石　B.密级配沥青混凝土 C.沥青稳定碎石　D.改性沥青混凝土 (6)沥青混合料的浸水马歇尔试验结果的残留稳定度用以表征沥青混合料的(　　)。 A.水稳定性　B.疲劳特性　C.高温性能　D.低温性能 (7)对于高速公路的沥青路面上面层的横向接缝应采用(　　)形式。 A.斜接缝　B.阶梯形接缝　C.冷接缝　D.平接缝

续表

2. 多项选择题

(1)影响沥青路面压实的主要因素有(　　)。

A. 压实温度　　B. 沥青用量　　C. 碾压速度

D. 碾压遍数　　E. 矿料含量

(2)应浇洒透层沥青的情况是(　　)。

A. 沥青路面的级配沙砾、级配碎石基层

B. 水泥、石灰、粉煤灰等无机结合料稳定基层

C. 旧沥青路面层上加铺沥青层

D. 水泥砼路面上铺筑沥青层

E. 旧水泥砼路面上铺筑沥青层

(3)沥青混合料加入抗剥落剂的作用是(　　)。

A. 提高沥青混合料的高低温稳定性　　B. 提高沥青混合料与矿料的黏结力

C. 提高沥青混合料的抗水损害能力　　D. 减少沥青用量

E. 提高矿料的强度

(4)改善沥青混合料低温稳定性的措施有(　　)等。

A. 加强路面结构强度　　B. 改善沥青结合料的低温延度

C. 提高内摩阻力　　D. 采用针入度大的沥青

E. 采用针入度小的沥青

(5)改善沥青路面抗水损害能力的措施有(　　)。

A. 加强基层结构的水稳定性　　B. 提高沥青黏度

C. 添加抗剥落剂　　D. 设置沥青上封层

3. 判断题

(1)沥青混合料的拌和时间由试验确定,普通沥青混合料每盘拌和时间不宜少于 45s(其中干拌时间不得少于 5s),改性沥青混合料每盘拌和时间宜为 60s 左右(其中干拌时间不得少于 10s),以使混合料拌和均匀,无花白料。(　　)

(2)沥青必须按品种、强度等级分开存放。除长期不使用的沥青可放在自然温度下存储外,沥青在储罐中的储存温度不宜低于 130℃,且不得高于 170℃。桶装沥青应直立堆放,加盖苫布。(　　)

(3)在摊铺沥青混合料过程中,摊铺机中途停顿会引起混合料温度下降而导致局部不平整。(　　)

(4)用于高速公路沥青面层的碎石,可以采用颚式破碎机单级加工的产品。(　　)

(5)气温低于 10℃或遇大风或即将降雨时,不得喷洒透层与黏层沥青。(　　)

(6)不同料源、品种、规格的集料混杂堆放并不影响材料的变异性。(　　)

三、加强训练

如下为某一级公路路面结构设计图,通过对该图的识读,回答以下问题:

(1)一般公路按照路面结构形式一般分为哪几种类型,以下图示路面为哪种类型?

(2)该路面总厚度为________,其中基层厚度为________,面层厚度为________。

(3)该路面路面结构层主要承重层为________。

(4)该路面基层属于________类型,同种类型的基层还有哪几种稳定类?

续表

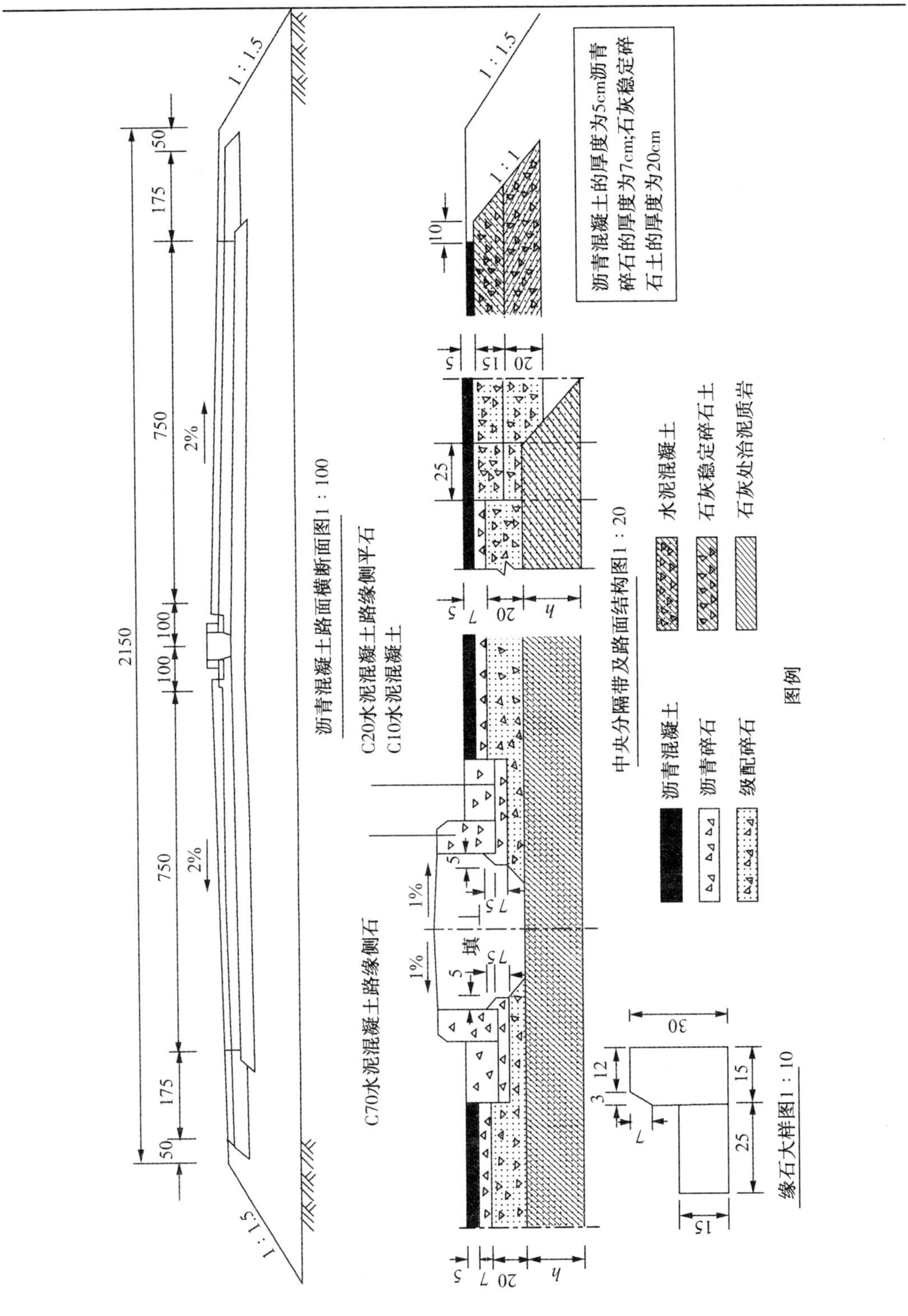
沥青混凝土路面横断面图1∶100
C20水泥混凝土路缘侧平石
C10水泥混凝土
C70水泥混凝土路缘侧石
中央分隔带及路面结构图1∶20
沥青混凝土的厚度为5cm沥青碎石的厚度为7cm;石灰稳定碎石土的厚度为20cm
缘石大样图1∶10
图例
沥青混凝土
沥青碎石
级配碎石
水泥混凝土
石灰稳定碎石土
石灰处治泥质岩
填
1∶1.5
1∶1
2150
750
175
100
50
2%
1%

项目十三　水泥混凝土路面施工

知识目标

(1)掌握水泥混凝土路面的构造与常用材料。
(2)掌握水泥混凝土路面人工施工工艺及施工要点。
(3)掌握水泥混凝土路面滑模施工技术要点。
(4)掌握水泥混凝土路面质量控制及验收标准。

能力目标

(1)具有水泥混凝土路面施工的能力。
(2)能够进行水泥混凝土路面质量控制及验收。

内容概要

本项目主要包括水泥混凝土路面的构造、水泥混凝土路面的材料要求、水泥混凝土路面常用的施工方法、水泥混凝土路面质量控制与验收等内容。

引导案例

某一级公路合同段 K0＋100～K1＋673.121，路面宽度 2×11/14m，结构厚度为28cm，混凝土强度等级为C35，28d 混凝土抗折强度大于5.0MPa。路面混凝土板分块施工，沿道路纵向每4m设置一道横向缩缝，采用不设传力杆的假缝形式；在单幅道路中线位置设置纵缝，即每块板横缝宽度为3.5/3.75m。临近道路起、终点处各设置胀缝一处；临近道路起、终点胀缝处，各设置3道含传力杆的横向缩缝。施工单位为保证施工质量，制定了详细的施工方案，机具准备如下：

(1)搅拌、运输机具：配有自动控制系统的混凝土搅拌机站、自卸车、小翻斗车、手推车、混凝土搅拌运输车、散装水泥运输车、洒水车等。

(2)振捣机具：平板振动器、插入式振动器、振捣梁等小型机具。

(3)其他工具：混凝土切缝机、纹理制作机、灌缝机、普通水泵、计量水泵、移动式发电机、移动式照明设备等。

(4)抹面机具:木抹子、铁抹子、合金条等。

(5)施工测量和检验试验仪器设备。

在基层施工完毕,经检测各项指标达到设计和规范要求,并经监理工程师同意后施工单位进行混凝土路面的施工。施工之前,施工单位对基层表面进行清理,并洒水湿润。施工单位严格按照制定的工艺流程组织施工,工艺流程如下:基层清理→乳化沥青下封层→测量施放分格线及标高控制点→安装钢模板→钢筋安装(网片、传力杆、拉杆)→混凝土制拌→浇注混凝土振捣成形→找平→人工抹光→抗滑构造制作→养生→切缝→拆模→灌缝。

分析水泥混凝土路面施工每道工序的施工质量控制要点,制定相应的施工技术交底。

任务一　水泥混凝土路面的构造

任务描述

本项目中路面混凝土板分块施工,沿道路纵向每 4m 设置一道横向缩缝,采用不设传力杆的假缝形式;在单幅道路中线位置设置纵缝,即每块板横缝宽度为 3.5/3.75m。临近道路起、终点处各设置胀缝一处;临近道路起、终点胀缝处,各设置 3 道含传力杆的横向缩缝。

根据场景,有下列题目:

(1)与沥青混凝土路面相比,该路段所采用的路面具有的特点包括(　　)。

A. 稳定性好　　B. 耐久性好　　C. 耐高温性好

D. 路面反光性好,有利于夜间行车　　E. 修复方便

(2)场景中面层横向施工缝设置的正确做法有(　　)。

A. 在每天摊铺结束时,设置一道横向施工缝

B. 某日中午突降暴雨,施工被迫中断 2h,暴雨后继续施工而未设置横向施工缝

C. 尽量将施工缝的位置与胀缝或缩缝设置重合

D. 采用软切缝方式设置横向施工缝

E. 在一天连续施工过程中,无须设置施工缝

(3)混凝土路面的施工方法有(　　)。

A. 层铺法　　B. 路拌法　　C. 滑模摊铺法　　D. 热拌热铺法

(4)新建水泥混凝土路面面板抗滑构造施工方法有(　　)。

A. 人工拉槽　　B. 硬刻槽　　C. 拉毛机拉槽

D. 铺砂　　E. 铣刨机铣刨

本任务主要讲述混凝土路面的基本构造及特点,请利用本任务所学知识回答以上问题。

知识准备

一、水泥混凝土路面

(一)水泥混凝土路面定义

水泥混凝土路面是指以水泥混凝土为主要材料作面层的路面或由水泥混凝土面板和基(垫)层所组成的路面,简称“混凝土路面”,亦称“刚性路面”,俗称“白色路面”,是一种高级路面,分为普通混凝土路面(JPCP)、钢筋混凝土路面(JRCP)、钢纤维混凝土路面(SF-CP)、碾压混凝土路面、连续配筋混凝土路面(CRCP)、装配式混凝土路面等(见表13-1)。

表13-1 水泥混凝土路面分类

序号	面层类型	定义及特点	适用场合
1	普通混凝土	混凝土路面除接缝区和局部范围(边缘或角隅)外,不配置钢筋,亦称“素混凝土路面”	广泛应用公路、城市道路及机场道面中(最常用)
2	钢筋混凝土	配置有钢筋的水泥混凝土路面。特点:配置纵、横向钢筋网,主要目的是控制裂缝的开展	混凝土板块尺寸较大时,或基层易产生不均匀沉降或板下埋有地下设施时
3	碾压混凝土	通过碾压达到成形的目的,区别于一般的振捣。水泥用量7%～8%,用水量小,施工速度快,养生时间短	适用于二级及以下公路的面层和高等级公路的基层,其耐磨性差于一般混凝土路面
4	钢纤维混凝土	路面混合料配置有1%～1.2%(体积比)钢纤维颗粒的水泥混凝土路面。特点:混合料中加入1.0%～1.2%(体积比)的钢纤维,形成混凝土复合材料	主要应用于公交汽车站、收费站和行驶重型汽车的路面及旧路面的加铺层
5	装配式混凝土	以砼预制块拼装而成,不受气候影响,施工进度快,不需特殊养护,易维修,但接缝多,整体性差,易颠簸	适用于城市道路、停车场、堆场,不适于公路
6	连续配筋混凝土	在路面纵向连续配置足够数量的钢筋,以控制混凝土路面板纵向收缩产生裂缝的间距和缝隙大小,从而可在路面纵向不设接缝的混凝土路面	广泛应用于高等级公路、机场道面及现有道路的加固

(二)水泥混凝土路面主要特性

水泥混凝土面层直接承受行车荷载和环境(温度和湿度)因素的作用,因此,水泥混凝土面层应具有足够的强度、耐久性、表面抗滑、耐磨、平整。其特性主要为:

1.力学特性

作为刚性路面的水泥混凝土路面,同柔性路面相比,有自己的特点:由于混凝土的抗弯拉强度比抗压强度低得多,为抗压强度的1/7～1/6。在车轮荷载的作用下当弯拉应力超过混凝土的极限抗弯拉强度时,混凝土板便产生断裂破坏。且在车轮荷载的重复作用下,混凝土板会在低于极限抗弯拉强度时出现破坏。

2.温度变化特性

混凝土随温度、湿度的变化而发生变形,导致混凝土路面板产生收缩、膨胀或翘曲。如果板的尺寸过大,这些变形会受到约束,使板内产生较大的应力,而出现开裂、拱胀,甚至断裂等破坏。为减少温度、湿度影响产生的应力,防止出现不规则的裂缝,混凝土路面(除连续配筋混凝土路面外)需要在纵、横两个方向设置接缝,将板体划分成一定尺寸的矩形板。

3.变形特性

水泥混凝土是一种脆性材料,它在断裂时的相对拉伸变形很小,因此在荷载作用下土基和基层的变形情况对混凝土板的影响很大。不均匀的基础变形会使混凝土板与基层脱空,在车轮荷载作用下板产生过大的弯拉应力而遭破坏。混凝土面板必须具有足够的抗弯拉强度和厚度,才能满足车轮荷载的多次重复作用。

(三)普通水泥混凝土路面

它是由普通混凝土面层板和基(垫)层所组成的路面,是除接缝区和局部范围(边缘及角隅)外,不配置钢筋的混凝土路面。由于它表面色泽鲜明,也被称为“白色路面”。

普通水泥混凝土路面的优缺点如表13-2所示。

表13-2 普通水泥混凝土路面优缺点

优　点	缺　点
强度高(具有很高的抗压强度和较高的抗弯拉强度以及抗磨耗能力)	对水泥和水的用量大
稳定性好(不存在沥青路面的那种“老化”现象)	噪声大,行驶舒适性差
耐久性好(可以使用20～40年或更长)	有接缝(受力薄弱,行车舒适性差,易进水)
使用初期养护费用少,经济效益高	养护维修困难
夜间行车效果好	修筑周期长,开放交通迟(28d的保湿养生)

二、水泥混凝土路面结构与构造要求

(一)水泥混凝土路面结构要求

水泥混凝土路面结构由面层、基层、垫层、路基(路床)、路肩结构和内部排水设施等部分组成，如图 13-1 所示。

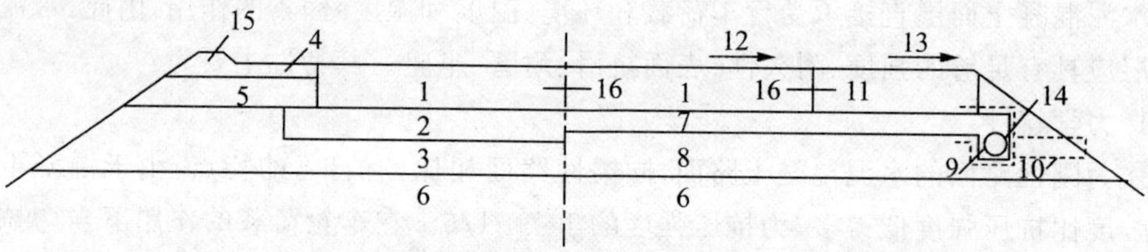

图 13-1　水泥混凝土路面结构

1—面层　2—基层　3—垫层　4—沥青路肩面层　5—路肩基层　6—路床　7—排水基层　8—不透水基层(或反滤层)　9—纵向集水沟和集水管　10—横向排水管　11—混凝土路肩面层　12—路面横坡　13—路肩横坡　14—反滤织物　15—拦水带　16—拉杆

（二）水泥混凝土路面接缝构造要求

接缝是混凝土路面板的重要构造部位，也是容易产生病害的薄弱部位。混凝土路面既要设置接缝，又要尽量减少接缝数量，并且从接缝构造上保持两侧面板的整体性，以提高传荷能力，保证混凝土面板下路基与基层的正常工作条件。混凝土路面的接缝按照几何部位，分为横向接缝和纵向接缝。纵缝平行于行车方向，横缝一般垂直于纵缝，且纵缝两侧的横缝不得互相错位(见图 13-2)。

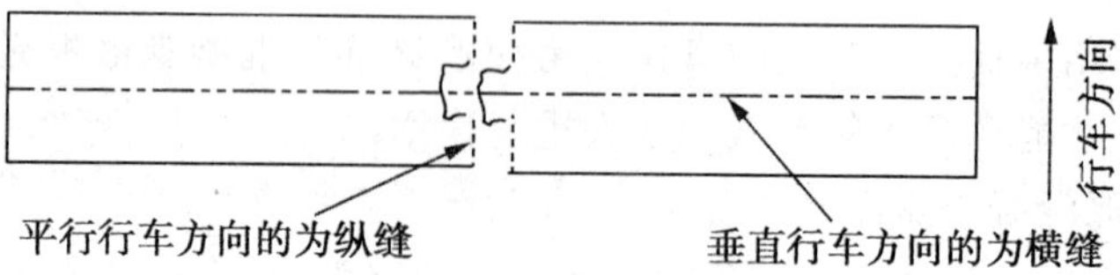

图 13-2　水泥混凝土板纵横向接缝

1. 水泥混凝土路面接缝的设置目的

(1)水泥混凝土硬化过程中的收缩。

(2)施工过程应设置横向工作缝和纵向工作缝。

(3)混凝土面板的热胀冷缩。温度均匀变化时，水平拉伸或水平压缩；温度不均匀变化时：白天，板表面温度高于板底温度，水泥混凝土板中部有向上隆起的趋势，受阻后，顶面受压、板底受拉；夜晚相反，板边有翘起趋势，顶面受拉、板底受压(见图 13-3)。

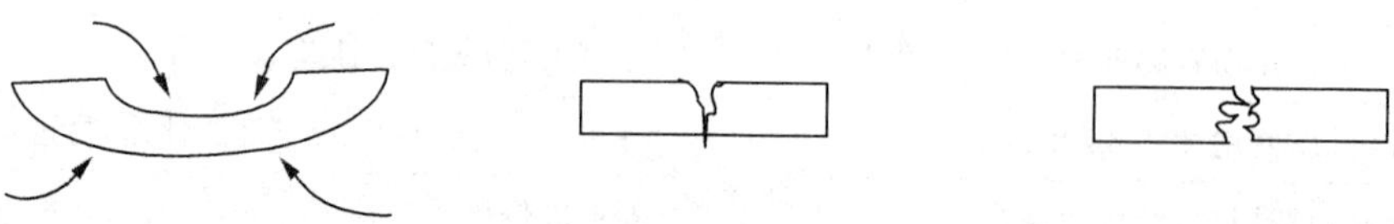

(a)温度坡差引起的变形　(b)温度坡差引起板的开裂　(c)温度均匀下降引起板的断裂

图 13-3　温度引起的混凝土板的变形与破坏

2. 水泥混凝土路面的横向接缝

(1)横向接缝。横向接缝按照作用的不同，分为横向缩缝、胀缝和施工缝。

①横向缩缝：保证板因温度和湿度的降低而收缩时沿该薄弱断面缩裂，从而避免产生不规则的裂缝。

②胀缝:保证板在温度升高时能部分伸张,从而避免产生路面板在热天的拱胀和折断破坏,同时胀缝也能起到缩缝的作用。

③施工缝:因施工不连续,暂时停止施工时要设置施工缝。常设置在横向缩缝、胀缝位置处,必须添加传力钢筋,保证纵向整体性。

(2)横缝的构造与设置。

①横向缩缝构造。横向缩缝一般采用假缝形式,包括设传力杆假缝型和不设传力杆假缝型,其构造如图 13-4(a)(b)所示。假缝上部的槽口,深度为面层厚度的 1/5~1/4,宽度为 3~8mm。一般在混凝土浇筑后,达到一定抗压强度强度时,用切缝机切割,或在混凝土浇筑时振入嵌缝条而形成。缝内填灌缝料,如沥青马蹄脂、乳化沥青等。高速公路的横向缩缝槽口增设深 20mm、宽 6~10mm 的浅槽口,其构造如图 13-4(c)所示。

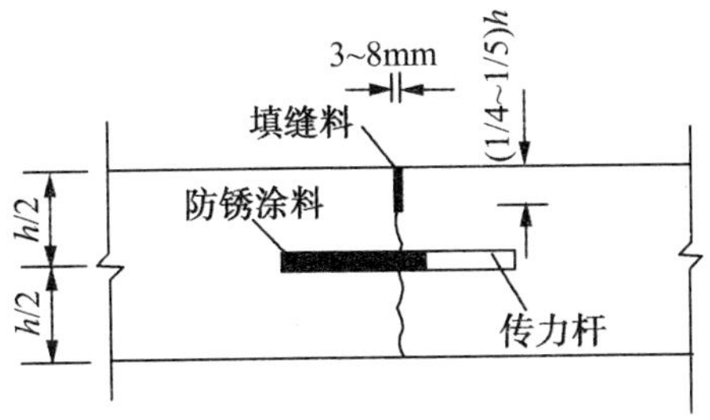

(a)设传力杆缩缝(假缝+传力杆)

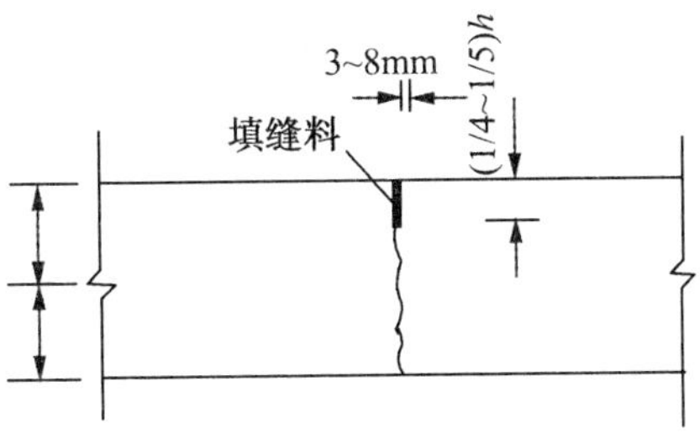

(b)不设传力杆缩缝(假缝)

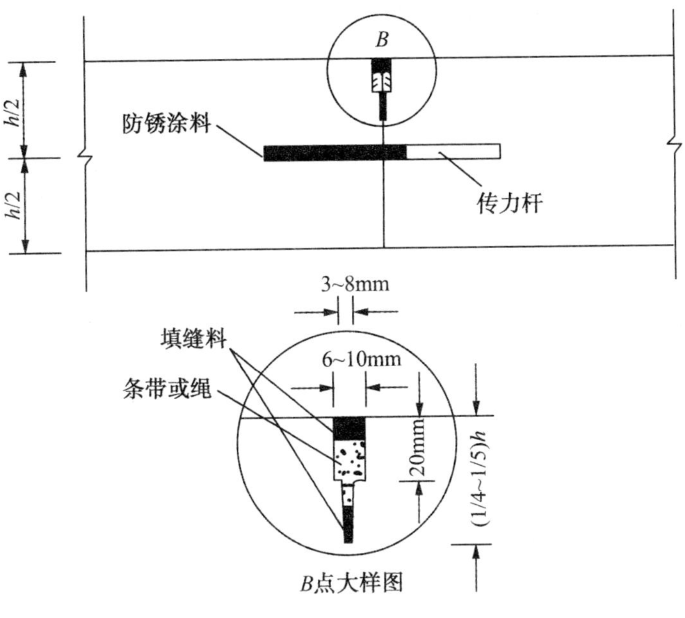

(c)横向施工缝构造

图 13-4 横向缩缝构造

缩缝间距大小直接影响板内温度应力、接缝缝隙宽度和接缝传荷能力。一般取 4~6m(即板长)。板越厚,基层顶面的回弹模量越小,横缝间距可取大值。

②胀缝构造。胀缝构造如图 13-5 所示。胀缝处混凝土板完全断开,缝壁垂直,缝宽

20mm，下部设弹性材料填缝板，上部填灌缝料，板厚中央设滑动传力杆。

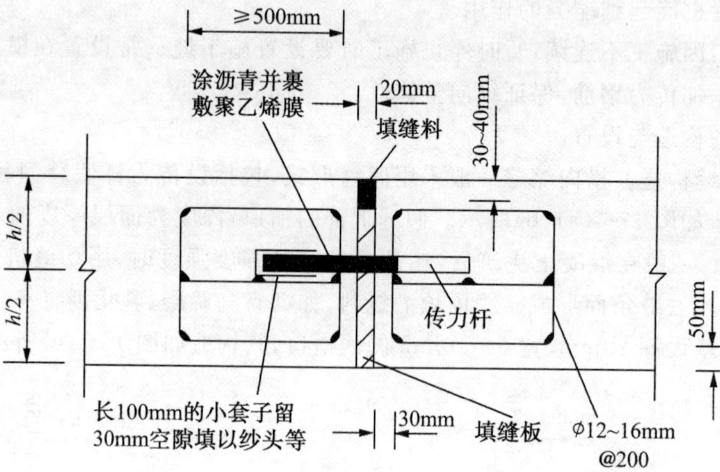

图 13-5　胀缝构造

缝应尽量少设或不设，但在邻近桥梁或其他固定构造物处或与其他道路相交处应设置胀缝。

③施工缝。混凝土路面每天完工或因下雨、机械故障等原因不能继续施工时，需设置施工缝，其位置最好设在胀缝、缩缝位置处。设在缩缝处的施工缝，采用设传力杆平缝型，其构造如图 13-6(a)所示；设在胀缝处的施工缝，其构造与胀缝相同；设在缩缝之间的施工缝，采用设拉杆企口缝型，其构造如图 13-6(b)所示。

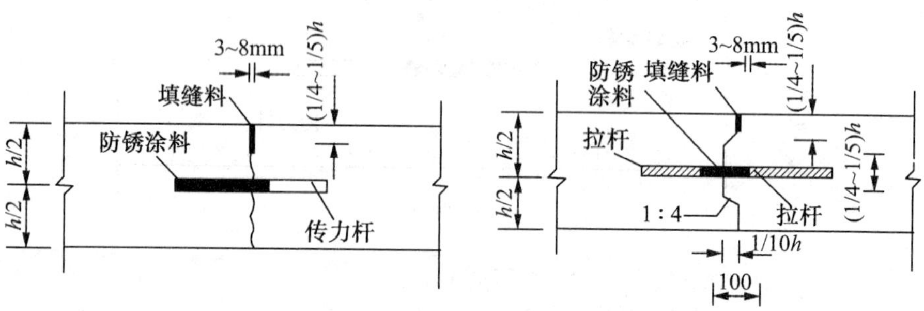

(a)设传力杆平缝型　　(b)设拉杆企口缝型

图 13-6　横向施工缝构造

3. 水泥混凝土路面的纵向接缝

(1)纵缝的构造及布置。纵缝是平行于行车方向的接缝，用来控制路面板因翘曲应力与荷载应力共同作用下产生不规则的纵向裂缝。

①纵向施工缝。一次铺筑宽度小于路面宽度时，设置纵向施工缝。纵向施工缝采用平缝形式，上部锯切槽口，深度为 30～40mm，宽度为 3～8mm，槽内灌塞填缝料，板厚中央设拉杆，不仅防止接缝错开，也具有传递荷载的能力。其构造如图 13-7(a)所示。

②纵向缩缝。一次铺筑宽度大于路面宽度时，设置纵向缩缝。纵向缩缝采用假缝形式，上部锯切槽口的深度大于施工缝的槽口深度。其构造如图 13-7(b)所示。

(2)纵缝布置。纵缝间距通常按车道宽度确定。但带有路缘带的高速公路和一级公路，板宽可按车道和路缘带的宽度确定。路面宽为 9m 的二级公路，板宽可按路面宽的一半(4.5m)确定。由于板块过宽易产生纵向断裂，特别是在旧路加宽或半填半挖的路段上，一般不超过 4.5m。

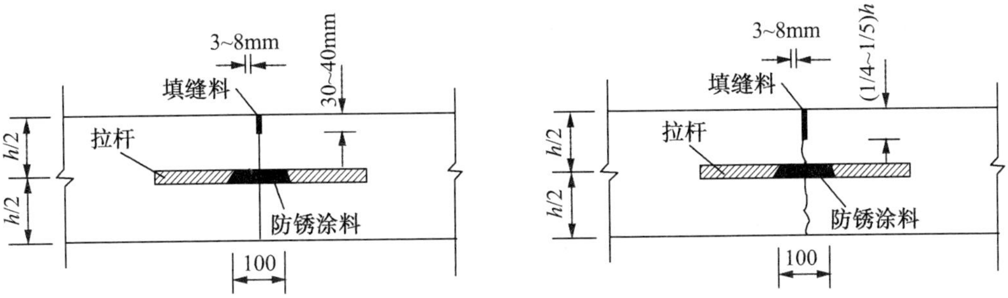

(a)纵向施工缝　　(b)纵向缩缝

图 13-7　纵缝构造

4.拉杆和传力杆设置

(1)拉杆。用于纵缝，是以保证板块间沿道路横向的联系为主要目的设置的钢筋。拉杆一般采用长度 50～70cm、φ 18～20mm、间距 1.0～1.5m 螺纹筋。设在板厚的中央，并应对拉杆中部 10cm 范围内进行防锈处理。拉杆的尺寸和间距按表 13-3 选用。施工布设时，拉杆间距按横向接缝的实际位置予以调整，最外侧的拉杆距横向接缝的距离不少于 100mm。

表 13-3　拉杆直径、长度和间距

面层厚度(mm)	到自由边或设拉杆纵缝的距离					
	3.0m	3.50m	3.75m	4.5m	6.0m	7.50m
200～250	14×700×900	14×700×800	14×700×700	14×700×600	14×700×500	14×700×400
260～300	16×800×900	16×700×800	16×700×700	16×700×600	16×700×500	16×700×400

(2)传力杆。传力杆的设置目的是为了保证接缝的传荷能力和路面的平整度，防止错台等病害的产生。传力杆主要用于横向接缝，采用光面钢筋。对胀缝或缩缝，传力杆均采用相同的间距和尺寸，其尺寸和间距按表 13-4 选用。对设在缩缝处的传力杆，其长度的一半再加 50mm，应涂以沥青或加塑料套，涂沥青端宜在相邻板中交错布置；对设在胀缝处的传力杆，还应在涂沥青一端加一套子，内留 30mm 的空隙，填以纱头或泡沫塑料。套子端在相邻板中交错布置。其最外侧的传力杆距纵向接缝或自由边的距离一般为 150～250mm。

表 13-4　传力杆尺寸和间距

面层厚度(mm)	传力杆直径(mm)	传力杆最小长度(mm)	传力杆最大间距(mm)
220	28	400	300
240	30	400	300
260	32	450	300
280	35	150	300
300	38	500	300

同步训练

选择题

(1)水泥混凝土路面硬化初期出现不规则裂缝,可能的原因为(　　)。

A. 切缝不及时　B. 养护不当　C. 温差太大　D. 水泥用量太少

(2)水泥混凝土路面设置基层的主要目的有(　　)。

A. 主要承重层　B. 防唧泥

C. 防冰冻　D. 为面层施工提供方便

(3)水泥混凝土路面的横向接缝主要有(　　)。

A. 缩缝　B. 胀缝　C. 施工缝　D. 反射裂缝

(4)水泥混凝土纵缝分为(　　)。

A. 缩缝　B. 胀缝　C. 施工缝　D. 假缝

任务二　水泥混凝土路面的材料要求

任务描述

本项目中公路合同段 K0+100～K1+673.121,路面宽度为 2×11/14m,结构厚度为 28cm,混凝土强度等级为 C35,28d 混凝土抗折强度大于 5.0MPa。

(1)施工所需的混凝土拌和物流动性大小主要由(　　)来选取。

A. 水灰比和砂率　B. 捣实方式

C. 集料的性质、最大粒径和级配　D. 构件的截面尺寸大小、钢筋疏密

(2)为保证混凝土耐久性,在混凝土配合比设计中要控制(　　)。

A. 水灰比　B. 砂率　C. 水泥用量　D. 强度

(3)公路水泥混凝土路面配合比设计在兼顾经济性的同时,应满足(　　)等三项技术要求。

A. 弯拉强度　B. 抗压强度　C. 工作性　D. 耐久性

(4)抗渗性最差的水泥是(　　)。

A. 普通硅酸盐水泥　　B. 粉煤灰水泥

C. 矿渣水泥　　D. 硅酸盐水泥

本任务主要讲述混凝土路面材料要求,请你利用本任务所学知识回答以上问题。

知识准备

一、水泥混凝土路面材料要求

组成水泥混凝土的材料有水泥、细集料、粗集料、水和外加剂,以下是对这几种原材料的要求。

(一)水　泥

水泥是混凝土的胶结材料,其性能很大程度上决定了混凝土的质量好坏。水泥混凝土路面应采用抗弯拉强度高、干缩性小、抗磨性与耐久性好及弹性模量低的水泥。水泥品种和标号的选用,必须根据公路等级、工期、铺筑时间和方法及经济性等因素综合考虑决定。我国一般采用标号不低于 425# 的硅酸盐水泥或普通硅酸盐水泥,一般特重、重交通道路的路面采用不低于 525# 水泥,中、轻交通道路的路面采用不低于 425# 水泥。对于双层式混凝土路面的下层可用 325# 水泥。

(1)水泥化学成分、物理性能等应符合表 13-5 的要求。

表 13-5　水泥化学成分、物理性能

水泥性能	特重、重交通路面	中、轻交通路面
铝酸三钙	不大于 5%	不宜大于 7%
铁铝酸四钙	不小于 15%	不宜小于 12%
游离氧化钙	不大于 1%	
氧化镁	不得大于 5%	不得大于 6%
三氧化磷	不得大于 3.5%	不得大于 4.0%
碱含量	怀疑有碱活性的集料不得大于 0.6%,无碱活性的集料不得大于 1%	
混合料种类	不得掺窖灰、煤矸石、火山灰和黏土,有盐冻要求时,不得掺生石灰石粉	
烧失量	不得大于 3%	不得大于 5%
细度(80mm)	筛余量不得大于 10%	
初凝时间	不早于 3h	不早于 2.5h
终凝时间	不迟于 10h	
安定性	雷氏夹法或蒸煮法检验合格	蒸煮法检验合格
28d 干缩率	不得大于 0.09%	不得大于 0.10%
耐久性	不得大于 3.6kg/m²	

(2)各级交通的水泥品种、强度等和抗折强度不小于表13-6中的规定。

表13-6 各级交通的水泥品种、强度等和抗折强度

交通等级	水泥抗折强度(MPa)	水泥品种和强度等级	备 注
特重	≥7.5	硅酸盐水泥62.5、普通水泥62.5、道路水泥52.5	硅酸盐水泥52.5、普通水泥52.5、道路水泥42.5实测抗折强度达到要求可以使用
重	≥7.0	硅酸盐水泥52.5、普通水泥52.5、道路水泥42.5	硅酸盐水泥42.5、道路水泥42.5实测抗折强度达到要求可以使用
中、轻	≥6.5	硅酸盐水泥42.5、普通水泥42.5、矿渣水泥42.5	所有水泥无论强度等级高低,施工时均应以抗折强度满足要求为准

(3)使用散装水泥时,出厂温度均应限制在55℃以内,混凝土搅拌时的水泥温度不得高于50℃,冬季施工时水泥温度不宜低于10℃。

(二)粗集料

为获得密实度、强度高而耐久和耐磨性好的混凝土路面,粗集料必须具有一定的强度、耐磨耗,并有足够的坚固性和良好的级配。

(1)集料可使用碎石、破碎砾石和砾石,其质地应坚硬、耐久,岩石抗压强度应高于所配制混凝土强度的1.3倍以上。其技术要求如表13-7所示。

表13-7 粗集料技术要求

项 目	技术要求	说 明
碎石压碎值指标(%)	≤15	无抗(盐)冻要求的三、四级路<20
卵碎石压碎值指标(%)	≤14	无抗(盐)冻要求的三、四级路<16
坚固性(按质量损失计,%)	<8	无抗(盐)冻要求的三、四级路<12
针片状颗粒含量(%)	<15	无抗(盐)冻要求的三、四级路<20
含泥量(按质量计,%)	<1.0	无抗(盐)冻要求的三、四级路<1.5
泥块含量(按质量计,%)	<0.5	无抗(盐)冻要求的三、四级路<0.7
有机物含量(比色法)	合格	无抗(盐)冻要求的三、四级路合格
硫化物及硫酸盐(按 SO_3 质量计,%)	<1.0	无抗(盐)冻要求的三、四级路<1.0
岩石抗压强度	火成岩应不小于100MPa;变质岩应不小于80MPa;水成岩应不小于60MPa	
表观密度	>2500kg/m³	
碱集粒反应	经碱集料反应试验后,由卵石、碎石、碎卵石配制的混凝土试件无裂缝断裂、胶体外溢等现象,在规定试验龄期的膨胀率应不小于0.10%	

(2)粗集料的级配应符合表 13-8 规定的范围。

表 13-8 粗集料的级配

粒径 类型 级配		方孔筛尺寸(mm)							
		2.36	4.75	9.5	16.0	19.0	26.5	31.5	37.5
		累计筛余(按质量计,%)							
连续级配	4.75~16	95~100	85~100	40~60	0~10				
	4.75~19	95~100	85~95	60~75	30~45	0~5	0		
		95~100	90~100	60~75	30~40	0~5	0		
	4.7~26.5	95~100	90~100	70~90	50~70	25~40	0~5	0	
	4.7~31.6	95~100	90~100	75~90	60~75	40~60	20~35	0~5	0
单级配	4.75~9.5	95~100	80~100	0~15	0				
	9.5~16		95~100	80~100	0~15	0			
	9.5~17		95~100	85~100	40~60	0~15	0		
	16~26.5		95~100	85~100	55~70	25~40	0~10	0	
	16~31.5		95~100	90~100	85~100	55~70	25~40	0~10	0

(3)滑层的混凝土路面层粗集料应使用碎石,不宜使用碎卵石,其性能除符合上述规定外还应符合表 13-9 的要求。

表 13-9 粗集料技术要求

公路等级	磨光值	磨耗值	压碎值(10%)	冲击值	针片状颗粒含量(%)
高速公路、一级公路	≥40	≤14	≤10	≤28	≤6
其他等级公路	≥35	≤16	≤12	≤30	≤8

(三)细集料

细集料为轧制石料得到的人工砂(如石屑)。细集料要求颗粒坚硬耐磨,具有良好的级配,表面粗糙而有棱角,清洁和有害杂质含量少,含泥量不大于 3%,硫化物及硫酸盐含量不大于 1%,细度模数在 2.5 以上。

(四)水

拌制和养生混凝土用的水,以饮用水为宜。工业废水、污水、海水、沼泽水、酸性水(pH<4)和硫酸盐含量较多(按 SO_4^{2-} 计超过 2.7mg/cm³)的水,均不允许使用。混凝土的用水量为 130~170L/m³。

(五)外加剂

为保证混凝土具有足够的强度和密实度,水灰比应为 0.40~0.55。水灰比低时混凝土和易性差,可添加塑化剂或减水剂。

为使混凝土路面提早开放交通,可在混凝土中掺加早强剂。掺入早强剂的混凝土,能使路面在铺筑 3～5d 后开放交通。

为了提高混凝土的和易性和抗冻性，以及防止为融化路面冰雪所用盐类对混凝土的侵蚀，国外常掺入引气剂，使混凝土具有 3.5%～5.5%(体积比)的含气量。

为提高混凝土的强度，可采用干硬性混凝土，并掺入增塑剂或减水剂，以改善其施工和易性。

二、接缝填缝材料

(一)胀缝接缝板

选用能适应混凝土板膨胀收缩、施工时不变形、复原率高和耐久性好的材料。高速公路和一级公路选用泡沫橡胶板、沥青纤维板，其他等级公路选用木材类或纤维类板。

接缝板可采用杉木板、纤维板、泡沫树脂板等，其技术性质如表 13-10 所示。

表 13-10　　接缝填缝材料

试验项目	接缝板种类			备　注
	木材类	塑料泡沫类	纤维类	
压缩应力(MPa)	5.0～20.0	0.2～0.6	2.0～10.0	
复原率(%)	>55	>90	>65	吸水后不应小于不吸水的 90%
挤出量(mm)	<5.5	<5.0	<4.0	
弯曲荷载(N)	100～400	0～50	5～40	

(二)填缝料

选用与混凝土接缝槽壁黏结力强、回弹性好、适应混凝土板收缩、不溶于水、不渗水、高温时不流淌、低温时不脆裂、耐老化的材料。常用的填缝料有乳化沥青类、聚氯乙烯胶泥、沥青玛蹄脂、沥青橡胶类等。

填缝料按施工温度，分加热施工式和常温施工式两类。

加热施工式填缝料主要有沥青橡胶类、聚氯乙烯胶泥类和沥青玛蹄脂类等，其技术性质如表 13-11 所示。

表 13-11　　加热施工式填缝料技术性质

试验项目	低弹性型	高弹性型
针入度(锥针法，mm)	<5	<9
弹性(复原率，%)	>30	>60
流动度(mm)	<5	<2
拉伸量(mm)	>5	>15

常温施工式填缝料有聚氨酯胶泥类、氯丁橡胶类、乳化沥青橡胶类等，其技术性质如表 13-12 所示。

表 13-12　常温施工式填缝料技术性质

试验项目	技术要求
灌入稠度(s)	<20
失黏时间(h)	6～24
弹性(复原率,%)	>75
流动度(mm)	0
拉伸量(mm)	>15

同步训练

选择题

(1)特重、重交通水泥混凝土路面不宜采用(　　)水泥。

A. 旋窑道路硅酸盐　　B. 旋窑硅酸盐

C. 普通硅酸盐　　D. 矿渣硅酸盐

(2)相对于沥青混凝土路面,水泥混凝土路面的优点为(　　)。

A. 维修方便　　B. 稳定性好　　C. 强度高

D. 耐久性好　　E. 有利于夜间行车

(3)当配制水泥混凝土用砂由粗砂改为中砂时,其砂率(　　)。

A. 应适当减小　　B. 不变　　C. 应适当增加　　D. 无法判定

(4)硅酸盐水泥最适用于(　　)工程。

A. 大体积混凝土　　B. 干燥环境中的混凝土

C. 耐热混凝土　　D. 水泥混凝土路面

(5)与连续级配相比较,单级配集料用于水泥混凝土的主要缺点是(　　)。

A. 水泥用量大　　B. 拌和物易离析　　C. 混凝土砂率小　　D. 单位用水量低

(6)水泥混凝土路面宜采用(　　)水泥。

A. 硅酸盐水泥　　B. 普通硅酸盐水泥　　C. 高铁水泥　　D. 高铝水泥

(7)水泥混凝土配合比设计应满足(　　)设计要求

A. 强度　　B. 和易性　　C. 耐久性　　D. 经济性

(8)在水泥混凝土中加入减水剂,可以(　　)。

A. 提高混凝土的强度　　B. 改善混凝土的和易性

C. 在强度维持不变的情况下,可节约水泥　　D. 缩短混凝土凝结时间

(9)混凝土配合比参数中,砂率的大小会影响水泥混凝土的(　　)。

A. 水泥用量　　B. 和易性　　C. 耐久性　　D. 耐磨性

(10)为提高混凝土的早期强度,可采取的措施有(　　)。

A. 降低水灰比　　B. 加入减水剂　　C. 加入早强剂　　D. 保温养护

(11)混凝土配合比的设计参数有(　　)。

A. 水泥强度　　B. 砂率　　C. 水灰比　　D. 用水量

典型案例

[案例描述]

若计算配合比每方混凝土材料用量为:水 195kg,水泥 390kg,砂 588kg,石子 1176kg/m³,经试拌,坍落度大于设计要求,保水性和黏聚性好。

[案例问题]

(1)按每方混凝土减少 5kg 水,水灰比不变,计算调整后每方混凝土材料用量。

(2)若实测密度为 2425kg/m³,计算密度调整后每方混凝土材料用量。

(3)若现场每盘混凝土用两袋水泥,请计算每盘混凝土用量。

(4)若现场砂的含水率为 4%,石子的含水率为 1.5%,计算每盘混凝土材料用量。

任务三　水泥混凝土路面的施工

任务描述

某工程机动车道为 C40 水泥混凝土路面,按三车道设置,总宽度为 12m,厚为 23cm,工程量约为 116062m²,主要技术要求:混凝土路面抗折强度不低于 5.0MPa(28d);平整度不高于 5mm;纵缝设置 3 道(3.85、3.85、3.80),宽 0.5cm,深 4cm,拉杆采用 16# 螺纹钢筋,长 70cm,间距为 60cm;横向施工缝和横向缩缝宽 0.5cm,深 5cm,传力杆采用 28# 光圆钢筋,长 50cm,间距 25cm;胀缝按图纸位置设置,胀缝传力杆采用 28# 光圆钢筋,长 50cm,间距 25cm,胀缝的套筒采用 12# 螺纹钢筋按设计图纸预先制作。钢筋补强根据设计图纸采用不同的方式补强。为加强路面构造深度和美观,采用机械刻纹。

摊铺设备为四履带滑模式水泥混凝土路面摊铺机,主要技术性能参数:发动机功率,317kW;标准摊铺宽度,3.7~7.5m;可选择摊铺宽度,3.7~13.4m(本部摊铺宽度设置为 12m);摊铺厚度,0~457mm(本部摊铺厚度为 230±10mm);摊铺速度,0~9m/min;行走速度,0~19m/min;质量,49440kg。

通过本任务学习,请你利用所学知识编写上述工程的技术交底并指导施工。

知识准备

一、水泥混凝土路面小型机具施工

小型机具施工法的施工程序为:安装模板;设置传力杆;混凝土的拌和与运送;混凝土的摊铺和振捣;接缝的设置;表面整修;混凝土的养生与填缝。

(一)边模的安装

在摊铺混凝土前,应先安装两侧模板。如果采用手工摊铺混凝土,则边模的作用仅在于支撑混凝土，可采用4～8cm厚的木模板。在弯道和交叉口路缘处，应采用1.5～3cm厚的薄模板，以便弯成弧形。条件许可时宜用钢模，这不仅节约木材，而且可保证工程质量。钢模可用4～5mm厚的钢板冲压制成，或用3～4mm厚钢板与边宽40～50mm的角钢或槽钢组合构成。

侧模按预先标定的位置安放在基层上，两侧用铁钎打入基层以固定位置（见图13-8）。模板顶面用水准仪检查其标高，不符合时予以调整。模板的平面位置和高程控制都很重要，稍有歪斜和不平，都会反映到面层，使其边线不齐、厚度不准和表面呈波浪形。因此，施工时必须经常校验，严格控制。模板内侧应涂刷肥皂液、废机油或其他润滑剂，以便于拆模。

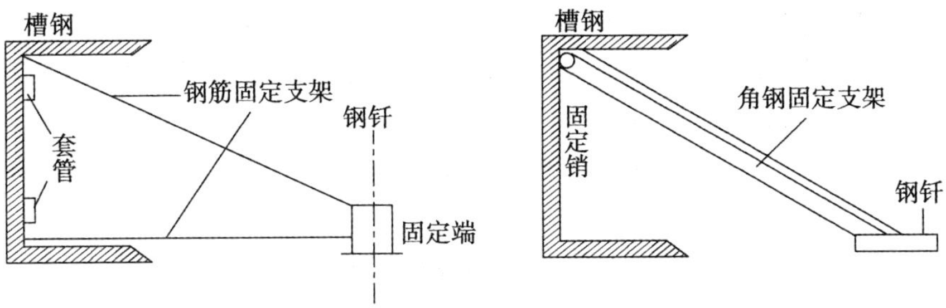

(a)焊接钢筋固定支架　　(b)焊接角钢固定支架

图13-8　槽钢模板焊接钢筋或角钢固定示意图

（二）传力杆设置

当两侧模板安装好后，即在需要设置传力杆的胀缝或缩缝位置上设置传力杆。混凝土板连续浇筑时设置胀缝传力杆，一般是在嵌缝板上预留圆孔以便传力杆穿过，嵌缝板上面设木制或铁制压缝板条，其旁再放一块胀缝模板，按传力杆位置和间距，在胀缝模板下部挖成倒U形槽，使传力杆由此通过。传力杆的两端固定在钢筋支架上，支架脚插入基层内[见图13-9(a)]。

对于不连续浇筑的混凝土板在施工结束时设置的胀缝，宜采用顶头木模固定传力杆的安装方法。即在端模板外侧增设一块定位模板，板上同样按照传力杆间距及杆径钻成孔眼，将传力杆穿过端模板孔眼并直至外侧定位模板孔眼。两模板之间可用按传力杆一半长度的横木固定[见图13-9(b)]。继续浇筑邻板时，拆除挡板、横木及定位模板，设置胀缝板、木制压缝板条和传力杆套管。

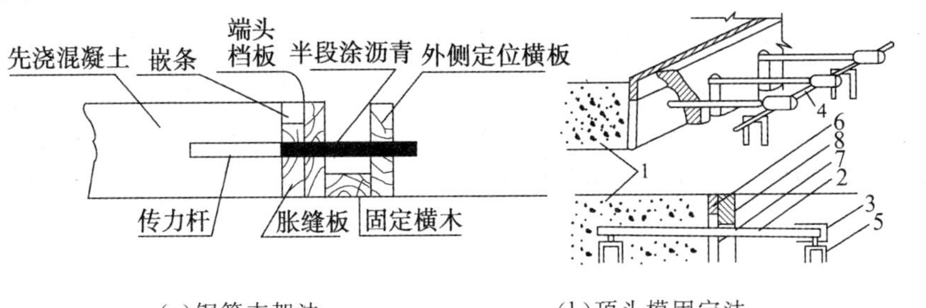

(a)钢筋支架法　　(b)顶头模固定法

图13-9　胀缝传力杆的架设方法

1—先浇的混凝土　2—传力杆　3—金属套管　4—钢筋　5—支架

6—压缝板条　7—嵌缝板　8—胀缝模板

（三）制备与运送混凝土混合料

混合料的制备可采用两种方式：在工地由拌和机拌制；在中心工厂集中制备，而后用汽车运送到工地。

在工地制备混合料时，应在拌和场地上合理布置拌和机和砂石、水泥等材料的堆放地点，力求提高拌和机的生产效率。拌制混凝土时，要准确掌握配合比，特别要严格控制用水量。每天开始拌和前，应根据天气变化情况，测定砂、石材料的含水量，以调整拌制时的实际用水量。每拌所用材料应过秤。量配的精确度：水泥为±1.5%，砂为±2%，碎石为±3%，水为±1%。每一工班应检查材料量配的精确度至少2次，每半天检查混合料的坍落度2次。拌和时间为1.5～2.0min。

混合料用手推车、翻斗车、自卸汽车或搅拌运输车运送。合适的运距视车辆种类和混合料容许的运输时间而定。通常，夏季不宜超过30～40min，冬季不宜超过60～90min。高温天气运送混合料时应采取覆盖措施，以防混合料中水分蒸发。运送用的车厢必须在每天工作结束后，用水冲洗干净。

在中心拌和场地（厂拌）集中拌制时，可由搅拌运输车运送到施工现场进行摊铺。

（四）摊铺和振捣

当运送混合料的车辆运达摊铺地点后，一般直接倒向安装好侧模的路槽内，并由人工找补均匀。要注意防止出现离析现象。摊铺时应考虑混凝土振捣后的沉降量，虚高可高出设计厚度10%左右，使振实后的面层标高同设计相符。

混凝土混合料的振捣器具，应由平板振捣器（2.2～2.8kW）、插入式振捣器（1kW）和振动梁（1kW）配套作业。混凝土路面板厚在0.22m以内时，一般可一次摊铺，用平板振捣器振实。凡振捣不到之处，如面板的边角部、窨井、进水口附近，以及设置钢筋的部位，可用插入式振捣器进行振实[见图13-10(a)]；当混凝土板厚较大时，可先插入振捣，然后再用平板振捣，以免出现蜂窝现象。

(a)插入式振捣器　　(b)振动梁

图13-10　混合料振捣

平板振捣器在同一位置停留的时间一般为10～15s，以达到表面振出浆水，混合料不再沉落为宜。平板振捣后，用带有振捣器的、底面符合路拱横坡的振捣梁两端搁在侧模上，沿摊铺方向振捣拖平[见图13-10(b)]。拖振过程中，多余的混合料将随着振捣梁的拖移而刮去，低陷处则应随时补足。随后，再用φ 75～100mm 的无缝钢管，两端放在侧模上，沿纵向滚压一遍。

必须注意，当摊铺或振捣混合料时，不要碰撞模板和传力杆，以避免其移动变位。

(五)筑做接缝

1.胀缝筑做

先浇筑胀缝一侧混凝土，取去胀缝模板后，再浇筑另一侧混凝土，钢筋支架浇在混凝土内。压缝板条使用前应涂废机油或其他润滑油，在混凝土振捣后，先抽动一下，而后最迟在终凝前将压缝板条抽出。抽出时为确保两侧混凝土不被扰动，可用木板条压住两侧混凝土，然后轻轻抽出压缝板条，再用铁抹板将两侧混凝土抹平整。缝隙上部浇灌填缝料，留在缝隙下部的嵌缝板用沥青浸制的软木板或油毛毡等材料制成。

2.横向缩缝筑做

混凝土结硬后，应适时切缝。切缝时间应控制在混凝土获得足够的强度，而收缩应力并未超出其强度范围时，以防切缝不整齐或出现早期裂缝。一般切缝时间以施工温度与施工时间乘积为 200～300 个温度小时或混凝土的抗压强度为 0.8MPa 时比较合适。切缝一般用下列两种方法。

切缝法：在混凝土捣实整平后，利用振捣梁将 T 形振动刀准确地按缩缝位置振出一条槽，随后将铁制压缝板放入，并用原浆修平槽边。当混凝土收浆抹面后，再轻轻取出压缝板，并立即用专用抹子修整缝缘。这种做法要求谨慎操作，以免混凝土结构受到扰动和接缝边缘出现不平整(错台)。

锯缝法：在结硬的混凝土中，用锯缝机(带有金刚石或金刚砂轮锯片)锯割出要求深度的槽口。这种方法可保证缝槽质量和不扰动混凝土结构。但要掌握好锯割时间。过迟，因混凝土过硬而使锯片磨损过大且费工，而且更主要的是可能在锯割前混凝土会出现收缩裂缝。过早，混凝土因还未结硬，锯割时槽口边缘易产生剥落。合适的时间视气候条件而定，炎热而多风的天气，或者早晚气温有突变时，混凝土板会产生较大的湿度或温度坡差，使内应力过大而出现裂缝，锯缝在表面整修后 4h 即可开始。如天气较冷，一天内气温变化不大时，锯割时间可晚至 12h 以上。

切缝以调深调速的切缝机锯切效果较好。为减少早期裂缝，切缝可采用跳仓法，即每隔几块板切一缝，然后再逐块切锯。切缝深度为板厚的 1/4～1/3，切缝太浅会引起不规则断板。

3.纵缝筑做

筑做企口式纵缝，模板内壁做成凸榫状。拆模后，混凝土板侧面即形成凹槽。需设置拉杆时，模板在相应位置处要钻成圆孔，以便拉杆穿入。浇筑另一侧混凝土前，应先在凹槽壁上涂抹沥青。

(六)表面整修与防滑措施

混凝土终凝前必须用人工或机械抹平其表面。当用人工抹光时，不仅劳动强度大、工效低，而且还会把水分、水泥和细砂带至混凝土表面，致使它比下部混凝土或砂浆有较高的干缩性和较低的强度。而采用机械抹面时可以克服以上缺点。目前，国产的小型电动抹面机有两种装置：装上圆盘即可进行粗光；装上细抹叶片即可进行精光(见图 13-11)。

在一般情况下，面层表面仅需粗光即可。抹面结束后，有时再用拖光带横向轻轻拖拉几次。

为保证行车安全，混凝土表面应具有粗糙抗滑的表面。最普通的做法是用棕刷顺横向在抹平后的表面上轻轻刷毛；也可用金属丝梳子梳成深1～2mm的横槽。近年来，国外已采用一种更有效的方法，即在已硬结的路面上，用锯槽机将路面锯割成深5～6mm、宽2～3mm、间距20mm的小横槽。也可在未结硬的混凝土表面塑压成槽，或压入坚硬的石屑来防滑。

图13-11　表面整修

（七）养生与填缝

为防止混凝土中水分蒸发过速而产生缩裂，并保证水泥水化过程的顺利进行，混凝土应及时养生。一般有两种养生方法。

（1）保湿养生（见图13-12）。混凝土抹面2h后，当表面已有相当硬度，用手指轻压不现痕迹时即可开始养生。一般采用湿麻袋或草垫，或者20～30mm厚的湿砂覆盖于混凝土表面。每天均匀洒水数次，使其保持潮湿状态，至少延续14d。

图13-12　洒水养生

（2）塑料薄膜或养护剂养生。当混凝土表面不见浮水，用手指按压无痕迹时，即均匀喷洒塑料溶液，形成不透水的薄膜黏附于表面，从而阻止混凝土中水分的蒸发，保证混凝土的水化作用。

填缝工作宜在混凝土初步结硬后及时进行。填缝前，首先将缝隙内泥沙杂物清除干净，然后浇灌填缝料。

二、滑模摊铺机铺筑施工工艺

（一）水泥混凝土路面滑模摊铺机施工工艺原理及适用范围

1. 工艺原理

滑模摊铺机在施工导线的引导下向前行进，固定在机上的成形模（含顶模和侧模）向前滑动，混凝土拌和料进入振动腔、成形模，经振捣、挤压成混凝土路面。

2. 适用范围

适用于任何工程量大、质量要求高、厚度在20～60cm的水泥混凝土面层的施工，如高速公路、城市道路、机场跑道和停机坪、大型停车场、码头货物堆场等。

（二）水泥混凝土路面滑模摊铺机施工工艺流程

水泥混凝土路面滑模摊铺机施工工艺流程如图13-13所示。

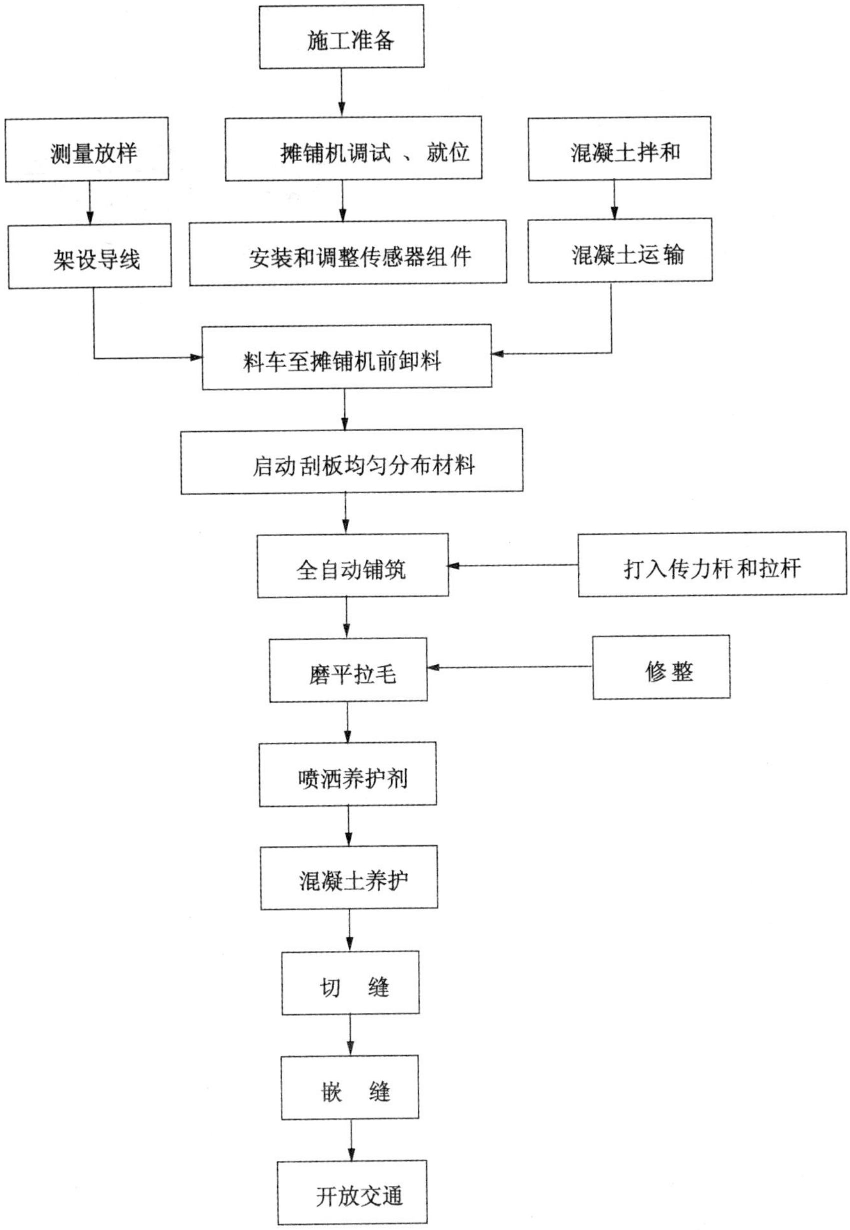

图 13-13 水泥混凝土路面滑模摊铺机施工工艺流程

1. 测量放样

(1)用全站仪按设计坐标准确放出挂线点的位置,挂线桩间距为:平面直线段每 10m 一桩;圆曲线、缓和曲线段、纵面竖曲线加密应视曲线半径大小确定,一般 5m、最小 2.5m 一桩,并做好标记;测量放样的质量要求和允许偏差符合相应测量规范的规定,并不能超出规范对路面精确度的规定。

(2)挂线:设置基准线是为摊铺机提供一个精确的与路面平行方向的平面参考系,工作基准线的设置如图 13-14 所示。

(3)传力杆支架固定点放样(摊铺机无传力杆插入装置时):一个传力杆支架用 2×4 个点来固定。可以制作一个放样模,借助放好的挂线点,用模板来放出固定点,并在固定点处用冲击钻钻孔,直径 14mm,深 70mm,在钻好的孔中打入木钉。

图 13-14　工作基准线的设置

2. 混凝土拌和

(1)拌和站的实际生产能力至少应满足滑模摊铺机连续摊铺 1m/min 以上的要求。

(2)拌和站需经过检测、标定,并配备有计算机自动称料和砂含水率自动反馈控制系统,拌和料计量精度应符合:水泥±10%、掺和料±1%、砂±2%、粗集料±2%、水±1%、外加剂±1%。如发现配料误差大于精确要求,分析原因,排除故障。定期测定集料含水率,并进行混凝土的配合比调整。

(3)最短拌和时间:根据拌和物的黏聚性、均匀性及强度稳定性,由试拌确定最短拌和时间。一般情况下,最佳拌和时间宜为 120s。

(4)外加剂应以稀释溶液加入:溶液于施工前一天按要求配制好,施工中连续不断地拌和均匀,并每隔一段时间清除池底沉淀。

(5)拌和质量检验和控制:按规范要求检验混凝土的各项指标,预留抗弯拉强度和抗压强度试件,控制混凝土出厂温度在 10℃～35℃。混凝土拌和物均匀一致,每盘料之间的坍落度最大允许偏差为±10mm。

3. 混凝土运输

(1)车辆选择:通常选用 10～15t 的自卸卡车,根据施工进度、运量、运距及路况,确定车型及车辆总数。

(2)运输时间:保证混凝土运到现场适宜摊铺,并小于拌和物的初凝时间 1h,同时也短于摊铺允许最长时间 0.5h。

(3)运输技术要求:运送混凝土的车辆,在装卸料时要防止混凝土产生离析。驾驶员要了解混凝土的运输、摊铺、振实、成形完成的允许最长时间。运输过程中要防止漏浆、漏料和污染路面,为避免水分散失应遮盖混合物表面。装车前,要冲洗干净车厢并洒水湿润,但不允许积水。

4. 安装钢筋网及传力杆

(1)传力杆安装:按设计位置先放样打好木钉,摆放传力杆支架。具体操作为:两人将沿线摆放在一边的传力杆支架抬放到木钉处,在木钉中钉入圆钢钉并将其打成"r"形,使其固定。用脚轻推传力杆支架,以不摆动为合格。

(2)传力杆支架检查合格后,人工配合挖掘机将混凝土布入传力杆支架中,以刚能盖平传力杆为限,再用插入式振捣器振捣,切忌传力杆支架上过多覆盖混凝土与过分振实,以免摊铺机布料经过时,因松铺密实度不均,造成经摊铺机振捣后传力杆处面板厚度不均，收缩不一致，平整度受到影响。

(3)补强段路面连续钢筋网安装：在没配套的侧向布料机摊铺时，不能直接先布好钢筋网，而是把事先预置绑扎好的钢筋网运到施工路段堆放在两边，施工时按钢筋距离底面的高度绑好架立筋。架立筋采用“n”形状，接地处向两边相反方向弯曲一小段，防止倾覆。为保证钢筋在板中的准确位置，切忌把钢筋网先安放在应放的位置，影响卸料或被卸料车压坏。

5.滑模摊铺普通水泥混凝土路面的布料

(1)布料前应清扫、洒水湿润基层：为防止过干的基层吸附混合料中的水分，造成面板底部混凝土失水，强度降低，产生收缩裂缝，在上料前必须洒水湿润基层。在高温天气时，还可以降低基层表面温度，有利于混凝土的施工。

(2)滑模摊铺普通水泥混凝土路面，必须由专人指挥车辆均匀卸料。滑模摊铺时，机前的最高料位不得高于滑模摊铺机前松方控制板顶面料位的正常高度，在螺旋布料器叶片最高的以下，亦不得缺料。机前缺料或料位过高时，宜采用挖掘机适当布料和送料，布料应与摊铺速度相协调。

(3)采用布料机施工，松铺系数应视坍落度大小由试铺确定。当坍落度在10～50mm时，松铺系数宜为1.08～1.15。坍落度为30mm时，松铺系数宜控制在1.1左右。布料机与滑模摊铺机之间的施工距离应控制在5～10m。热天日照强，风大，取小值；阴天，湿度大，无风，取大值。

(4)采用布料机以外的布料方式摊铺钢筋混凝土路面、桥面或搭板时，禁止任何机械直接开上钢筋网。宜在钢筋网外侧使用挖掘机或吊车均衡卸料布料，也可使用便桥板凳加吊车汽车直接卸料、挖掘机布料，但均不得缺料。

6.水泥混凝土路面滑模摊铺前的检查项目

(1)检查板厚：每20m在垂直于两侧基准线上拉横线，用钢尺测量，单车道测3点、双车道测5点的垂直高度，减去基准线设定高度，即为单个板厚，3～5个值平均即为该断面平均板厚。每200m 10个断面均值为该路段平均板厚。

(2)检查辅助施工设备机具：拉毛养生机、布料机械、发电机等应全部到场并试运转正常。端模板、手持振捣棒、抄平梁、传力杆定位支架、拉杆、拉毛耙、工作凳、拖行工具、养生剂及其喷洒工具等所有施工器具和工具应全部到位，状态良好。

(3)横向连接摊铺检查：前次摊铺路面纵缝的溜肩、胀宽部位应切割顺直。前次摊铺安装的侧边拉杆应校正、扳直，缺少的拉杆应钻孔锚固植入。纵向施工缝的缝壁上半部，应涂刷沥青。

7.初步设定工作参数

滑模摊铺机工作参数应进行正确施工位置的初步设定，并将这些正确的施工参数通过试铺作业调整固定下来，正式摊铺时宜根据情况变化进行微调。

(1)振捣棒下缘位置应在挤压板最低点以上，横向间距不宜大于450mm，均匀排列，两侧最边缘振捣棒与摊铺边缘距离不宜大于250mm。

(2)挤压底板前倾角宜设置为3°左右。提浆夯位置宜在挤压底板前缘以下5～10mm。无须设前仰角的滑模摊铺机，可将挤压底板前后调平。

(3)滑模摊铺机两边缘超铺高程根据拌和物的稠度,应在3～8mm间调整。带振动搓平梁的滑模摊铺机应将搓平梁前沿调整到与挤压板后沿高程相同,搓平梁的后沿比挤压板后沿低1～2mm,并与路面高程相同。

8.滑模摊铺机首次摊铺位置校准

首次摊铺前,应在直线路段采用钉桩或基准线法在铺机挤压底板4角点高程和侧模前进方向。4个水平传感器控制挤压底板4角高程;2个方向传感器进行导向控制。按路面设计高程、横坡度或路拱测量设定2～3根基准线或4～6个桩,将6个传感器全挂上两侧基准线,并检查传感器的灵敏度和反应方向,开动滑模摊铺机进入设好的桩位或线位,调整水平传感器立柱高度,使滑模摊铺机挤压底板恰好落在精确测量设置好的木桩或基准线上,同时调整好滑模摊铺机机架前、后、左、右的水平度。令滑模摊铺机挂线自行行走,再返回校核1～2遍,正确无误后,方可开始摊铺。

9.初始摊铺路面参数校正

在开始摊铺的5m内,应对所摊铺出的路面高程、边缘厚度、中线、横坡度等技术参数进行复核测量。操作手应根据测量结果及时缓慢地在滑模摊铺机行进中反向旋转滑模摊铺机上水平传感器立柱手柄,校准挤压底板摊铺路面的高程和横坡,误差应在规定值范围内。及时调整拉杆打入深度、压力、抹平板压力及边缘位置。检查摊铺中线时,应在设方向传感器的一侧,通过钢尺测量基准线到滑模摊铺机侧模前后的横向距离有误差时,缓慢微调前后两个方向传感器架立横梁伸出的水平距离,消除误差。禁止停机剧烈调整高程、中线及横坡等,以免严重影响平整度等质量指标。滑模摊铺机起步→调整→正常摊铺,应在10m内完成,并应将滑模摊铺机工作参数设置固定保护起来,不允许非操作手更改或撞动。第二天的连续摊铺,应先检查滑模摊铺机挤压底板4个角点的位置,再将滑模摊铺机后退到前一天做了侧向收口工作缝的路面内,到挤压底板前缘对齐工作缝端部,开始摊铺。

10.滑模摊铺机的操作要领

(1)操作手操作滑模摊铺机应缓慢、匀速,连续不间断地摊铺,一般宜为1m/min左右,不得料多时追赶。然后随意停机等待,间歇摊铺。

(2)摊铺中,操作手应随时调整松方高度控制板进料位置,开始应略设高些,以保证进料。正常状态下应保持振捣仓内砂浆料位高于振捣棒100mm左右,料位高低上下波动宜控制在±30mm之内。

(3)滑模摊铺机以正常摊铺速度施工时,振捣频率可在6000～11000r/min之间调整,宜采用9000r/min。应防止混凝土过振、漏振、欠振。操作手应随时根据混凝土的稠度大小,调整摊铺的速度和振捣频率。当混凝土显得偏稀时,应适当降低振捣频率,加快摊铺速度,但最快不得超过3m/min,最小振捣频率不得小于6000r/min;当新拌混凝土偏干时,应提高捣振频率,但最大不得大于11000r/min,并减慢摊铺速度,最小摊铺速度宜控制在0.5～1m/min。滑模摊铺机起步时,应先开启振捣棒振捣2～3min,再前进。振捣棒不得空振。

(4)滑模摊铺机纵坡较大的路面,上坡时,挤压底板前仰角宜适当调小,同时适当调小抹平板压力;下坡时,前仰角宜适当调大,抹平板压力也宜调大。抹平板合适的压力宜为板底3/4长度接触路面抹面。

(5)滑模摊铺弯道和渐变段路面时，单向横坡，使滑模摊铺机跟线摊铺，应随时观察并调整抹平板内外侧的抹面距离，防止压垮边缘。摊铺中央路拱时，在计算机控制条件下，输入弯道和渐变段边缘及拱中几何参数，计算机自动控制生成路拱；手控条件下，操作手应根据路拱消失和生成几何位置，在给定路段范围内分级消除或调成设计路拱。滑模摊铺机施工的最小弯道半径不应小于50m，最大超高横坡不宜大于7%。

(6)摊铺单车道路面，应视路面的设计要求配置一侧或双侧打纵缝拉杆的机械装置。侧向拉杆装置的正确插入位置应在挤压底板的中下或偏后部。压力应满足一次打(推)到位的要求，不允许多次打入。同时摊铺2个以上车道时，除侧向打拉杆装置外，还应在假纵缝位置中间配置1个以上中间拉杆自动插入装置，前插时，应保证拉杆的设置位置；后插时，要保证其插入部位混凝土的密实度。打入的拉杆必须处在路面板厚的中间位置。中间和侧向拉杆打入的高低误差不宜大于±30mm；倾斜及前后误差不宜大于±40mm。

(7)操作手应随时密切观察所摊铺的路面效果，注意调整和控制摊铺速度、振捣频率，以及夯实杆、振动搓平梁和抹平板位置、速度和频率。软拉抗滑构造表面砂浆层厚度宜控制在4mm，硬刻槽路面的砂浆表层厚度宜控制在2～3mm。

(8)连接摊铺时，滑模摊铺机一侧履带上前次水泥混凝土路面的时间应控制在养护7d以后，最短不得少于5d。同时，钢履带底部应铺橡胶垫或使用有挂胶履带的滑模摊铺机。纵向连接摊铺机路面时，应对连接纵缝部位人工进行修整，连接纵缝的横向平整度符合规范规定不同公路等级的要求，并用钢丝刷刷干净黏附在前幅路面上的砂浆，应刷出粗细抗滑构造。

11.滑模摊铺机出现问题的处置

滑模摊铺机的表面应平滑，几何形状规矩，不应出现麻面、拉裂、坍边、溜肩等病害现象。

(1)摊铺中应经常检查振捣棒的工作情况。发现路面上在横断面某处多次出现麻面或拉裂现象，表示该处的振捣棒出了问题，必须停机检查或更换该处的振捣棒。摊铺后，发现路面上留有发亮的振捣棒拖出的砂浆条带，则表明振捣棒位置过深，必须调整正确位置至振捣棒底缘在挤压底板的后缘高度以上。

(2)在摊铺宽度大于等于8m的双(多)车道路面时，若左右卸了两车稠度不一致的混凝土时，摊铺速度应按稠度小的一侧设置，并应将稠度大的一侧振捣棒频率迅速调小。

(3)滑模摊铺路面出现横向拉裂现象，应从以下几方面进行检查：

①拌和物局部或整体过于干硬、离析，集料粒径过大，不适宜滑模摊铺，或在该部位摊铺速度过快，振捣频率不够，混凝土未振动液化而拉裂。应降低摊铺速度，提高振捣频率。

②挤压底板的位置和前仰角设置是否适宜。

③拌和物较干硬或等料停机时间较长，起步摊铺速度过快，也可能拉裂路面。等料停机时间较长时，应间隔15min开启振捣棒振动2～3min；起步摊铺时，宜先捣振2～3min，再缓慢前进。

④当混凝土供应不上，或搅拌楼出现机械故障等情况时，停机等待时间不得超过当时气温下混凝土初凝时间的2/3，超过此时间，应将滑模摊铺机开出摊铺工作面，并做施工缝。当滑模摊铺机出现机械故障，应紧急通知后方搅拌楼停止生产。在故障停机时间内，

滑模摊铺机内混凝土尚未初凝,已排除故障,允许继续摊铺;否则,应尽快将滑模摊铺机拖出摊铺工作面。故障排除后,重新起步摊铺。

12.滑模摊铺结束后必须及时做好的工作

(1)将滑模摊铺机驶离工作面,先将所有传感器从基准线上脱开,并解除滑模摊铺机上基准线自动跟踪控制,再升起机架,用水冲洗干净黏附的混凝土,已结硬在滑模摊铺机上的混凝土,应轻轻敲打掉。清理干净后,应对混凝土接触的机件涂喷废机油或吹(揩)干防锈,同时对滑模摊铺机进行当日保养,加油加水、打润滑油等。

(2)设置横向施工缝:应先将从滑模摊铺机振动仓内脱出的厚砂浆铲除丢弃,然后设置施工缝端模和侧模,插入拉杆和传力杆,并用水准仪测量面板高程和横坡。为使下次摊铺能紧接着施工缝开始,两侧模板应向内各收进 20～40mm,且宜小不宜大,长度与滑模摊铺机侧模板等长或略长。横向施工缝应符合规范要求。可采用第二天硬切齐施工缝端部的做法,切缝部位应满足平整度、高程和横坡要求,可使用缩缝传力杆钢筋支架,上部锯开,下部凿除混凝土,也可锯开后,在端部垂直面上钻眼,插入传力杆,再连接接头施工。除应测量高程和横坡外,辅以人工振捣密实,应采用长度 3m 以上抄平器保证短头和结合部位的平整度。

13.滑模摊铺机混凝土路面纵向接缝施工

(1)纵向接缝:混凝土板的纵缝必须与路中线平行。纵缝间距(即板宽)应根据滑模摊铺机摊铺宽度、路面总宽、车道分隔线和硬路肩位置综合确定。

(2)纵向缩缝:当水泥混凝土路面使用滑模摊铺机一次摊铺两个车道宽度时,应设置纵向缩缝,其位置宜按车道宽度设置。拉杆靠滑模摊铺机配备的中间拉杆插入装置在滑模摊铺过程中自动控制间距压入,其构造采用假缝拉杆型。缩缝上部的槽口,用硬切缝法施工,切缝技术要求应符合切缝规定。

(3)纵向施工缝:当滑模摊铺机一次摊铺宽度小于路面总宽度时,有纵向缝。位置宜与车道线一致,其构造采用平缝加拉杆型,纵向施工缝的拉杆,在前一次摊牌时,应采用滑模摊铺机的侧向拉杆装置插入。根据滑模摊铺机打拉杆装置的方式,插入拉杆或为直的或为"L"形的。连接摊铺前,应将"L"形拉杆扳直,再摊铺连接部分路面。

14.横向接缝

(1)横向施工缝:每天摊铺结束或摊铺中因故中断,且中断时间超过初凝的 2/3 时,应设置横向施工缝。横向施工缝的位置与胀缝或缩缝相重合。横向施工缝应与路中线垂直。横向施工缝构造采用平缝加传力杆型。横向施工缝应采用焊接牢固的钢制端头模板;每 1.5m 不应少于 1 个钉钢钎的垂直固定孔;上插入传力杆的水平孔间距为 300mm,内径 33mm,边侧传力杆到边缘距离不宜小于 150mm,每根传力杆必须在端模上离孔口外侧 100mm 处通过横梁焊接内径 33mm、长度 50mm 的短钢管进行位置固定。

(2)胀缝施工:滑模摊铺水泥混凝土路面的胀缝宜采用前置法施工,也可采用预留胀缝位置,热天再施工胀缝,但应设胀缝加强传力杆钢筋支架。前置法施工时,应预先加工好胀缝钢筋支架,传力杆无沥青涂层的一端焊接在支架上,接缝板夹在两支架之间。施工前运至现场,无布料机时,待摊铺至胀缝位置前方 1～2m 处,将支架准确定位,用钢钎将支架和胀缝板锚固在基层上,保证支架不推移,胀缝板不倾斜,然后卸料或布料,用手持振捣棒振实胀缝板两侧的混凝土，滑模摊铺机通过；有布料机时，应将传力杆的缩缝支架和胀缝支架提前安装固定，采用侧向上料方式施工。中间胀缝位置宜与缩缝重合。连接搭板的胀缝，在滑模连续铺装搭板和桥面前，应与钢筋网同时加工安装好。胀缝宜不待混凝土硬化，即剔除胀缝板上部的混凝土，嵌入 20mm×20mm 的木条，修整好表面。在填缝之前，凿去接缝板顶部的木条，涂黏结剂后，嵌入多孔橡胶条或灌填缝料。胀缝板及钢筋支架两侧，宜各短于摊铺宽度 30mm。胀缝板应连续贯通整个路面板宽度。

(3)横向缩缝：缩缝应等间距布置，一般采用 5m 板长。不宜采用 1/6 斜缩缝和不等间距的缩缝。当不得不调整板长时，最大板长应小于等于 5.5m，最小板长不宜小于板宽。在路面上的平面交叉口横向变宽度处的缩缝，可以设计并切割成小转角的折线，在有拉杆的纵缝处，缩缝切口必须缝对缝。板锐角处，应设角隅钢筋补强。在重、中、轻交通的公路水泥混凝土路面上，横向缩缝采用假缝加传力杆型。传力杆无涂料一侧焊接，有涂料一侧绑扎。

在特重交通量的水泥混凝土路面上或渠化交通严重的收费站广场，全部缩缝宜设传力杆。传力杆可用滑模摊铺机配备的传力杆自动插入装置在摊铺时植入，或使用钢筋定位支架前置法施工。无论哪种方式，都应在路侧缩缝切割位置做标记，保证切缝在传力杆上方中间位置。前置式缩缝的钢筋定位支架必须有足够的刚度，传力杆应准确定位，应于摊铺之前在基层表面放样，并用钢钎将其锚固在基层上，用手持振捣棒振实传力杆高度以下的混凝土，然后进行滑模摊铺。

(4)切缝：横向缩缝、施工缝上部的槽口，应采用切缝法施工。切缝方式有全部硬切缝、软硬结合切缝和全部软切缝 3 种。采用哪种切缝方式施工，应视施工地区下午 1～3 时最高温度与凌晨 1～3 时最低温度的温差决定(见表 13-13)。

表 13-13　施工气温与防止断板应采用的切缝技术

白天夜间温差(℃)	切缝方式	缩缝切深
<10	最长时间不得超过 24h	硬切缝 1/5～1/4 板厚
10～15	每隔 1～2 条提前软切缝，其余用硬切缝补切，软硬结合	软切深度 4～50mm，补深 1/4 板厚，已断开的缝不补切
>15	宜全部软切缝，抗压强度为 1～1.5MPa，人可行走	软切缝深≥50mm，未断开的接缝，应硬切补深到≥1/4 板厚

注：降雨刮风引起路面温度骤降，面板温差在表中规定范围内，应按表中方法提前切缝。

15. 滑模摊铺混凝土路面整修

(1)摊铺过程中的整修。滑模摊铺机应采用自动抹平板装置进行抹面，以消除表面气孔和石子移动带来的缺陷。自动抹平板的压力不可过大，应随摊铺的纵坡变化而随时调整。对表面上少量局部麻面和明显缺料部位，应在挤压板后或搓平梁前，最好在抹平板前表面补充适量砂浆，让搓平梁和抹平板机械修整。滑模摊铺机的混凝土面板在下列情况下，可用人工进行局部少量修整：

①人工操作抹面抄平器修整摊铺机后表面的缺陷，禁止整个表面用加铺薄砂浆层修补路面高程。

②对打侧向拉杆时被挂坏的侧边；滑模摊铺机联系铺装桥面时上桥梁台阶，振捣漏料部位；抹平板未抹到的边缘；出现倒边、塌边、溜肩现象处，应顶侧模或上部支方铝管，边缘补料修整。左右连接摊铺的纵缝处应进行适量修整。

③对滑模摊铺机起步摊铺段及施工接头，应采用水准仪抄平，采用大于 3m 的方铝管边测边修整。

(2)路面硬化后的修整，如果混凝土路面已硬化，发现施工接头或局部平整度不满足要求，可在水泥混凝土路面摊铺后 3～10d 内，用最粗级磨头石机研磨到规定的平整度。

16. 抗滑构造施工

滑模摊铺水泥混凝土路面抗滑构造的施工制作应符合下述规定：

(1)滑模摊铺机后宜设钢支架，拖挂 1～3 层叠合麻布或棉布，洒水湿润后，软拖制作细观抗滑构造，布片接触路面的拖行长度以 0.7～1.5m 为宜，细度模数偏大的粗砂，拖行长度取小值，偏细中砂取大值。人工修整过的路面，微观抗滑构造已被抹掉，必须再拖麻袋处理，以恢复微观抗滑构造。

(2)当日施工进度超过 500m 时，宏观抗滑构造制作宜选用拉毛机械施工，没有拉毛机时，可采用人工拉槽方式。在混凝土表面泌水完毕 20～30min 内应及时进行拉槽。拉槽深度应为 2～3mm，槽宽 3～5mm，槽间距 15～25mm。可施工等间距和非等间距的抗滑槽，同时考虑减小噪声时，宜采用后者。衔接间距应保持一致。

(3)采用硬刻槽方式制作宏观抗滑构造时，其几何尺寸与(2)相同。硬刻槽机重量宜重不宜轻，最小整刻宽度不应小于 500mm。硬刻槽时不应掉边角，路面摊铺 3d 后可开始硬刻槽，并宜于两周内完成。

(4)对平整度不佳的路面施工接头、桥面、桥头搭板，局部经磨平达标后，应采用人工凿毛或喷砂法做出微观抗滑构造，宏观构造可采用硬刻方式制作。

17. 混凝土路面养生

(1)养生方式的选择：混凝土板抗滑构造软拉制作完毕后应立即养生。滑模摊铺水泥混凝土路面宜采用喷洒养生剂及保湿覆盖的方式养生。在雨季或养生用水充足的情况下，也可采用覆盖土工布、旧麻袋等洒水湿养生方式。不宜使用围水养生方式。昼夜温差较大的地区。路面摊铺后 3d 内宜采取覆盖保湿措施防止发生裂缝和断板。

(2)养生剂养生：水泥混凝土路面采用喷洒养生剂方式养生时，养生剂喷洒量、成膜厚度、适宜的喷洒时间应通过现场实验确定。喷洒养生剂的厚度应足以形成完全封闭的薄膜；喷洒应均匀，成膜厚度应一致；喷洒时间宜在表面混凝土泌水完毕后进行；喷洒高度宜控制在 0.5～1m。除喷洒上表面外，面板两侧也应喷洒。单独采用一种养生剂养生时，保水率应达到 90%以上，一般不应小于 300mL/m^2 原液，也可采用两种养生剂喷洒两层或喷一层养生剂再加覆盖。当水泥混凝土路面泌水较多延迟喷洒养生剂的时间，待泌水基本结束后再喷洒养生剂。

(3)盖塑料薄膜养生：盖塑料薄膜的时间，以不压没微观抗滑构造为准。薄膜厚度(韧度)应合适，宽度应大于覆盖面积 600mm。两条薄膜对接时，宽度不应小于 400mm，薄膜在路面上应加细土或砂盖严实,并防止被钢筋挂烂及被风吹破或掀走。养生期间应始终保持薄膜完整,薄膜破裂时应立即补盖或补修。

(4)覆盖洒水湿养生:使用土工布、麻袋、草袋等覆盖物养生,应及时洒水,在任何气候条件下,均应保证覆盖物底部在养生期间始终处于潮湿状态,并由此确定每天洒水遍数。

(5)养生时间:一般养生天数宜为14~21d,不应少于14d。掺粉煤灰的水泥混凝土路面,最短养生时间不宜少于28d。

(6)养生期保护:混凝土板在养生期间和填缝前,严禁人、畜、车辆通行,在达到设计强度40%,撤除养生覆盖物后,行人方可通行。在确需行人、牲畜、畜力车、人力车、汽车横穿平面道口时,在路面养生期间,应搭建临时便桥。

同步训练

选择题

(1)摊铺水泥混凝土路面之前,基层表面一般应(　　)。

A. 洒水泥浆　B. 洒水湿润　C. 作沥青透层　D. 保持干燥

(2)下列有关水泥混凝土路面纵缝说法,错误的是(　　)。

A. 当一次铺筑宽度小于路面和硬路肩总宽度时应设纵向施工缝

B. 当一次铺筑宽度大于路面和硬路肩总宽度时应设纵向施工缝

C. 当一次铺筑宽度大于4.5m时应采用假缝拉杆型纵缝

D. 当所摊铺的面板厚度大于260mm时可采用插拉杆的企口型纵向施工缝

(3)横向缩缝的切缝方式的选用,应由施工期间该地区路面摊铺完毕到切缝时的(　　)确定。

A. 施工时间　B. 昼夜温差　C. 施工气候　D. 施工机具

(4)混凝土路面铺筑完成或软作抗滑构造完毕后立即开始养护,养生方式不宜使用(　　)。

A. 土工毡洒水养护　B. 麻袋洒水养生　C. 围水养生　D. 草袋洒水养生

(5)下列有关水泥混凝土抗折强度实验检测说法正确的是(　　)。

A. 水泥混凝土抗折强度试件采用的是150mm×150mm×550mm的梁形试件

B. 水泥混凝土抗折强度试件采用的是边长为150mm的正立方体为标准试件

C. 水泥混凝土抗折强度试件都是高∶直径=1∶1的圆柱体试件

D. 水泥混凝土抗折强度试件采用的是边长为70.7mm的正立方体为标准试件

(6)水泥混凝土面层铺筑的方法除小型机具铺筑方法外,还有(　　)方法。

A. 平地机铺筑　B. 滑模机械铺筑　C. 轨道摊铺机铺筑

D. 三辊轴机组铺筑　E. 碾压混凝土

(7)每日工作结束,水泥混凝土面层摊铺时的施工缝宜设在(　　)部位。

A. 胀缝处　B. 缩缝处　C. 纵缝处

D. 假缝处　E. 切缝处

(8)混凝土外加剂按其主要功能分为(　　)几类。

A. 改善混凝土拌和物流变性能的外加剂

B. 改变混凝土刚度的外加剂

C. 改善混凝土耐久性的外加剂

D. 改善混凝土其他性能如胀、冻等的外加剂

E. 调节混凝土凝结时间、硬化性能的外加剂

(9)普通混凝土路面胀缝设置与施工时，以下(　　)要求是正确的。

A. 胀缝板应与路中心线成斜角　　B. 缝壁垂直

C. 缝隙宽度一致　　D. 缝中完全不连浆　　E. 胀缝宽 20～25mm

任务四　水泥混凝土路面施工质量控制与验收

任务描述

某一级公路工程 K9＋000～K36＋000 段路面结构形式为:底基层采用石灰稳定土，基层采用水泥稳定碎石，面层采用 C30 水泥混凝土。施工工期安排在某年夏天，日间气温高达 36℃，工程任务重、工期紧。路面施工完成后，该项目的施工单位对路面底基层、基层、面层进行了施工质量自检。对水泥混凝土面层的检验实测了平整度、中线平面偏位、抗滑构造深度等，平整度用平整度仪按全线每车道每 200m 测 1 处，中线平面偏位用经纬仪进行检测，每 200m 测 2 点，抗滑构造深度用铺砂法进行检测，每 200m 测 1 处。检测结果均符合要求。

通过本任务的学习，指出施工单位对水泥混凝土面层的检验存在哪些问题。

知识准备

水泥混凝土路面的施工质量控制管理与检查验收是保证路面施工达到高质量的关键环节，必须引起高度重视。

一、水泥混凝土路面施工质量控制

(一)建立完备的质量检验和管理体系

水泥混凝土路面的施工应根据全面质量管理的要求，建立健全有效的质量保证体系，实行严格的质量、工期和投资控制、工序管理与岗位责任制度，对施工各阶段的质量进行检查、控制、评定，达到所规定的质量标准，确保证施工质量的稳定性。

(二)建立社会监理和政府监督体制

对水泥混凝土路面的施工应实行监理制度，除施工企业按规定项目、批量或频率进行自检外，工程监理应按有关规定进行质量检查与认定，各级质监站及工程建设单位(业主)应对工程质量进行监督。

二、施工前材料检查

(一)准备和调研工作

在施工准备阶段,依据施工经验和规模,应对工程附近的水泥厂、钢材厂、电厂粉煤灰、外加剂厂、砂石料场、施工沿线水源、电力供应状况等进行踏勘和实地调研,对原材料质量、品种和规格是否符合建设混凝土路面,原材料的供应量、供应强度和供给方式、运距等,施工沿线在何处适合建设大型混凝土搅拌站,可否取得商品混凝土等做到心中有数。通过调研优选,或符合要求的厂商原材料投标,确定原材料优先供应厂商和替补厂商,并请这些厂商向实验室提供实验和检验的原材料。

(二)检验和优选原材料

路面开工前,实验室应对混凝土路面工程计划使用的原材料进行质量检验和混凝土配制试验。通过对原材料实测和混凝土配制试验,进一步优选原材料并优化配合比。检验报告通过监理正式审批,报请业主审查通过后,通知材料供应厂商和施工单位,签订原材料供应合同。待确定和处置好搅拌站场地后,开始供应和储备原材料。

(三)原材料进场的储存要求

原材料的进场,将相同料源、规格、品种的原材料作为一批,分批量分别检验并储存。原材料的检验项目和频率如表 13-14 所示。大型路面一般需要 2 个以上的水泥厂供应,不同厂家的水泥,即使品种标号完全相同,也应分别存放,不得混装在 1 个水泥罐仓内。当发现原材料变化,随时进行加测。

表 13-14　混凝土原材料的检测项目和频率

材料	检查项目	检查频率	
		高速公路、一级公路	二、三级公路
水泥	抗折强度、抗压强度及等级	1500t,1 批	1500t,1 批
	安定性	1500t,1 批	1500t,1 批
	凝结时间	2000t,1 批	3000t,1 批
	标准稠度用水量	2000t,1 批	3000t,1 批
	细度	2000t,1 批	3000t,1 批
	f-CaO 含量	必要时,每标段不少于 3 次	必要时,每标段不少于 3 次
	MgO 含量		
	SO_3 含量		
	铝酸三钙		
	铁铝酸四钙		
	干缩率	开工、施工、结束测 3 次	开工、施工、结束测 3 次
	耐磨性		
	碱度		
	混合材料种类及数量		
	温度	冬、夏季施工随时检测	冬、夏季施工随时检测
	水化热	冬、夏季施工随时检测	冬、夏季施工随时检测

续表

材料	检查项目	检查频率	
		高速公路、一级公路	二、三级公路
粗集料	颗粒外观(针片状、超径含量)		
	颗粒级配	$2000m^3$,1 批	$4000m^3$,1 批
	含泥量	$1000m^3$,1 批	$2000m^3$,1 批
	压碎值	$1000m^3$,1 批	$2000m^3$,1 批
	含水量	随时	随时
	松方单位重	施工需要时	施工需要时
砂	颗粒外观(河砂、山砂、机制砂)	必要时	必要时
	颗粒粗细(细度模数)和级次配	$1000m^3$,1 批	$2000m^3$,1 批
	含泥量	$1000m^3$,1 批	$2000m^3$,1 批
	含水量	随时	随时
	松方单位重	施工需要时	施工需要时
外加剂	减水剂(最优)减水率	10t,1 批	10t,1 批
	液体外加剂的含固量	10t,1 批	10t,1 批
	液体外加剂的密度	200kg,1 次	200kg,1 次
	粉状外加剂的不溶物含量	10t,1 批	10t,1 批
	引气剂引气量	2t,1 批	3t,1 批
	气泡细密程度和稳定性	随时	随时
水	pH	开工前和水源有变化时	开工前和水源有变化时
	含盐量		
	硫酸根含量		
养生剂	养生剂保水率	开工前或有变化时	开工前或有变化时
	弯拉强度保持率	开工前或有变化时	开工前或有变化时
	含固量	施工需要时	施工需要时
	成膜时间	随时	随时
	浸水软化性	随时	随时

注:(1)所有项目开工前,均应检验。

(2)数量不足一批时,按一批检验。

(3)当原材料规格、品种、生产厂、来源变化时,必检。

（四）设备采购和检查验收

大型滑模摊铺机和搅拌楼等应公开招标采购。新设备到场后，应逐项检查验收，在厂家售后服务技术人员现场指导下安装调试。搅拌楼应通过法定计量单位的计量标定，应对搅拌站及水泥混凝土路面滑模摊铺机械和设备的配套情况、性能、计量精度等进行全面检查。

三、施工过程中的质量管理与检查

（一）开　工

水泥混凝土路面施工必须在得到主管部门的开工令后，方可开工。

（二）施工单位的自检要求

施工单位在施工过程中应随时对施工质量进行自检。自检混凝土拌和物和水泥混凝土路面的检测项目和频率按表 13-15 进行。监理工程师或质量监督人员亦应进行抽检或旁站检验，对施工单位的检验结果进行检查认定。当施工、监理、监督人员发现异常情况，应立即报告并追加试验检查。

表 13-15　混凝土拌和物及水泥混凝土路面的检验项目和频率

材　料	检查项目	检查频率	
		高速公路、一级公路	其他公路
混凝土拌和物	坍落度及其均匀性	每天施工测 3 次，有变化时随测	每天施工测 3 次，有变化时随测
	落度损失率	开工、气温较高和有变化时随测	开工、气温较高和有变化时随测
	振动黏度系数	配合比试拌，原材料和配合比有变化时测	配合比试拌，原材料和配合比有变化时测
	含气量	每天测 1～2 次，有抗冻要求 24 次	每天测 1～2 次，有抗冻要求 24 次
	泌水率	必要时测	必要时测
	容重	每天施工测 1 次	每天施工测 1 次
	温度	必要时测，冬、夏季每天 1～2 次	必要时测，冬、夏季每天 1 次
	凝结时间	必要时测，冬、夏季每天 1～2 次	必要时测，冬、夏季每天 1 次
	水化热	冬、夏季施工必要时测	冬、夏季施工必要时测
	离析	随时观察	随时观察

续表

材料	检查项目	检查频率	
		高速公路、一级公路	其他公路
混凝土路面	弯拉强度	每班留 2～4 组试件，日进度小于 500m 取 2 组，大于等于 500m 取 3 组，大于等于 1000m，取 4 组	每班留 1～3 组试件，日进度小于 500m 取 1 组，大于等于 500m 取 2 组，大于等于 1000m 取 3 组
	钻心劈裂强度	每 3km 每车道钻取 1 个岩芯，硬肩为 1 个车道，测平均 f_{cs}、f_{min}、C_v、板厚 h	每 3km 每车道钻取 1 个岩芯，硬路肩为 1 个车道，测平均 f_{cs}、f_{min}、C_v、板厚 h
	3m 直尺平整度	每半幅车道 100m 2 处×10 尺	每半幅车道 200m 2 处×10 尺
	动态平整度	所有车道连续检测	所有车道连续检测
	板厚	每 100m 路面摊铺宽度内左右各 2 处，连接摊铺每 100m 路面边缘 1 处并参考岩心高度	每 100m 路面摊铺宽度内左右各 1 处，连接摊铺每 100m 路面边缘 1 处并参考岩心高度
	抗滑构造深度	铺砂法：每幅 200m 2 处	铺砂法：每幅 200m 1 处
	横坡度	水准仪.每 200m 6 个断面	水准仪：每 200m 4 个断面
	接缝顺直度	20m 拉线测：每 200m 6 条	20m 拉线测：每 200m 4 条
	摊铺中线偏位	经纬仪：每 200m 6 点	经纬仪：每 200m 4 点
	纵断高程	水准仪：每 200m 6 点	水准仪：每 200m 4 点
	路面宽度	尺测：每 200m 6 处	尺测：每 200m 4 处
	切缝深度	尺测：切缝后每 200m 6 处	尺测：切缝后每 200m 4 处
	灌缝饱满度	尺测：每 200m 接缝测 6 处	尺测：每 200m 接缝测 4 处
	连接摊铺纵缝高差	尺测：每 200m 纵向工作缝，每条 3 处，每处间隔 2m 测 3 尺，共测 9 尺	尺测：每 200m 纵向工作缝，每条 2 处，每处间隔 2m 测 3 尺，共测 6 尺
	胀缝缺陷	每条观察填缝及啃边断角	每条观察填缝及啃边断角
	胀缝板连浆	每条胀缝板安装时测量	每条胀缝板安装时测量
	胀缝板倾斜	尺测：摊铺宽度内每块胀缝板的两侧	尺测：摊铺宽度内每块胀缝板的两侧
	胀缝板弯曲和位移	尺测：摊铺宽度内每块胀缝板 3 处	尺测：摊铺宽度内每块胀缝板3 处
	胀缝、缩缝传力杆偏斜	钢筋保护层仪：每车道 4 根	钢筋保护层仪：每车道 3 根
	断板率	数断板面板的块数占总块数的比例	数断板面板的块数占总块数的比例

各环节检验要点：

(1)原材料。施工单位在施工过程中必须根据规定的频率对各种施工原材料进行关键项目的批量检验。水泥必检项目有：抗折强度、抗压强度、安定性、施工气温下的凝结时间。砂石料的必检项目有：含泥量、细度模数、压碎值。外加剂必检项目有：减水率、液体的密度、含固量、粉剂的不溶物含量。钢材必检项目有：拉伸强度和冷弯塑性。养生剂在路面气温最高时，检验实际施工喷洒条件下的保水率大于90%；弯拉强度降低值应小于5%，否则应采取喷两种养生剂再加盖薄膜加强养生。

(2)混凝土拌和及混合料检验。生产中，除按规定频率对混凝土的和易性、含气量、凝结时间等指标检验外，搅拌站还应通过观察和测量坍落度、稳定性对每台搅拌楼所拌混合料的匀质性进行检验。每台搅拌楼之间及各台间歇搅拌机盘与盘之间的混凝土坍落度差别不得大于10mm。高温和负温施工，应加测混凝土温度、凝结时间、水泥进搅拌机温度、砂石料温度。

(3)平整度、弯拉强度、板厚和其他指标的检查。施工过程中，混凝土路面应按下述条款检查平整度、弯拉强度、板厚和其他指标：

①平整度。平整度在施工过程中可用3m直尺检测，而用动态平整仪检测的动态平整度结果，作为交工和竣工验收时工程质量的评定依据。施工中如果发现局部路段的3m直尺平整度不符合标准时，应在10d内使用最粗磨头的水磨石机边测量边磨平，直到符合要求。磨平后应凿出微观抗滑构造，并用硬刻槽机刻出宏观抗滑槽。磨平的路面裸露骨料，耐磨性不佳，因此，不推荐大面积磨平处理，只能用于小面积少量处理。

②抗弯拉强度。混凝土路面的抗弯拉强度的评价，应以搅拌楼生产中随机取得的混凝土在振动台上制作的小梁在标准养护条件下的弯拉强度为准，试件的成形方式应为振动台。

③板厚的施工控制。混凝土路面在施工中应严格控制板厚，对于滑模摊铺机摊铺的板厚，每天施工拉线设置好后进行(人工摊铺时在立好模板后进行)，在旁站监理监督下，按规定频率测量待摊铺路面的板厚，经监理工程师同意后方可开始摊铺。检查板厚不足的部位，可采用洗刨机刨掉上基层偏高部位，再摊铺混凝土路面。大面积基层偏高部分，允许在50m以外调整路面标高，而不洗刨基层。

④其他路面技术指标检验。除上述三大指标外，还应检查接缝顺直度、切缝和灌缝深度、抗滑构造深度、摊铺中线、高程和横坡。

四、水泥混凝土路面施工质量检查验收

施工单位应在路面工程完工后，按基本要求、实测项目和外观鉴定进行自查，对工程质量进行自我评分。监理工程师应按零售业要求对工程质量进行检查，对施工自查资料进行签认和评分。质量监督部门根据抽查资料和确认的施工自查资料以及监理工程师的质量管理资料对工程质量进行评定，作为交工、竣工验收评定等级的依据。

(一)基本要求

(1)基层质量必须符合规定要求，并应进行弯沉测定，验算的基层整体模量应满足设计要求。

(2)水泥强度、物理性能和化学成分应符合国家标准及有关规范的规定。

(3)粗细集料、水、外掺剂及接缝填缝料应符合设计和施工规范要求。

(4)施工配合比应根据现场测定水泥的实际强度进行计算,并经试验,选择采用最佳配合比。

(5)接缝的位置、规格、尺寸及传力杆、拉力杆的设置应符合设计要求。

(6)路面拉毛或机具压槽等抗滑措施,其构造深度应符合施工规范要求。

(7)面层与其他构造物相接应平顺,检查井盖顶面高程应高于周边路面1～3mm,雨水口标高按设计比路面低5～8mm,路面边缘无积水现象。

(8)混凝土路面铺筑后按施工规范要求养生。

(二)实测项目

水泥混凝土面层实测项目如表13-16所示。

表13-16　　水泥混凝土面层实测项目

<table>
<tr><th rowspan="2">项次</th><th rowspan="2" colspan="2">检查项目</th><th colspan="2">规定值或允许偏差</th><th rowspan="2">检查方法和频率</th><th rowspan="2">权值</th></tr>
<tr><th>高速公路、一级公路</th><th>其他公路</th></tr>
<tr><td>1</td><td colspan="2">弯拉强度(MPa)</td><td colspan="2">在合格标准之内</td><td>按附录C检查</td><td>3</td></tr>
<tr><td rowspan="2">2</td><td rowspan="2">板厚度(m)</td><td>代表值</td><td colspan="2">−5</td><td rowspan="2">按附录H检查
每200m每车道2处</td><td rowspan="2">3</td></tr>
<tr><td>合格值</td><td colspan="2">−10</td></tr>
<tr><td rowspan="3">3</td><td rowspan="3">平整度</td><td>σ(mm)</td><td>12</td><td>20</td><td rowspan="2">平整度仪:全线每车道连续
检测,每100m测4处</td><td rowspan="3">2</td></tr>
<tr><td>IRI(m/km)</td><td>20</td><td>32</td></tr>
<tr><td>最大间隙h(m)</td><td></td><td>5</td><td>3m直尺:半幅车道板带每200m测2处×10尺</td></tr>
<tr><td>4</td><td colspan="2">抗滑构造深度(mm)</td><td>一般路段不小于0.7且不大于11;特殊路段不小于0.8且不大于1.2</td><td>一般路段不小于0.5且不大于1.0;特殊路段不小于0.6且不大于1.1</td><td>铺砂法:每200m测1处</td><td>2</td></tr>
<tr><td>5</td><td colspan="2">相邻板高差(m)</td><td>2</td><td>3</td><td>抽量:每条胀缝2点;每200m抽纵、横缝各2每条2点</td><td>2</td></tr>
</table>

续表

项次	检查项目	规定值或允许偏差		检查方法和频率	权值
		高速公路、一级公路	其他公路		
6	纵、横缝顺直度(m)	10		纵缝 20m 拉线,每 200m 4 处;横缝沿板宽每 200m 4 条	1
7	中线平面偏位(m)	20		经纬仪:每 200m 测 4 点	1
8	路面宽度(mn)	±20		抽量:每 200m 测 4 处	1
9	纵断高程(mn)	±10	±15	水准仪:每 200m 测 4 断面	1
10	横坡(%)	±015	±0.25	水准仪:每 200m 测 4 断面	1

注:(1)表中 σ 为平整度仪测定的标准差;IRI 为国际平整度指数;h 为 3m 直尺与面层的最大间隙。

(2)附录 H 据《公路工程质量检验评定标准》(JTG F80/1—2012)中的附录相关计算及规定所得。

(三)外观鉴定

(1)混凝土板的断裂块数,高速公路和一级公路不得超过评定路段混凝土板总块数的 0.2%,其他公路不得超过 0.4%。对于断裂板应采取适当措施予以处理。

(2)混凝土板表面的脱皮、印痕、裂纹和缺边掉角等病害现象,对于高速公路和一级公路,有上述缺陷的面积不得超过受检面积的 0.2%,其他公路不得超过 0.3%。

(3)路面侧石直顺、曲线圆滑。

(4)接缝填筑饱满密实,不污染路面。

(5)胀缝无明显缺陷

同步训练

一、选择题

(1)水泥混凝土工作性的测定方法有(　　)。

A. 马歇尔试验　B. CBR 法　C. 坍落度试验　D. 维勃稠度试验

(2)下列项目为混凝土路面面板验收项目的有(　　)。

A. 抗压强度　B. 抗折强度　C. 平整度　D. 压实度

(3)对于水泥混凝土上加铺沥青面层的复合式路面,水泥混凝土路面结构不必检测(　　)。

A. 强度　B. 厚度　C. 平整度　D. 抗滑

(4)水泥混凝土面层应按(　　)进行质量评定。

A. 分项工程　B. 分部工程　C. 单位工程　D. 单项工程

(5)水泥混凝土路面是以(　　)龄期的强度为评定依据。

A. 7d　　B. 14d　　C. 28d　　D. 90d

(6)夏季高温时，为调节拌制水泥混凝土的凝结时间，常用的外掺剂是(　　)。

A. 减水剂　　B. 速凝剂

C. 引气剂　　D. 缓凝剂

(7)水泥混凝土路面的材料强度指标是以(　　)强度试验结果为依据。

A. 抗压　　B. 抗折

C. 抗剪　　D. 抗拉

(8)路面竣工后的检查验收项目包括(　　)。

A. 构造深度　　B. 压实度　　C. 宽度　　D. 结构层厚度

D. 耐磨度　　F. 抗剪强度　　G. 抗压强度

二、计算题

某路段水泥混凝土路面板厚度检测数据如表所示，保证率为95%，设计厚度为25cm，代表值允许偏差为5mm，试对该段的板厚进行评价。

序号	1	2	3	4	5	6	7	8	9	10
厚度 h_i(cm)	25.1	24.8	25.1	24.6	24.7	25.4	25.2	25.3	24.7	24.9
序号	11	12	13	14	15	16	17	18	19	20
厚度 h_i(cm)	24.9	24.8	25.3	25.3	25.2	25	25.1	24.8	25	25.1
序号	21	22	23	24	25	26	27	28	29	30
厚度 h_i(cm)	24.7	24.9	25	25.4	25.2	25.1	25	25	25.5	25.4

学习工作单

课程名称	公路工程施工	学习项目	路面构造认知
任务内容与目标			
知识	技能	态度	
1. 水泥混凝土路面的构造。 2. 小型机具和滑模摊铺机铺筑路面的施工工艺和控制要点。 3. 水泥混凝土路面施工质量控制。	1. 具有水泥混凝土路面施工的能力。 2. 能够进行水泥混凝土路面质量检查与验收。	1. 使用规范指导施工能力。 2. 良好的职业行为。 3. 团结协作精神。 4. 良好的语言表达能力。	

续表

工作任务
一、思考题 (1)水泥混凝土路面为何要设置接缝？简述接缝的不同类型及各种接缝的构造。 (2)热季防止水泥混凝土路面早期收缩裂缝的技术措施有哪些？ (3)滑模摊铺水泥混凝土路面基准线怎样设置？必须满足哪些技术要求？ 二、案例分析 [案例描述] 某施工单位承接了某二级公路的普通水泥混凝土路面施工项目，合同段总长度36km，路面结构层为15cm厚级配碎石底基层、20cm厚水泥稳定碎石基层、24cm厚水泥混凝土面层，面层采用轨道摊铺机摊铺施工，钢材、水泥供应厂家由建设单位指定。施工单位对基层和面层分别组织一个专业队采用线性流水施工，其施工组织设计内容摘要如下： (1)基层施工进度为每天450m，养生时间至少7d；水泥混凝土面层施工进度为每天400m，养生时间至少14d，所需最小工作面长度为3600m。 (2)施工单位现有主要施工设备包括混凝土生产设备、混凝土及原材料运输设备、吊车、布料机、摊铺机、整平机、压路机、拉毛养生机和石屑撒布机，项目部根据实际情况调用。 (3)项目部要求工地实验室在检查了产品合格证、质量保证书后向监理工程师提交每批水泥清单。 [案例问题] (1)计算摘要(1)中路面基层和面层工作的持续时间。 (2)结合摘要(2)，为完成水泥混凝土面层施工，施工单位还需配备哪两个关键设备？并指出肯定不需要调用的两个设备。 (3)摘要(3)中工地实验室的做法能否保证进场水泥质量？说明理由。

主要参考文献

1.中华人民共和国行业标准.公路路基施工技术规范(JTG F10—2006).北京:人民交通出版社出版,2006.

2.中华人民共和国行业标准.公路路基设计规范(JTG D30—2015).北京:人民交通出版社出版,2015.

3.中华人民共和国行业标准.公路路面基层施工技术规范(JTJ 034—2000).北京:人民交通出版社出版,2000.

4.中华人民共和国行业标准.公路沥青路面施工技术规范(JTG F40—2004).北京:人民交通出版社出版,2004.

5.中华人民共和国行业标准.公路水泥混凝土路面施工技术规范(JTG F30—2003).北京:人民交通出版社出版,2003.

6.中华人民共和国行业标准.公路水泥混凝土路面施工技术细则(JTGT F30—2014).北京:人民交通出版社出版,2014.

7.中华人民共和国行业标准.公路工程质量检验评定标准(JTG F80/1—2012).北京:人民交通出版社出版,2012.

8.邓小军.公路施工技术.沈阳:东北大学出版社,2011.

9.刘志.路基工程施工技术.北京:人民交通出版社,2010.

10.交通运输部公路局.高速公路施工标准化技术指南(第二分册 路基工程).北京:人民交通出版社,2012.

11.交通运输部公路局.高速公路施工标准化技术指南(第三分册 路面工程).北京:人民交通出版社,2012.